# 사회조사 자료의 질

서울대학교 사회발전연구총서 29

# 사회조사 자료의 질

**초판 1쇄 인쇄** 2015년 10월 5일
**초판 1쇄 발행** 2015년 10월 10일

**편저자** 한신갑
**펴낸곳** 서울대학교출판문화원
**펴낸이** 성낙인

**책임편집** 신선규
**디자인** 장혜원

출판등록 제15－3호

**주소** (08826) 서울 관악구 관악로 1
**대표전화** 02－880－5252 **팩스** 02－888－4148
**마케팅팀**(주문상담) 02－889－4424, 02－880－7995
**이메일** snubook@snu.ac.kr
**홈페이지** www.snupress.com

**ISBN** 978－89－521－1741－0 94330
978－89－521－1017－6 (세트)



이 연구는 한국연구재단의 중점연구소 지원사업(NRF－2013－S1A5B8A01053931)의 지원을 받아 수행되었음.

서울대학교
사회발전연구총서 | 29

# 사회조사 자료의 질

한신갑 편저

서울대학교출판문화원

# Quality of Data in Social Surveys

Edited by Shin-Kap Han

Seoul National University Press

# 서문_글을 모아 책을 내며

## 起(밀기)

여론조사와 시장조사를 포함하는 넓은 범주의 사회조사가 이제는 일상적이고 일반적인 것이 되었지만 그 본격적인 역사는 그리 길지 않다. 특히 한국에서 현대적 사회조사의 역사는 이제 반세기가 조금 넘는다(Hong, 2013). 요즘처럼 다양한 매체를 통해 사회조사 자료가 대량으로, 또 지속적으로 생산·소비된 것은 그중 후반의 이삼십여 년이다(한신갑, 2012). 이렇게 짧은 기간에 급속한 성장을 이룬 것이 여러 방면에서 사회조사의 용도에 대한 인식이 제고되고, 교육·훈련 등의 제도화와 기업화에 따라 하부구조가 마련되었으며, 특히 그 효과성이 입증되었기 때문이라는 주장에 큰 이견은 없을 것이다.

사회조사 자료를 통계학적 방법론으로 분석하는 연구의 틀이 전후 사회과학연구의 기본 접근 중 하나로 자리 잡고 사회조사 자료가 갖는 기초적 역할에 대한 넓은 공감대가 다방면에서 형성될 수 있었던 것은, 기본적으로 사회조사 자료에 대한 신뢰가 바탕에 있었기 때문이고, 그 신뢰의 핵심은 자료가 효율적이면서도 정확하게 대상 집단을 대표한다는 것이었다(한신갑, 2012). 즉, 조사자료의 질이 그 기반에 자리 잡고 있었다. 그러나 현재 한국의 조사현실을 돌아보면 이런 기대에 상응하는 질적 성숙이 이루어져 있는지 자신 있게 대답하기 어렵다. 사회조사 자료의 양과 그를 이용하는 연구의 수는 급증하고 있지만, 연구의 원료가 되는 자료의 질적 수준에 대해 연구자들이 얼마나 관심을 보여 왔고 그 수준을 끌어올리기 위해 얼마나 노력해 왔는가 하는 문제에서 책임을 느낄 수밖에 없다(오인환, 1992; 이성용, 2003). 자료의 질에 대한 관심의 결여는 사회조사를 엄격히 설계하고 관리할 동기를 약화시켜 '질 좋은' 사회조사 자료를 만들어 내지 못하는 결과를 가져오고, 결국 사회조사 자체에 대한 신뢰를 잃게 하기 때문이다.

이 책에서는 사회조사 생태계의 현주소와 자료의 질에 대한 최근 논의들을 출발점으로 하여 질 좋은 자료 생산의 가능성을 제고하기 위해 필요한 것이 무엇인지를 탐색한다. 질 좋은 사회조사 자료는 표본의 대표성과 응답의 정확성을 요구한다. 이 두 가지를 확보하는 것이 표본자료를 이용한 연구결과를 신뢰하게 만드는 가장 기본적인 조건이기 때문이다. 표본 대표성은 표본의 특성이 실제 모집단의 특성을 얼마나 충실하게 반영하고 있는지로 판단할 수 있고, 응답 정확성은 기록된 응답이 실제 기술하고자 하는 특성을 얼마나 가깝게 측정했는지로 결정된다. 이 책에 모은 글들은 두 요인에 영향을 주는 조사방법상의 오류들을 이미 산출된 조사자료로 검증해 보고 이를 최소화할 수 있는 방안을 제시한다. 즉 국내 조사전문가와 연구자들이 조사연구를 수행할 때 고려해야 할 점과 국내 조사관행의 문제점을 지적하고 이를 개선하기 위한 논의를 확대해, 궁극적으로는 국내에서 생산되는 조사자료의 질적 수준을 향상시키는 데 기여할 수 있기를 기대하면서 쓰인 글이다.

마시는 물이나 숨 쉬는 공기처럼 일상적이고 일반적으로 받아들여지는 것일수록 그 기반에 대한 검토와 확인, 관리가 더욱 중요해진다. 바로 그 '검토-확인-관리'라는 목적이 이 책의 시발점이었다. 2011년 12월 한국사회학회 후기사회학대회에서 이 문제에 관심을 가진 동료들이 모여 '사회조사의 양과 질'이라는 제목의 특별기획세션을 조직해 관련 주제들을 함께

〈표 1〉 2011년 후기사회학 대회 특별기획세션("사회조사의 양과 질")

| 제목 | 사회: 이재열(서울대 사회학과) | |
|---|---|---|
| | 발표자 | 토론자 |
| Nonresponse Behavior and Difficult Respondents in Korea | 김지범(시카고대 NORC)<br>김석호(성균관대 사회학과) | 박원호(서울대 정치외교학부) |
| 폭탄제조: 무응답(편향)을 줄이기 위한 한 방법으로서의 표집틀 섞기와 그 효과 | 한신갑(서울대 사회학과) | 이윤석(서울시립대 도시사회학과) |
| 표집방법에 따른 공통설문의 시계열 변화 추이 | 정재기(숭실대 정보사회학과) | 송유진(동아대 사회학과) |
| 표집방법에 따른 자료의 질: 할당표집과 확률표집의 결과 비교 | 구혜란(서울대 사회발전연구소)<br>김석호(성균관대 사회학과) | 이윤석(서울시립대 도시사회학과) |

[일자 및 장소: 2011년 12월 16일 연세대학교]

토론할 기회를 만들었다(당시 프로그램은 〈표 1〉 참조). 크게 보면 이 책은 이 세션의 결과물을 발전시켜 모아 놓은 것이다.

## 景(달기)

19세기 초반부터 시작된 사회조사는 20세기에 들어오면서는 사회과학의 중요한 도구 중 하나로 자리 잡는다(Babbie, 1982; 홍두승·설동훈, 2012). 한국에서는 해방 후 동아일보와 경향신문 등 몇몇 신문사의 초보적 여론조사로 시작되어 발전해 왔다(Hong, 2013). 사회과학 도구로 사회조사가 쓰인 것은 1949년 서울대학교 이만갑 교수의 시도가 최초였다(이만갑, 1979; 2007). 1958년에는 경기도 내 촌락들을 대상으로 구조화된 설문지를 사용한 조사연구가 이루어졌고, 그 결과가 『한국농촌의 사회구조』라는 책으로 발간되었다(이만갑, 1960). 초기 조사들 중 최초의 본격적이고 체계적인 사회조사라 할 수 있는 것은 현재 사회발전연구소의 전신인 당시 서울대학교 문리과대학부설 인구연구소가 1965년에 실시한 '이천 조사'이다(최순, 2006).

초창기를 지나 꾸준히 확산되었지만 성장 속도가 빨라진 것은 팔구십 년대를 지나면서이다(이흥철, 2002). 이런 시기 구분은 여러 자료에서 확인할 수 있는데 우선 〈그림 1〉을 보자. 2012년을 기준으로 국내 리서치 회사 40개의 설립 연도를 살펴본 이 그림은 조사에 대한 수요가 빠르게 늘어난 시기가 1980년대 후반임을 잘 보여 준다. 체계적 선거조사가 이루어진 시점인 1987년이나(박무익, 2000), 한국조사협회 창립시점인 1992년, 한국조사연구학회 창립시점인 1999년 등이 모두 같은 맥락에서 이해될 수 있다

〈그림 1〉 국내 리서치 회사의 설립 연도 누적분포

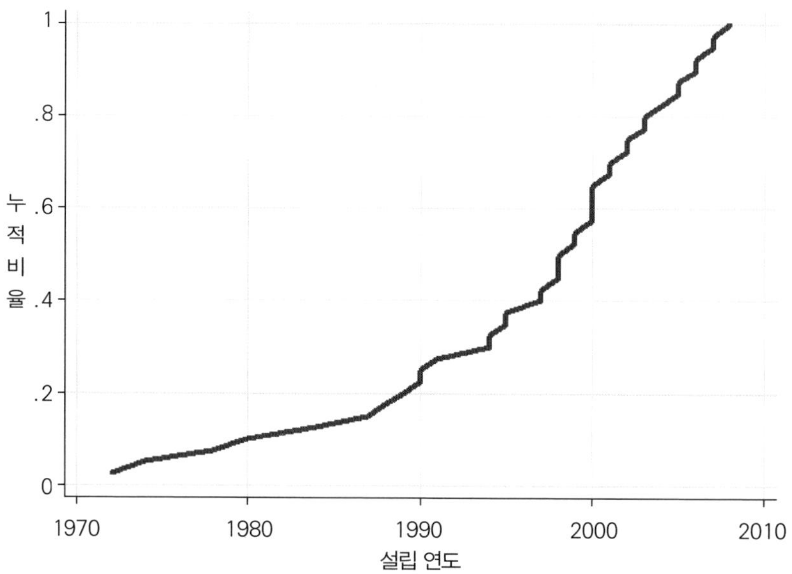


자료: 윤세환(2012: 18) 〈표 1〉 국내 리서치 회사 현황

(Hong, 2013). 사회조사 자료의 생산량을 보여 주는 4장의 〈그림 4-2〉(한국의 사회조사, 1960-2010)도 같은 양상을 보인다.

하지만 사회조사의 성장과 변화가 전적으로 긍정적이기만 했던 것은 아니다. 특히 이 책의 여러 장에서 언급되고 있는 것처럼 조사환경의 변화는 여러 가지 측면에서 자료 수집을 더 어렵게 하고 있다(한신갑, 2012). 빠르게 증가하는 수요와 열악해지는 환경이 겹치면서 자료의 질이라는 사회조사의 근간을 위협하고 있는 것이 현실이다. 또한 사회조사의 영역과 규모가 커지면서 조사를 의뢰하는 사람과 조사를 수행하는 사람, 자료를 수집하는 사람과 분석하는 사람이 분리되면서 자신이 다루는 자료에 대한 이해가 얕아지고 분절되는 문제가 생겨난다는 데에도 주목할 필요가 있다. 현재 방법론적 연구의 초점은 이런 어려움을 극복하기 위한 기술적 해법을 찾는 것에 맞추어져 있다. 그러나 그러한 시도가 의미를 갖기 위해서라도 자료 자체에 대한 관심과 이해가 필수적이다. 이러한 상황인식을 잘 요약하고 있는 것이 아래에 옮기는 권태환 교수(2000: 4)의 제언이다.

> 분석기법이 자료를 대치할 수는 없다. 그러나 우리는 자료는 무시하고 분석기법에 열을 올린다. [...] 복잡한 기법을 사용하면 갖가지 자료의 문제가 해결될 수 있다는 생각은 한마디로 30여 년 전에 아브라함 카플란(Abraham Kaplan)이 얘기한 "훈련된 무능"을 부추기는 것과 다를 바가 없다. 그것은 대화를 활성화시키기보다 단절시키는 역할을 한다.

이런 인식을 시발점으로 우리가 이 작업을 진행하면서 함께 나눈 문제의식은 명확하다. 그것은 더 근본적으로 자료의 질에 대해 진지하게 고려해 볼 필요가 있다는 것이다.

앞에서 언급한 세션(〈표 1〉)을 제안하고 조직하면서 오간 얘기가 이런 문제의식을 더 선명히 보여 줄 것 같아 일부를 축약해 옮긴다.

서울이 참 정신없이 빨리 돌아가는 곳이어서, 그냥 페달 밟고 있는 것에만 신경 쓰고 산다는 식의 얘기를 자주 들었습니다. 이제 서울에 온 지 두 학기밖에 안 됐지만, 저도 그런 상황을 피부로 느낍니다. 그래서 일 년에 한 번쯤 페달 누르고 있던 발을 잠깐 옆으로 옮겨 브레이크 위에 놓아 보자는 제안을 합니다.

이번에는 서베이 자료에 대한 걸로 한번 했으면 합니다. 오늘 메일 받으시는 분들은 다 그쪽에 어느 정도 지분을 갖고 계신 분들이셔서, 관심도 있으시리라 생각합니다. 그동안 한국에서 사회과학 자료의 양적 팽창이 언젠가는 질적 향상으로 이어지겠거니 기다려왔는데, 제가 보기엔 아직 아닌 것 같고, 이것을 좀 당길 수 없을까 하는 메타의식을 가지고 이런 틀을 한번 짜 봤습니다. 지난번 사회과학자료원 30주년 행사에서도 그런 생각을 더욱 절실하게 했고요. 여러분 중 상당수가 현재 자료의 기획/수집/관리에 관여하고 계십니다. 그래서 그 자료의 문제점을 남이 비판하는 것보다 제일 잘 아시는 분들이 스스로 자복하는 페이퍼를 쓰시고, 토론자는 비판이 아니라 체계적이고 건설적인 제안을 하는 걸로 둘, 또는 세 쌍쯤을 만들었으면 합니다. (2011.4.25.)

잘 아시다시피 우리 주위에도 양적 방법에 거부감을 가지신 분들이 많습니다. 여러 가지 이유가 있겠지만, 그중 하나는 이런 쪽 일을 하는 사람들의 잘못도 있다고 생각합니다. 전에 말씀드린 것처럼 지난 20여 년간 사회과학 자료의 양적 성장은 참 대단한 것이었습니다. 하지만 제가 보기엔 여기서도 70년대 성장주의의 냄새가 진하게 납니다. 자료를 가까이서 다루는 저희가 가장 그 냄새를 잘 맡을 수 있는 자리에 있고요. 하지만 그 냄새란 것이 묘해서 조금 지나면 무뎌지게 되고, 잊게 되더라고요. 그래서 그 자료들로 뭘 하긴 하는데, 해 놓고 나서는 작업한 본인도 속으로는 긴가민가하는 경험을 하게 되고요. 그러다 보면 결국 우리도 우리가 만든 걸 못 믿게 되는, 좀 비극적이기도 하고 희극적이기도 한 상황이 벌어지는 것 같습니다. 그걸 총체적으로 '자료에 대한 불신'이라고 하면 좀 지나칠까요?

이런 불신을 학회에서 세션 하나 하는 걸로 깨자는 얘기는 아닙니다. 하지만

> 우리끼리라도 한 번쯤 주의를 환기시킨다 생각하고, 우리의 밥줄인 자료라는 것에 대해 조금 심도 있게, 그리고 솔직하게 얘기해 볼 수 있는 기회를 가져 보자는 겁니다. (2011.5.18.)

이 책은 이런 맥락에서 구상되었고, 여러 차례 토론을 거쳐 준비되었다. 세션에서 논의된 내용 하나는 다음 수순에 관한 것이었다. 아래 메일에서처럼 그에 대한 토론도 이어졌다.

> 학회가 끝난 지 일주일이 됩니다. 같이 묶였던 페이퍼들 간의 연관성에서나, 페이퍼 각각의 내용에서나 참 알찬 세션이었다는 게 제 자평(自評)입니다. 이 좋은 열매들을 어떻게 갈무리해야 할까를 두고 여러분의 의견을 들었습니다. 대강 두 가지의 결론이 나오는 것 같습니다.
>
> 하나는 출판/출간에 관한 겁니다. [...] 이 부분에 대해서 한 번 더 여러분의 의견과 도움을 청합니다. 저희 '공연 프로그램'은 모양이 짜여진 것 같습니다. 이 프로그램을 가지고 다른, 정말로 이런 얘기를 들어야 하는, 청중과 만나고 얘기할 수 있는 자리를 만드는 방도를 찾아보는 것이 어떨까 싶습니다. (2011.12.24.)

논의가 오가면서 이 내용을 다양한 청중에게 널리 전할 수 있는 방법을 찾아보자는 쪽으로 자연스럽게 의견이 모아졌고, 그 결실로 이렇게 책을 펴내게 되었다. 시작할 때 세웠던 계획보다 일정이 늦어지기는 했지만, 그만큼 더 익힌 글들을 모았다고 생각한다.

### **結**(맺기)

오차는 크게 비관찰오차와 관찰오차로 구분할 수 있다(Groves et al.,

2009). 1장의 〈그림 1-1〉(사회조사 과정에서 발생할 수 있는 오차 종류)을 기준으로 보자면 그림 오른쪽의 표본 대표성과 관련되는 비관찰오차는 관찰해야 할 것을 하지 못한 결과로 생기는 것으로 적용범위오차, 표집오차, 무응답 오차 등이 포함된다. 그림 왼쪽의 응답 정확성과 관련된 오차들은 응답자를 관찰하는 과정에서 생기는 것으로 주로 설문지, 면접자, 응답자, 자료수집방법 등에 의해 생긴다.

이 책의 제I부는 비관찰오차를 주로 다룬다.

제1장(구혜란·김석호)은 할당표집자료로 서울대학교 사회발전연구소의 안전한 생활환경에 대한 인식조사(LCS)를, 확률표집자료로는 성균관대학교 동아시아학술원 서베이리서치센터의 한국종합사회조사(KGSS)를 선정하여 첫째, 두 자료가 모집단을 얼마나 잘 반영하고 있는지, 둘째, 자료에 따라 실질적 결과에서도 차이가 나는지를 검토하고 있다. 검토 결과를 보면 할당표집에서 고려되는 성별, 지역, 연령 변수에서는 할당표집자료가 모집단 분포와 더 가깝지만 그 외 변수들을 포함해 종합적으로 보면 확률표집자료가 더욱 정확하다. 실질적 결과에서도 차이를 보이는데, 특히 교육수준이나 취업상태와 같이 할당표집에서 고려되지 않는 변수의 분포와 변수 간 관계에서 유의미한 수준으로 차이가 나타났다. 이러한 결과에 기초해 저자들은 표집방법이 표본의 대표성뿐만 아니라 분석결과에도 의미있는 영향을 미칠 수 있다고 강조한다.

제2장(정재기·이윤석)은 매년 실시되는 반복조사 자료로 할당표집자료와 확률표집자료를 비교하고 각 자료 내의 차이도 검토한다. 성균관대학교 동아시아학술원 서베이리서치센터가 수집한 한국종합사회조사(KGSS) 2007~2011년 자료와 서울대학교 통일평화연구원이 수집한 통일의식조사 2007~2011년 자료를 비교한 결과, 비교문항 값의 5년 추이는 크게 다르지 않았다. 그러나 1장과 마찬가지로 할당표집에서 고려된 할당기준변수가 아닌 교육수준에 따른 분포에서는 두 자료의 차이가 뚜렷하였다. 다음으로, 비교대상

이었던 세 문항을 종속변수로, 성·연령·교육수준을 독립변수로 한 회귀분석 결과에서는 두 자료 사이뿐만 아니라 각 자료 내에서도 연도별로 차이가 발견되었다. 그렇지만 독립변수와 종속변수 간 관계의 방향까지 달라진 경우는 없었다. 저자들은 급변하는 대상을 주제로 다룰 때, 그리고 할당기준변수 이외 변수에 관심을 둘 때에는 할당표집을 피할 것을 제안한다. 더불어 동일한 방식으로 조사된 자료에서도 편차가 있을 수 있기 때문에 여러 해에 걸친 조사결과를 포괄적으로 검토할 필요가 있다는 점도 강조한다.

제3장(김지범·최문희·강정한·한수진·김석호)이 검토하는 것은 무응답이다. 무응답은 조사대상자를 만날 수 없거나 조사대상자가 응답을 거부하는 경우에 발생하는데, 여기서는 이를 구분해 살피고, 응답을 받기 위해 여러 번 방문해야 했던 '조사하기 어려운 응답자'도 살핀다. 2010년 한국종합사회조사(KGSS) 수행 당시 무응답자 31.2% 중 약 20%는 조사대상자를 만나지 못한 경우임을 지적하고, 도시에 사는 사람들, 연령이 낮은 사람들, 아파트에 사는 사람들, 지가가 높은 지역에 사는 사람들이 그렇지 않은 사람들에 비해 응답거부확률이 높고, 조사원이 남성일 경우에도 조사대상자들이 면접조사에 응답하지 않을 확률이 높음을 밝히고 있다. 이러한 결과에 근거해 저자들은 조사기관이 더욱 적극적으로 조사에 임할 필요가 있다고 강조하고, 여성 조사원 비중을 지금보다 더 높일 것을 제안한다. 마지막으로, 무응답 행위에 대한 좀 더 체계적인 연구를 위해 자료수집과정에 관한 자료가 연구자들에게 공개되어야 한다고 주장한다.

지금까지의 논의가 비교적 전통적인 조사방법 내에서 발생할 수 있는 오차문제를 다루고 있다면, 제4장(한신갑)은, 어려워지는 조사환경의 변화에 대한 대응책으로 최근 널리 쓰이는 조사방법 두 가지—혼합식 조사와 (자원자) 웹패널—의 이론적·방법론적 토대를 표본추출과 표집과정을 중심으로 검토한다. 우편, 전화, 온라인 등 매체의 발달로 점차 비중이 커지고 있는 혼합식 조사방법은 특히 무응답 문제에 대한 현실적이고 경제적인 해결책의 하나로 도입되고 있지만, 정작 표집과정이 알려져 있는 경우는 드물다. 저자는 혼합과정 자체에서 자료의 일체성 문제가 생겨날 수밖에 없다는 점을 지적하면서, 이 문제를 해결하기 위해서라도 표본의 대표성을 확인할 수 있어야 한다고 주장한다. 표집의 범위와 기제 및 과정을 제대로 알지 못하면 어떠한 보정방법을 쓸지, 또 보정결과를 어떻게 읽을지도 알 수 없기 때문이라는 것이다. 저자는 비용에 대한 현실논리와 소수의 성공사례에 기초한 확대추론, 기술적 해결책에 대한 막연한 기대가 이러한 실태 이면에 자리 잡고 있다고 주장하면서 사회조사의 기초적 역할과 자료의 공공성에 관한 인식이 재정립되어야 한다고 강조한다.

제II부에서는 측정 방식과 응답자의 응답성향에 따라 발생하는 관찰오차를 주로 다룬다.

제5장(정재기)에서는 생활시간을 조사할 때 사용되는 대표방식 두 가지—시간일지법과 경험표집법—를 비교한다. 시간일지법이란 일정시간 단위로 구획된 일지에 24시간 동안의 행위를 알아서 기록하게 하는 방식인 반면, 경험표집법은 호출기나 프로그램이 입력된 시계를 응답자에게 배부한 후 불시에 신호를 보내 응답자로 하여금 신호를 받을 당시 누구와 무엇을 하는지, 또 그 순간의 심리상태가 어떠한지를 정해진 양식에 기록하게 하는 방식이다. 정재기는 시카고대학 알프레드 슬로운 센터가 조사한 500가구 중 두 방식 모두에 응답한 일부 표본을 활용해 두 방식을 비교하고 상대적 장단점을 평가한 후, 시간일지방식은 활동시간을 더 안정적으로, 또 연속적으로 측정할 수 있는 데 반해 경험표집방식은 활동내용을 더 구체적으로, 또 정확하게 측정할 수 있다는 결론을 내리고, 연구의 목적과 설계에 따라 두 방법을 선택적으로 사용할 것을 제안한다.

측정도구가 같더라도 집단별로, 또 국가별로 척도를 읽는 방식이 다를 수 있다. 제6장(구혜란·이윤석·한신갑)은 국제비교연구에서 측정의 등가성 문제를 점검할 필요성을 제기하고 정치적 신뢰 문항을 준거로 삼아 국가별 응답성향에 따라 응답결과가 어떻게 다를 수 있는지 검토한다. 유럽가치관연구(European Values Study, EVS)에 참여한 47개 국가와, 세계가치관조사(World Values Survey, WVS)에 참여한 55개 나라 중 12개 국가가 전체 문항과 '기관에 대한 신뢰수준' 문항에서 각각 어떠한 응답패턴을 보이는지 검토해, 응답범주의 중간값에 가깝게 응답하는 성향이 있는 국가군과 그렇지 않은 국가군이 구분된다는 점을 밝히고 있다. 아울러 서로 다른 응답성향이 각국의 정치적 신뢰수준 값에 무시할 수 없는 체계적 편향을 가져온다는 것을 보여 준다. 이러한 결과는 국가별 신뢰수준을 비교할 때 각국 응답자의 응답성향에 따른 차이를 중요하게 고려해야 한다는 것을 시사한다.

### 解(풀기)

이 책에 담긴 생각을 만들어 내기 시작하던 때의 모습을 〈표 1〉이 그려 내고 있다면, 그 그림이 그려 내는 핵심은 지금도 변함이 없다. 하지만 그때부터 지금까지의 삼 년 동안 크고 작은, 기쁘고 슬픈 변화들이 있었다. 발표자 두 분이 자리를 옮기신 일이 기쁜 일이었다면, 가장 마음 아팠던, 그리고 우리 모두에게 큰 충격을 준 일은 2012년 겨울 그동안 같이 작업해 오던 숭실대학교 정보사회학과 정재기 교수의 갑작스러운 타계였다. 평소 정 교수가 가지고 있던 관심과 이 분야에서 정 교수가 차지하던 위치 등을 생각할 때, 이 작업을 책으로 묶어 내는 것이 정 교수를 기리는 우리의 마음을 표시하는 방법일 수 있다는 데 뜻을 모아 일에 속도를 더했다. 같이 시작했던 일을 같이 끝낼 수 없는 것이, 또 앞으로 더 이어갈 수 없다는 것이 안타깝지만 이렇게 그때의 뜻을 모아 책을 만들어 냈다는 것에 정 교수도 기뻐하지 않을까 감히 생각해 본다. 그런 면에서, 책에 담긴 내용이 겉으로 드러내는 측면은 상당히 전문적·기술적인 것이지만, 다른 한편으로 이 책에는 친구와 동료로, 선배와 후배로, 스승과 제자로 그동안 정 교수와 서로 나누었던 시간과 고민의 징표를 남기고픈 우리의 마음도 담겨 있다. 당시 정 교수가 발표했던 초고를 기초로 이윤석 교수가 글을 만들어 냈고(제2장), 정 교수의 유고 중 이 책의 주제와 관련된 논문 하나(정재기, 2008)를 게재 허락을 받아 제5장에 추가로 실었다.

저자들을 대표하여 서문을 쓰게 되었지만, 같이 작업한 여러 사람의 목소리를 담고자 했다. '같이 작업한 사람들'에는 글을 실은 저자뿐 아니라, 삼 년에 걸친 긴 과정에서 이런저런 방식으로 참여, 지원, 격려해 준 여러 분이 포함된다. 무엇보다 프로젝트의 전반적인 운영과 원고 편집 과정을 처음부터 함께 진행한 구혜란, 이윤석 선생님께 깊은 감사의 뜻을 전한다. 처음 모임을 만들 때 직접 자리를 같이하셔서 후배들을 격려해 주신 석현호 교수님께도 감사 드린다. 이재열 교수님은 학회 세션의 사회를 맡아 도움말을 주셨다. 서울대학교 사회발전연구소 장덕진 소장님은 책의 기획에서부터 출판에 이르기까지 정서적, 물질적 도움을 아끼지 않으셨다.

그 외에 연세대학교 김영진이 세션 운영을 도왔고, 서울대학교 이상직, 김이선이 편집간사 역할을 맡아 주었다. 출판에 앞서 원고의 빈틈을 지적해 주신 익명의 심사자 여러분께도 감사 드린다. 마지막으로 이 책을 출간해 주신 서울대학교 출판문화원의 여러 분께도 고마움을 표하고 싶다. 이 책이 좋은 자료를 만들기 위해 애쓰는 조사자와 연구자들께 작은 힘이라도 될 수 있기를 바란다.

이 책에 실린 글 일부는 학회가 끝난 이후 다른 지면에 발표되었는데, 게재 허락을 얻고 약간의 수정을 거쳐 한곳에 모았다. 글의 원래 출전은 아래와 같다.

김지범·최문희·강정한·한수진·김석호. 2014. "한국에서의 무응답과 조사하기 어려운 응답자." 『조사연구』 15(3): 85-107.

정재기. 2008. "생활시간 연구를 위한 측정도구의 비교: 경험표집법과 시간일지." 『조사연구』 9(1): 43-68.

한신갑. 2012. "혼합식 조사와 웹패널의 (옅은) 빛과 (짙은) 그늘." 『조사연구』 13(3): 1-31.

이 책의 편집과정은 2013년 정부(교육과학기술부) 재원으로 한국연구재단의 지원을 받아 수행된 중점연구소 지원사업(NRF-2013-S1A5B8A01053931)의 일환이었음을 밝힌다.

편저자 한신갑

# 차례

## 제II부 응답의 정확성

# 그림 및 표 차례

## 제I부

# 표본의 대표성

# 제 1 장

# 표집방법과 자료의 질

구혜란 · 김석호

## 1. 자료의 질을 저해하는 요인들

조사자료(survey data)를 이용한 경험연구가 사회과학분야 연구방법의 중요한 한 축이 된 지 오래다. 한국에서도 과학적 · 기술적 방법에 기초한 조사자료 생산이 지난 수십 년간 본격화되면서 조사자료를 이용한 연구 또한 지속적으로 늘고 있다. 그와 함께 발전한 통계분석 및 모델링 기법은 복잡한 사회현상을 탄탄한 이론적 바탕 위에서 통계적으로 검증하는 데 필요한 양질의 사회조사 자료에 대한 갈증을 심화하고 있다. 그러나 국내에서는 이러한 수요와 요구를 충족하는 양질의 조사자료가 많지 않다는 지적이 심심치 않게 나온다(김석호, 2011; 한신갑, 2012).

사회조사 자료 수집과정은 표집방법오류, 표본대체, 부실한 조사원 교육, 조사원의 속임, 자료클리닝오류 등 자료의 질을 저하시킬 수 있는 다양한 요인에 쉽게 노출된다. 양질의 자료는 조사과정에서 발생할 수 있는 이러한 오류를 최소화하려는 노력을 통해 얻을 수 있다. 이를 위해서는 충분한 시간과 예산이 뒷받침하는 상황에서 조사가 꼼꼼하게 설계되고, 현지조사가 빈틈없이 이루어져야 한다. 그러나 한국의 사회조사 대다수는 목표한 질을 확보하기에 턱없이 부족한 시간과 예산으로, 대개는 그러한 조건을 감수하는 조사전문기관이 수행한다(김석호 · 이민아 · 강정한, 2010). 그러다 보니 연구기관이나 연구자는 조사설계 및 자료수집과정을 통제하기 어렵고, 조사전문기관으로부터 관련 정보를 제공받지도 못하는 것이 일반적이다.

이런 현실을 고려할 때 자료의 질을 저하시키는 주된 요인은 시간 및 예산 제약을 감수하기 위해 행하는 엄격하지 않은 표본추출(sampling)과 표본대체(sample substitution)이다. 학술 목적으로 수집되는 자료 대부분은 통계적 처리와 분석으로 연구가설을 검증하는 데 활용된다. 따라서 확률표집(probability sampling)이 권장된다. 그러나 시간과 예산이 넉넉하지 않고 응답대상자를 만나기도 점차 어려워지면서 많은 사회조사가 비확률표집(non-probability sampling)인 할당표집(quota sampling)에 의존하고, 그 과정에서 표본대체를 허용하고 있다. 그런데 조사방법론 연구자들은 할당표집과 표본대체가 자료의 질을 심각하게 낮출 수 있다고 우려한다. 그럼에도 국내 연구자들은 그러한 가능성을 간과하는 경향이 있다. 관련 학술연구도 거의 없다.

자료의 질에 대한 연구자들의 무지와 무관심은 잘못된 조사관행으로 이어지고, 그렇게 수집된 질 낮은 자료는 다시금 무관심을 키운다. 그 결과 '질 좋은' 사회조사 자료에 대한 요구는 계속 충족되지 못한다. 이러한 악순환을 끊기 위해서는 우선 이미 수집된 자료의 질을 검증해 질 낮은 조사자료를 이용했을 때 발생할 수 있는 문제를 검토할 필요가 있다. 이를 토대로 국내 조사관행을 바로잡을 방안을 모색하는 것이 양적 팽창을 질적 향상으로 이끄는 지름길일 것이다. 우리는 할당표집 및 표본대체법의 문제점을 인식하는 것이 출발점이 될 수 있으리라 본다.

자료가 좋다는 것은 측정하려는 내용의 실제 값(모수)이 조사로 얻은 개인 응답 값과 다르지 않고, 실제 값을 얻고자 하는 이론적 목표모집단이 표본추출로 뽑힌 실제 응답집단과 다르지 않을 때를 말한다. 전자가 응답 정확성 문제라면, 후자는 표본 대표성 문제이다. 응답 정확성은 응답 값이 실제 기술하고자 하는 특성을 얼마나 유사하게 측정했는가로, 표본 대표성은 표본의 특성이 실제 모집단 특성을 얼마나 충실하게 반영하고 있는가로 판단할 수 있다. 응답 정확성은 '개념정립→질문구성 및 측정→응답 획득→잘못된 응답의 처리'순으로 이루어지는 측정과정을, 표본 대표성은 '목표모집단 선정→표집틀 구축→표본추출→표본접촉→사후조정'순으로 구성되는 과정을 거치며 확보된다(Groves et al., 2009). 각각 이전 단계에서 다음 단계로 넘어가면서 차이가 발생할 수 있는데 이렇게 생기는 두 단계 간 차이가 바로 오차이다.

〈그림 1-1〉 사회조사 과정에서 발생할 수 있는 오차 종류

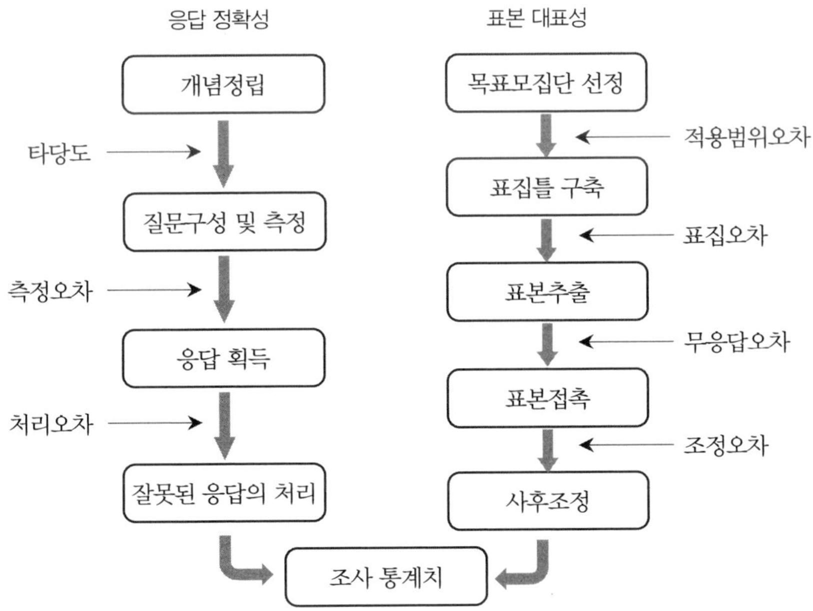

사회조사 흐름의 각 단계에서 발생할 수 있는 오차로 대략 일곱 가지를 예상해 볼 수 있다(Groves et al., 2009; Babbie, 2012). 〈그림 1-1〉은 오차 일곱 종류를 보여 준다. 먼저 응답의 정확성과 관련된 오차에는 타당도, 측정오차, 처리오차가 있다. 타당도는 구성개념과 측정치 간 관찰 가능한 차이를 의미한다. 추상 개념을 측정하기 위해 질문으로 구성하는 과정에서 원래 구성개념과 측정 간에 차이가 발생할 수 있다. 즉 타당도는 특정 개념을 측정하기 위해 사용한 질문 또는 항목이 원래 개념을 얼마나 충실히 반영하고 있는가를 나타낸다. 측정오차는 이상적 측정과 획득된 응답 간의 관찰 가능한 차이이다. 측정도구가 아무리 훌륭하더라도 원하는 수준만큼 정확한 응답을 얻기란 쉽지 않다. 응답의 질은 응답자의 집중력, 조사원의 특성, 설문이 이루어지는 상황 등에 영향받기 때문에 의도한 측정과 획득된 응답 사이에는 늘 차이가 있을 수밖에 없다. 측정오차는 이 차이를 나타낸다. 마지막으로 처리오차는 실제 응답과 추정에서 사용된 변수 간의 관찰 가능한 차이이다. 자료생산자는 자료수집이 끝나면 자료의 신뢰성과 완결성을 높이기 위해 변수가 입력된 형태와 변수들 간 논리적 일관성을 점검한다. 이를 통해 잘못 입력된 것으로 보이는 내용을 수정하는데, 이 과정에서 응답자 의도와 자료생산자 판단 간에 차이가 있을 수 있다.

표본의 대표성에 영향을 주는 오차에는 적용범위오차, 표집오차, 무응답오차, 조정오차가 있다. 적용범위오차는 목표모집단과 표집틀 간의 관찰 불가능한 차이이다. 목표모집단을 전수조사하기 어려운 경우가 많아 사회조사에서는 목표모집단 중에서 실질적으로 표본으로 추출될 대상들의 목록을 작성하고 이를 기반으로 표본을 추출하게 된다. 이때 만일 목표모집단에서 표본으로 추출될 기회가 배제된 집단이 존재하고 이 집단과 표본으로 추출된 집단이 체계적으로 다른 성향을 가지고 있다면 추출된 표본은 편향(bias)을 가지게 될 것이다. 여기서 문제는 표본이 아닌 표집틀이며, 표집틀을 전수조사한다 할지라도 표집틀이 포괄하는 범위에 따라 문제가 발생할 수 있다. 표집오차는 표본과 표집틀 간의 관찰 불가능한 차이를 말한다. 작성된 표집틀로부터 표본을 추출하는 방식에서 무작위성이 담보되지 않을 때, 즉 특정 성향을 가진 표본이 추출될 확률이 다른 성향을 가진 표본이 추출될 확률보다 높거나 낮을 때, 추출된 표본은 목표모집단과는 다른 성격을 가지게 될 것이다. 무응답오차는 응답자 집단과 표본 간의 관찰 불가능한 차이이다. 사회조사에서 표본으로 추출된 모든 대상에게서 100%의 응답을 받아내는 경우는 거의 없기 때문에 대부분의 조사가 무응답오차에 노출된다. 즉 여러 가지 이유로 조사에 응할 수 없는 대상이 있기 마련인데 이때 응답하지 않은 표본이 응답한 표본과 서로 다른 성향을 가지고 있다면 무응답편향(nonresponse bias)이 발생할 수 있다. 물론 응답률이 높다고 반드시 무응답 편향이 발생하지 않는 것은 아니다. 왜냐하면 조사에 응한 집단과 응하지 않은 집단의 성향이 다를 수 있기 때문에 모집단의 특성을 응답 집단이 정확히 반영하고 있다고 단언하기 어렵기 때문이다. 마지막으로 조정오차는 통계적 처리의 마지막 단계에서 발생하는 것으로, 이미 알려져 있는 모집단 분포에 표본 분포를 일치시킴으로 표본의 대표성을 확보하려는 과정에서 발생할 수 있는 오차이다. 이때 부정확한 모집단 정보에 기초해 가중치를 잘못 부여하면 조정오차가 발생할 수 있다. 자료의 질은 이와 같이 사회조사과정에서 발생할 수 있는 대표적인 일곱 가지 종류의 오차의 많고 적음에 따라 결정된다.

사회조사에서 측정 또는 비표본오차의 문제와 대표성 또는 표본오차의 문제로부터 완벽하게 자유로운 자료는 없다. 이 때문에 연구자는 가용한 시간과 예산, 수행하고 있는 조사의 특성 등을 감안하여 허용 수준의 오차 범위 내에서 연구를 설계하고 자료를 수집하게 된다. 앞에서 언급한 바와 같이 국내 사회조사는 부족한 예산과 시간적 제약을 안고 수행된다. 이러한 현실은 현실적인 어려움과 이상적인 자료의 질 사이에서 어느 쪽에 무게를 두고 조사할지를 결정하는 데 영향을 준다. 국내에서는 결국 표본의 대표성을 일정 정도 포기하는 선에서 타협점을 찾은 것으로 보인다. 즉 확률표집 대신 비확률표집을 사용하고 목표사례수를 신속하게 맞추기 위해 표본대체를 허용하는 것이 일반적인 관행으로 자리 잡았다. 그렇다면 이러한 타협점은 과연 받아들일 만한 것인가?

## 2. 표집방법의 쟁점

연구자들은 심리학과 물리학의 실험설계에서부터 사회과학에서 일반적인 사회조사에 이르기까지 다양한 방법으로 정보를 수집한다. 대개 정보수집 방법은 조사대상자를 어떻게 정하느냐에 따라 결정된다. 연구자들은 일반적으로 확률표집을 선호한다(Groves et al., 2009; Babbie, 2012). 모집단의 특성을 정확하게 추정하기 위해서는 모집단에서 추출한 개인들의 표본이 모집단과 동일한 변이를 가져야 하는데 확률표집이 모집단에 존재하는 변이를 적절하게 반영할 수 있도록 해주기 때문이다(이성용, 2003; Groves et al., 2009). 확률표집방법은 모집단 내 다양한 요소들이 표본에 포함될 확률을 같게 하고 그 조건하에서 무작위화를 보장할 수 있는 통계적 절차를 따른다. 이를 근거로 표집오차의 한계를 계산해 내고 조사추정치의 신뢰수준을 확인할 수 있다. 예를 들어, 우리가 어떤 조사의 표집오차가 95% 신뢰수준에서 ±3%라고 할 때 이것이 의미하는 바는, 동일한 수의 표본을 100개 뽑았을 때 95개 표본에서 우리가 추정한 값이 모집단을 전수조사했을 때의 추정치와 ±3% 이상으로는 차이 나지 않는다는 것이다. 이처럼 확률표집은 표본에서 산출한 우리의 분석결과를 어느 정도 신뢰할 수 있을지 이론적으로 판단할 수 있게 해준다.

이와는 달리 표본이 연구자의 판단에 따라 선택될 수도 있는데, 판단에 기초한 방법에는 유의적(purposive) 선택, 판단 선택, 또는 비확률적 선택

등이 있다. 비확률표집으로 추출된 표본은 모집단의 개별 요소들이 통계적 이론에 근거하여 추출된 것이 아니기 때문에 어떤 요소가 어떤 확률을 가지고 표본에 포함되었는지를 계산하기 어렵다. 비확률표본에서 모집단의 개별 요소는 연구자의 주관적 관점이나 조사자의 자의성에 따라 추출되기 쉽다. 즉 비확률표집은 대개 조사원의 자의적 판단이나 우연성에 기초해 이루어져 편향된 표본(biased sample)이 뽑힐 위험성을 높인다(Melnick et al., 1990). 또한 추출과정에 대한 정보의 부재로 비확률표본에서는 확률 이론을 이용하여 모수를 추정할 수 없으므로 표본의 특성에서 모집단의 특성을 일반화하거나 추론하는 것이 불가능하다. 따라서 비확률표본에서 추출된 통계치는 확률표본의 통계치와 달리 대표성이 보장되지 않는다(Doherty, 1994).

이처럼 이론적 한계를 가지고 있지만 비확률표집이 유용하게 활용될 수 있을 때가 있다. 예를 들면 비확률표집은 통계적 검증이 아닌 기술적 분석만을 진행할 때 유용할 수 있다. 또한 설문지를 테스트하거나 조사연구 기획 단계에서 예비적 연구를 할 때 자주 사용되기도 한다. 무엇보다 비확률표집을 사용하면 저렴한 비용과 적은 시간으로 자료를 수집할 수 있다(Babbie, 2012). 그러나 이는 제한적인 상황에서의 유용성을 말하는 것으로, 일반적인 사회조사에서 통용될 수 있는 것은 아니다.

## 3. 할당표집과 표본대체의 문제

### 1) 할당표집

할당표집은 비확률표집방법 중에서 가장 빈번하게 사용된다. 할당표집은 모집단 목록이 존재하지 않을 때 사용할 수 있는 가장 적절한 표집방법으로 인식되고 있다. 확률표집 설계에서 여러 기법이 존재하는 것처럼, 할당표집에도 다양한 방법이 있다. 한국의 사회조사에서 일반적으로 사용되는 할당표집은, 확률표집과 마찬가지로 초기 단계에서는 확률표집의 원칙에 따라 조사 대상 지역들을 선정하고, 최종단계에서 인구구조에 기초해 할당하는 것이다. 이런 점에서 할당표집은, 표본추출의 최종단계를 제외하면, 확률표집방법 중 하나인 층화표집(stratified sampling)과 닮아 있다. 그러나 할당표집에서는 최종단계에서 조사원이 임의로 응답자를 선택하는 반면, 층화표집에서는 주요 특성들에 의해 구분된 계층(strata) 내에서만큼은 무작위 표집을 실시한다는 차이가 있다. 간단히 말해 할당표집에서는 조사원이 현장에서 응답자를 선정하고, 층화표집에서는 조사원이 현장에 나가기 전에 이미 응답자가 결정되어 있다. 전자의 문제점은 응답자 선정의 최종단계에서 조사원의 판단과 임의적 선택에 따라 자료의 신뢰성이 달라질 가능성이 높다는 것이다. 가령 조사원들이 의식적, 또는 무의식적으로 유순하고 쉽게 접근할 수 있는 응답자들을 선택할수록 조사결과는 그만큼 더 편향에 노출될 것이다.

할당표집의 핵심은 연령이나 성과 같은 핵심 변수에서 모집단의 특성과 유사한 분포를 나타내는 응답자들을 표본에 포함시키는 것이다. 여기에는, 만약 할당표집으로 만들어진 표본이 연령과 성과 같은 변수에서 모집단과 유사한 분포를 보인다면 조사에 포함된 다른 변수들에서도 모수와 비슷한 분포를 가지게 될 것이라는 가정이 깔려 있다. 연구자들은 이처럼 분포의 유사성으로 비확률표본의 대표성을 판단하려는 경향이 있다. 그러나 확률표집의 기준으로 보았을 때 무작위화는 표본선택과정의 문제이지 모집단과 표본 구조에 있어서의 유사성 문제가 아니다.

물론 할당표집이 늘 잘못된 결과를 가져온다는 것은 아니다. 연구자가 표집 모집단의 어떤 특성들이 해당 조사의 핵심 통계치들과 연관 있는지 정확하게 알고 있을 때, 그리고 그러한 특성들을 기준으로 표본을 구성할 수 있을 때 할당표집 설계도 모집단과 유사한 표본 통계치들을 제시할 수 있을 것이다. 사실 다른 하위집단들에 대한 할당을 사용하는 표집은 널리 사용되고 있다. 그러나 통계치가 연구자가 미리 정한 할당 기준과 관련 없는 경우에는 상당한 오류가 발생할 개연성이 높다(Groves et al., 2009). 그러므로 할당표집이 확률표집과 같은 정확성을 갖추기 위해서는 목표모집단의 여러 특성들 간 관계에 대한 완전한 지식이 요구된다. 문제는 변수 간 관계에 대한 정확한 사전 정보를 파악할 수 없다는 것이다. 다시 말해, 할당표본이 확률표본과 유사한 결과를 보여 줄 수는 있지만, 어떤 조건에서 할당표집이 유효하고 어떤 조건에서는 유효하지 않은지를 자신 있게 판단하기란 근본적으로 불가능하다.

현실적으로 조사방법론 교과서가 제시하는 확률표집원칙을 완벽하게 지켜 수집되는 무결점 자료는 존재하지 않을 것이다. 가령 확률표본 자료의 질을 떨어뜨리는 주요 요인인 무응답오차의 경우, 우리는 일반적으로 자료에서 유사한 특성을 가진 응답자들이 실제로 유사한 태도를 가지고 유사한 행동을 할 것으로 가정하지만 이러한 행동 모델이 타당하다는 증거는 없다. 그렇다고 이 오차를 관찰할 수 있는 것도 아니다. 이러한 이유로 할당표집 결과와 확률표집 결과가 다르지 않을 것이라는 주장도 있다. 특히 할당표집에 대해 우호적인 학자들은 분석모델을 기반으로 조사를 설계하고 진행하면 문제될 것이 없다고 주장한다(Smith, 1983; Deville, 1991; Sarndal, Swensson and Wretman, 1992). 스미스(Smith, 1983)는 할당표집과 같은 비확률표집으로부터 결론을 도출할 수 있는 조건들을 제시한다. 그의 모델기반 접근은 1) 조사 의뢰자가 한 명(기관)일 때, 2) 결과가 조사 의뢰자만을 위해 활용되고 일반 독자들에게 공표되지 않을 때, 3) 통계학자들과 조사 의뢰자가 할당표집이 필요하다고 동의할 때 사용해도 된다고 주장한다. 데빌(Deville, 1991)은 표본 크기에 따라 확률표집과 할당표집 중 무엇을 선택할지가 결정된다고 강조하는데, 표본수가 적을 때에는 할당표본의 편의를 받아들이는 것이 적은 수의 확률표본의 부정확성으로 인해 발생하는 오차를 감수하는 것보다는 낫다는 것이다. 그러나 이들도, 자료의 질이 크게 문제되지 않거나 정확성에 대한 요구가 높지 않고 위험을 감수해도 되는 특수한 상황에 한하여 할당표집을 사용할 만하다고 말한다는 점에서, 확률표집의 보편적 우수성을 전제하고 있다.

제대로만 이루어진다면 확률표집은 표본 선정과정에서 주관적 판단으로 생기는 편향의 문제로부터 자유롭다. 그러나 할당표집에서 그러한 편향의 문제는 언제나 발생할 수 있다. 또한 할당표집은 자료에 맞추어 모델을 구축해야 하는 경우가 많다(Deville, 1991). 연역적 추론에 따라 구성한 모델을 자료로 검증하는 것이 아니라 자료를 분석해 여러 모델들을 검증한 후 그중에서 가장 잘 맞는 모델을 선택한다는 것이다. 그러나 확률표집원칙에 따라 수집된 자료는 그러한 과정을 거치지 않고도 모델검증을 위한 분석이 가능하다. 할당표집의 가장 큰 장점은 확률표집보다 조사비용이 매우 낮다는 것이다. 그러나 데밍(Deming, 1960: 11-12)이 지적한 것처럼, "확률표집과 할당표집의 비용을 비교하는 것은 애초에 불가능하다. 왜냐하면 두 표집방법은 각기 다른 목적으로 활용되기 때문이다. 자료의 질이 보장되지 않는 비용의 절약은 어떠한 의미도 가지지 못하며, 판단이 개입된 할당표집을 통해 수집된 자료의 질을 객관적으로 평가하는 것은 불가능하다."

### 2) 표본대체

할당표집과 더불어 한국의 사회조사에서 자료의 질을 저하시키는 것은 표본대체(sample substitution)이다. 표본대체는 분명 할당표집과는 다른 사안이다. 그러나 본 연구가 표본대체에 관심을 가지는 이유는, 한국에서 수행되는 대부분의 사회조사에서 할당표집이 늘 표본대체를 수반한다는 사실 때문이다. 할당표집과 표본대체 모두 무작위 선택에 기초하지 않는다.

성, 인종, 연령 등에 근거해 할당표집을 했을 때, 그 결과는 표본대체의 그것과 거의 차이가 없다(Smith, 2006). 조사원이 성, 연령, 지역 등의 기준에 따라 해당 조사구에서 조사대상자들을 선정한다고 해도 모두가 조사에 응하지는 않을 것이다. 조사회사가 수행하는 면접조사 과정에 대한 정보가 자료로 공개된 적이 없어 단언할 수는 없지만 조사원이 처음 선정한 응답자 중 상당수가 조사를 거부할 것이다. 이 경우에 조사회사는 조사원들에게, 그들을 끝까지 설득하기보다는 선정 기준을 충족하는 다른 응답자를 찾도록 교육한다(김석호 · 이민아 · 강정한, 2010). 따라서 한국에서 수집된 사회조사 자료의 질을 논할 때에는 표본대체의 문제와 할당표집의 문제를 함께 다루어야 한다. 뿐만 아니라 할당표집을 사용하지 않고 설계된 무작위 표본조사나 전화조사에서조차도 조사과정에서의 어려움 때문에 표본대체—구체적으로 비무작위적 선택에 의한 표본대체(non-random substitute selection)—를 많이 사용하는데, 그 결과 표본이 인구분포와 유사한 할당표본으로 변질되고는 한다.

초기 표본 중 무응답자에 대한 교체 표본의 선택은 무작위적으로 또는 비무작위적으로 이루어질 수 있다. 무작위 선택은 표본추출의 처음 단계부터 각 조사대상자나 조사구에 대한 예비표본을 확률적 원칙에 따라 뽑아 놓은 경우를 의미한다. 이 같은 예비표본들은 조사대상에 대한 자세한 정보를 담은 표집틀을 이용해 조사개시 전에 미리 추출되곤 한다. 물론 무작위 표집을 통한 대체표본의 선정은 조사기간 중에도 가능하지만 이는 미리 대체표본을 뽑는 것보다 복잡한 과정을 수반하며 더 어렵다. 무응답자가 발생할 경우 그 이웃을 체계적으로 조사하는 것이 예비표본의 무작위적 선택이라는 오해가 많은데, 사실 이는 무작위 표집이 아니다. 왜냐하면 이 경우에는 무응답자의 이웃이 상대적으로 과대표집되거나 응답자의 이웃이 과소표집될 위험성이 존재하기 때문이다(Pol, 1992). 이러한 비체계적 또는 편의적 대체는 무작위 선정이 아니며 오로지 조사원의 결정에 의한 것일 뿐이다.

선행연구들은 표본대체가 주는 유용함이 있다고 주장한다. 이를 정리해 보면, 1) 표본대체는 더 많은 사례를 조사할 수 있게 해 유효표본수를 늘려주고(Chapman, 1983; Lessler and Kalsbeek, 1992; Vehovar, 1999), 2) 조사거부에 따른 무응답 편향을 감소시키며(Lessler and Kalsbeek, 1992), 3) 층화된 표본들의 각 계층에서 사회인구학적 특성별 균형을 유지하게 해주어(Chapman, 1983), 4) 자료이용자들이 분석과정에서 가중치를 어렵게 부여할 필요가 없게 한다(Vehovar, 1999; Chapman, 2003). 덧붙여 5) 표본대체를 하게 될 경우 조사원 입장에서는 대체표본에 대해서 조사를 처음부터 다시 시작해야 하는 번거로움이 있기 때문에 처음에 할당된 표본을 최대한 완료하고자 하는 동기를 부여한다(Moser and Kalton, 1972).

이처럼 표본대체가 유용하다는 주장은 과연 어느 정도 설득력이 있을까? 몇몇 연구들은 비무작위적 선택에 의한 표본대체의 가장 큰 장점으로 동일한 노력으로 표본대체를 하지 않을 때보다 더 많은 유효표본을 확보할 수 있다는 점을 든다(Lohr, 1999; Rubin and Zanutto, 2002). 그러나 조사에 응하지 않은 모든 사람들을 고려하면 실질적인 응답률은 현저히 낮아진다(Callens and Croux, 2003). 짧은 기간 내에 조사를 완료해야 하는 상황에서 조사원들이 응답을 거절하는 조사대상자들을 설득하는 데 노력을 덜 쏟기 때문이다(Vehovar, 1999). 이뿐만 아니라 표본대체는 응답률 계산을 어렵게 한다(Nathan, 1980; Lessler and Kalsbeek, 1992). 미국여론조사학회(American Association for Public Opinion Research, AAPOR)가 제시한 표본대체 시 응답률 계산 공식에 따르면, 초기 표본의 무응답자와 대체표본의 무응답자 모두 계산에 포함되어야 한다. 그러나 이는 조사원이 임의로 응답자를 선택하는 비무작위 표본대체의 경우에는 현실적으로 거의 불가능한 일이다.

표본대체가 유효표본수를 늘려준다는 점에서 무응답 편향이 줄어든다는 주장도 설득력이 떨어진다. 대체된 표본은 무응답 편향을 결코 줄여 주지 않는다. 표본대체는 말 그대로 무응답자를 응답자로 바꾸는 것이기 때문에 무응답자의 존재로 인한 편향의 위험은 그대로 남아 있게 된다(Little and Rubin, 2002; Rubin and Zanutto, 2002). 이에 대해 마를리아니와 파세이(Marliani and Pacei, 1993)는 교체된 표본들은 항상 어긋나 있다고, 교체표본이 원래 무응답자와 유사할 것이라는 가정은 틀렸다고 주장한다. 서큰(Sirken, 1975)은 교체된 표본들이 무응답자보다는 응답자들에 더 가까운 존재라는 사실을 보여 주기도 하였다.

가중치를 부여하는 것보다 표본대체가 효과적이라는 것도 검증된 사실이 아니다(Vehovar, 2003). 오히려 기존연구들은, 대체와 가중치를 비교했을 때 표본대체로 인한 편향이 더 심하며(Biemer, Chapman and Alexander, 1985; Chapman and Roman, 1985), 대체가 무응답 편향을 제대로 보정하지 못하고 있음을 밝히고 있다(Vehovar, 1993). 표본대체가 현지조사 관리를 용이하게 할 것이라는 주장도 설득력이 떨어진다. 조사과정에서 표본대체를 진행할 경우 현지조사관리(field control)가 더 어려워진다는 지적도 많다. 조사원들은 어려운 조사대상자를 포기하고 좀 더 쉬운 사람들을 찾는 경향이 있기 때문에 표본대체가 허용되었을 경우 조사원들이 대체표본들까지 관리해야 하는 어려움이 생길 수 있다(Lohr, 1999; Chapman, 2003). 이 때문에 표본대체는 오히려 낮은 응답률, 잘못된 응답률의 보고, 또는 실제 응답률의 무시, 조사과정 통제의 어려움, 상대적으로 길어지는 조사기간 등의 문제를 야기할 수 있다. 이러한 문제점들은 조사과정에서의 오차의 크기를 확대하고 결과적으로 자료의 질 저하를 낳는다. 자료의 질 저하는 자료 그 자체의 부정확성 문제뿐만 아니라 부정확한 자료의 분석을 토대로 만들어지는 사회 각 분야에서의 정책과 결정들을 오도할 위험성을 가지고 있다.

위에서 살펴본 것처럼, 할당표집과 표본대체는 확률표집의 문제를 해결할 수 있는 대안이 되기에는 많은 문제점을 가지고 있다. 그럼에도 우리가 사회조사에서 할당표집과 표본대체를 허용해야 한다면 이를 이용하여 수집된 자료가 확률표집자료의 결과들과 심각한 차이가 없다는 경험적인 근거가 분명해야 한다. 다시 말해서 할당표집과 표본대체를 허용한 조사자료에서 어떠한 체계적인 편향이 나타나는지, 또 분석결과에서 할당표집과 할당표집자료가 어떠한 차이를 보이는지를 검증해야 한다. 그러나 할당표집과 표본대체가 허용된 상태에서 자료수집이 이루어질 경우 표본추출의 부정확성이나 이로 인해 발생할 수 있는 측정의 편향(bias)을 통계적으로 검증하는 것이 불가능하다(Doherty, 1994). 비확률표집에 의해 수집된 자료의 질을 평가하는 유일한 방법은, 우회적이기는 하지만 해당 조사자료의 사회인구학적 분포와 신뢰도와 타당도 등의 측정 속성(psychometric properties)이 양질인 것으로 판명된 정교한 측정도구들의 결과를 다른 대표성 있는 조사 결과와 비교하는 것이다. 따라서 본 연구는 확률표집과 할당표집으로 수집된 조사자료 각각의 사회인구학적, 사회경제적 특성을 센서스와 비교하고, 이들 조사에 공통적으로 포함되어 있는 문항들을 활용해 표집방법의 차이가 변수들 간의 관계에 유의미한 차이를 초래하는지를 검증해 볼 것이다. 본 연구의 결과가 두 자료의 질을 판단하는 절대적이고 전면적인 근거가 될 수는 없겠지만 비과학적 표집으로 인해 나타나는 문제점들의 일면을 보여 줄 수 있다는 점에서 의의가 있을 것이다.

## 4. 할당표집자료의 질

이 연구에 필요한 자료는 동일한 시기에 확률표집방법에 기초하여 수집된 자료와 할당표집방법에 기초하여 수집된 자료이다. 앞에서 언급했듯이 표본조사의 신뢰도와 정확성에 영향을 주는 오차는 다양한 요인에 의해서 발생할 수 있다. 이 때문에 우리는 가능한 한 표집방법 차이 이외에 발생할 수 있는 오차의 영향력을 최소화하기 위해 자료수집방법과 도구에서 차이가 없고 동일 내용을 측정하는 문항을 최소 3개 이상 포함하는 자료를 선정하고자 하였다. 자료 선정을 위해 우리는 한국사회과학자료원(KOSSDA)에 소장되어 있는 조사자료를 확률표집방법과 할당표집방법을 이용하여 수집된 자료로 분류하고 각 조사의 설문문항을 비교 검토하였다. 그런데 대부분의 조사들이 표준화된 척도를 설문문항으로 사용하고 있지 않아 완전히 일치하는 설문문항을 공유하는 자료를 찾을 수는 없었다. 최종적으로 우리는 문구는 다소 다르지만 측정하고자 하는 내용과 척도는 일치하는 문항을 포함한 2건의 자료를 찾을 수 있었다.

분석에 활용된 자료는 한국종합사회조사(Korean General Social Survey, KGSS) 2009년 자료와 안전한 생활환경에 대한 인식조사(LCS)이다. 두 자료의 수집방법은 〈표 1-1〉에 정리되어 있다. KGSS 2009년 자료는 제주도를 포함한 전국에 거주하는 18세 이상 성인남녀를 대상으로 2009년 6월 말부터 8월 말 사이에 수집된 것이다. 조사는 일대일 대면면접방식으로 이루어졌으며 표본은 다단계지역확률표집방법에 의거하여 추출하였다. 표본추출과정을 보면, 우선 200개의 최종표집블록수를 전국 광역시도의 가구 수 분포에 비례하여 배분하고 각 광역시도별로 배분된 수만큼의 동·읍·면을 무작위로 추출한 후 각 동·읍·면으로부터 한 개의 최종표집블록(동의 경우에는 통/반, 면의 경우에는 리)을 무작위로 선정한다. 다음으로 선정된 최종표집블록에 표집원이 방문하여 블록 내의 모든 가구가 포함된 표집틀을 작성한 후 이 표집틀로부터 응답대상이 되는 12~13가구를 계통표집한다. 마지막으로 면접원이 최종 선정된 가구를 방문하여 가구 내 만 18세 이상 성인 가구원의 명부를 작성한 후 태어난 월일이 가장 늦은 가구원을 최종면접대상자로 선정한다. 이렇게 추출된 목표표본수는 2,500개이고, 현지조사와 자료정선(data cleaning)과정을 거쳐 최종적으로 완료된 유효표본수는 1,599개로 응답률은 64.0%이다.

LCS는 2009년 9월 11일부터 21일까지 열흘 동안 현지조사가 완료된 조

〈표 1-1〉 분석대상 자료 개요

| | 한국종합사회조사(KGSS) | 안전한 생활환경에 대한 인식 조사(LCS) |
|---|---|---|
| 조사시기 | 2009월 6월 28일~8월 30일 | 2009년 9월 11일~21일 |
| 조사지역 | 제주도를 포함한 전국 | 제주도를 제외한 전국 |
| 조사대상 | 만 18세 이상 성인남녀 | 만 19세 이상 성인남녀 |
| 자료수집방법 | 일대일 대면면접 | 일대일 대면면접 |
| 표본추출방법 | 다단계지역확률표집 | 지역/성/연령별 인구비례 할당표집 |
| 표본대체 유무 | 없음 | 있음 |
| 전체표본수 | 2,500 | 확인할 수 없음 |
| 유효사례수 | 1,599 | 1,006 |
| 응답률(%) | 64.0 | 확인할 수 없음 |

사로 모집단은 제주도를 제외한 전국에 거주하는 만 19세 이상 성인남녀이다. 조사는 일대일 대면면접으로 실시되었으며 1,000개의 표본 수 확보를 목표로 하였다. 표본은 지역과 성, 연령별 인구비례에 따른 할당표집방법에 의해 추출하였다. 표본추출과정[1]을 보면, 우선 전년도 주민등록인구통계 기준 만 19세 이상 인구를 성별, 연령별, 시도별로 정리한 후, 전국 16개 시도별로 인구규모를 고려하여 1,000개의 표본을 비례할당하고, 지역별로 할당된 표본수만큼의 읍면동을 인구비례확률방식(Probability Proportionate to Size Sampling, PPS)을 이용하여 추출한다. 이때 1개의 조사지점에서 최대 10명까지 조사하는 것을 원칙으로 하여 추출할 읍면동의 수를 결정한다. 예를 들면 서울지역에 할당된 표본수가 205개인 경우 지역별 표집블록수는 205/10의 올림값, 즉 21개가 된다. 최종표집블록은 추출된 읍면동 내

1. 이 조사의 실제 표본추출과정은 조사를 담당했던 조사기관 연구원의 퇴사와 관련 문건의 부재로 확인할 수 없었다. 그러나 이 조사의 표본추출과정은 동 조사기관에서 표본을 추출하는 일반적인 과정과 동일할 것으로 판단하여 동 기관의 일반적인 표본추출과정에 준하여 정리하였다.

통, 또는 리에 대하여 동 업체가 자체 개발한 프로그램을 이용하여 무작위 추출한다. 최종표집블록이 결정되면 면접원이 실사담당 연구원으로부터 조사를 시작할 지점을 지정받고 이 지점으로부터 시계방향으로 몇 번째 가구를 조사한다는 등의 일정한 규칙에 근거하여 성과 연령에 따라 할당받은 수만큼 면접원이 조사대상자를 선정한다. 응답률은 면접원이 조사를 진행하면서 대체한 표본수를 확인할 수 없기 때문에 계산할 수 없으며, 유효표본수는 1,006개이다.

분석은 자료와 모집단의 사회인구학적 분포의 유사성과 표집방법에 따른 분석결과의 차이를 확인하는 두 가지 방향으로 수행되었다. 우선 자료가 모집단을 어느 정도 잘 반영하고 있는가를 비교하기 위하여 각 자료별로 성, 연령, 지역 등 표본할당에 기준이 된 사회인구학적 변수들의 분포를 모집단에 대한 공식기관의 통계치와 비교하여 모집단 분포와의 불일치정도를 구하였다. 아울러 할당표집을 할 때 고려되지 않은 교육수준 및 취업상태별 하위범주의 응답분포를 살펴보고 그 구성비가 공식적인 통계치와 어느 정도 차이를 보이는가를 비교하였다. 불일치정도를 나타내는 값은 사회인구학적 변수들의 응답범주를 세분화하여 각 범주별 %값과 비교통계치값의 차이를 구하고 그 차이값의 절대값들을 더한 후 비교 응답범주의 총 개수로 나눈 값을 사용하였다(Yeager et al., 2011).

다음으로, 표집방법에 따라 설명변수와 종속변수 간 관계의 방향이나 강도에 유의미한 차이가 나타나는지를 확인하였다. 이를 위하여 우리는 두 자료에 공통으로 포함되어 있는 문항들의 응답분포를 비교하고 각 자료별로 모집단 분포와의 불일치 정도가 큰 변수들을 중심으로 해당 문항의 평균값에 유의미한 차이가 나는지를 살펴보았다. 분석에 사용한 종속변수는 국가자긍심, 빈부갈등 정도, 노사갈등 정도이며 자세한 설문문항과 응답범주는 〈표 1-2〉에 정리하였다.

〈표 1-2〉 자료별 비교문항과 응답범주

<table>
<tr><th rowspan="2"></th><th colspan="2">KGSS</th><th colspan="2">LCS</th></tr>
<tr><th>질문</th><th>응답범주</th><th>질문</th><th>응답범주</th></tr>
<tr><td>국가자긍심</td><td>귀하는 한국 국민인 것을 어느 정도 자랑스럽게 생각하십니까?</td><td>1. 매우 자랑스럽다<br>2. 다소 자랑스럽다<br>3. 별로 자랑스럽지 않다<br>4. 전혀 자랑스럽지 않다<br>8. 모르겠다+</td><td>귀하는 한국인인 것을 얼마나 자랑스럽게 생각하십니까?<br>혹은 그렇지 않습니까?</td><td>1. 매우 자랑스럽다<br>2. 자랑스러운 편이다<br>3. 자랑스럽지 않은 편이다<br>4. 전혀 자랑스럽지 않다<br>5. 모르겠다</td></tr>
<tr><td rowspan="2">빈부갈등</td><td>어느 나라에서나 사회 집단 간에는 차이나 갈등이 있습니다. 귀하가 생각하기에 한국에는 다음 집단들 간에 갈등이 어느 정도 심하다고 생각하십니까?</td><td rowspan="3">1. 갈등이 매우 심하다<br>2. 갈등이 다소 심하다<br>3. 갈등이 별로 심하지 않다<br>4. 갈등이 없다<br>8. 선택할 수 없음</td><td>귀하는 우리나라에서 다음에 제시된 집단들 사이에 긴장과 갈등이 얼마나 있다고 혹은 없다고 생각하십니까?</td><td rowspan="3">1. 많이 있다<br>2. 약간 있다<br>3. 별로 없다<br>4. 전혀 없다<br>9. 모르겠다</td></tr>
<tr><td>1) 가난한 사람과 부유한 사람</td><td>① 부자와 가난한 사람</td></tr>
<tr><td>노사갈등</td><td>3) 경영자와 노동자</td><td>② 경영자와 노동자</td></tr>
</table>

+ '모르겠다,' 또는 '선택할 수 없음'은 면접자가 응답자에게 제시하는 보기가 아니고, 면접자가 보기를 제시했음에도 응답자가 모르겠다거나 선택할 수 없다고 응답한 경우에만 체크하도록 한 보기임.

## 1) 모집단 분포와의 불일치 정도

### (1) 성, 연령, 지역별 분포

확률표집조사의 경우 최초 표집표본 조사를 원칙으로 하고 표본대체를 허용하지 않기 때문에 사후 가중치를 반영하지 않은 유효표본을 대상으로 했을 때 할당표집과 비교하여 성, 연령, 지역별 분포에서 비교통계치와 차이가 클 수밖에 없다. 이는 부분적으로는 응답자에 대한 접근과 조사 난이도가 조사대상에 따라 차이가 나기 때문이다. 반면에 할당표집은 일반적으로 그 목표가 모집단의 특성과 근사하게 맞출 수 있도록 표본을 추출하는 것이고 이를 위해 할당된 표본수를 채울 때까지 표본대체를 허용하기 때문에 결과적으로 표본할당에 사용된 변수에 대해서는 비교통계치에 상당히 근접하게 되는 경향이 있다(Hoffmeyer-Zlotnik, 2003: 214).

이러한 특성은 이 연구에서도 확인된다. 〈표 1-3〉은 확률표집자료인 KGSS와 할당표집자료인 LCS의 성과 연령, 거주지역별 구성비를 조사시점의 주민등록인구 통계치와 비교한 것이다. 우선 KGSS와 LCS의 성별 구성비를 모집단의 구성비와 비교해 보면, 전자가 여성의 비율이 다소 높은 반면 후자는 성비가 모집단 통계치와 거의 일치하는 것을 확인할 수 있다. 다음으로 연령분포를 비교해 보면 KGSS의 경우 20대의 두 범주 집단이 각각 비교통계치보다 1.23%, 1.79% 적고, 30~44세 집단이 비교통계치보다 1~3% 정도 많은 것으로 나타난다. LCS의 경우 60~64세 연령집단에서는 4.9% 많이, 70세 이상 연령집단에서는 5.3% 적게 표집되어 특정 연령집단에서 모집단분포와의 차이가 상대적으로 두드러지게 나타난다. 고령자에 대한 접근상의 어려움이 있다는 점을 감안하더라도, KGSS와 비교하여 LCS에는 고령자 중에서 상대적으로 연령이 낮은 응답자가 과대표집되었음을 알 수 있다. 마지막으로 거주지역 분포 면에서는 두 자료 모두 모집단 통계치와의 차이가 1% 내외로 모집단 분포를 크게 벗어나는 범주가 없었다. 성, 연령, 거주지역에 대한 모집단 분포와의 불일치도는 KGSS가 0.782, LCS가 0.702로 서로 크게 차이가 나지는 않았으나 LCS가 조금 더 모집단 분포에 가까운 것으로 나타났다. 그러나 표본대체를 허용한 LCS와 허용하지 않은 KGSS의 분포가 모집단 분포와 비교하여 크게 차이가 나지 않는다는 사실은 상대적으로 확률표본조사인 KGSS가 무응답으로 인한 편향에 크게 노출되어 있지 않다는 것을 보여 주는 것이다.

〈표 1-3〉 사회인구학적 변수 분포 및 비교통계치와의 차이(제주도 거주자 제외, 20세 이상 응답자 대상)+

| | 응답범주 | KGSS | LCS | 비교통계치++ | 비교통계치와의 차이 KGSS | 비교통계치와의 차이 LCS |
|---|---|---|---|---|---|---|
| 성별 | 남자 | 48.32 | 49.35 | 49.37 | -1.049 | -0.025 |
| | 여자 | 51.68 | 50.65 | 50.63 | 1.049 | 0.025 |
| 연령 | 20~24 | 7.01 | 8.06 | 8.24 | -1.234 | -0.184 |
| | 25~29 | 8.46 | 11.18 | 10.25 | -1.790 | 0.928 |
| | 30~34 | 11.30 | 8.76 | 10.19 | 1.112 | -1.429 |
| | 35~39 | 15.07 | 13.70 | 11.82 | 3.249 | 1.876 |
| | 40~44 | 13.55 | 12.39 | 11.5 | 2.049 | 0.887 |
| | 45~49 | 12.10 | 10.88 | 11.45 | 0.645 | -0.574 |
| | 50~54 | 9.45 | 10.27 | 10.13 | -0.679 | 0.142 |
| | 55~59 | 5.42 | 5.84 | 6.99 | -1.570 | -1.149 |
| | 60~64 | 5.88 | 10.47 | 5.6 | 0.282 | 4.873 |
| | 65~69 | 4.76 | 4.93 | 5.03 | -0.271 | -0.095 |
| | 70세 이상 | 7.00 | 3.50 | 8.8 | -1.800 | -5.300 |
| 거주지역 | 서울 | 20.74 | 22.05 | 21.4 | -0.663 | 0.654 |
| | 부산 | 7.57 | 7.15 | 7.46 | 0.111 | -0.310 |
| | 대구 | 4.81 | 5.14 | 5.03 | -0.224 | 0.106 |
| | 인천 | 5.92 | 5.34 | 5.44 | 0.485 | -0.103 |
| | 광주 | 3.23 | 2.82 | 2.77 | 0.456 | 0.050 |
| | 대전 | 3.03 | 2.92 | 2.93 | 0.098 | -0.010 |
| | 울산 | 2.37 | 2.22 | 2.18 | 0.190 | 0.036 |
| | 경기 | 21.79 | 22.16 | 22.63 | -0.839 | -0.475 |
| | 강원 | 2.83 | 3.12 | 3.11 | -0.279 | 0.012 |
| | 충북 | 3.23 | 3.02 | 3.09 | 0.136 | -0.069 |

| | | | | | | |
|---|---|---|---|---|---|---|
| | 충남 | 3.95 | 4.13 | 4.16 | −0.210 | −0.031 |
| | 전북 | 4.08 | 3.83 | 3.77 | 0.312 | 0.057 |
| | 전남 | 4.15 | 4.03 | 3.95 | 0.197 | 0.078 |
| | 경북 | 5.20 | 5.64 | 5.56 | −0.359 | 0.079 |
| | 경남 | 7.11 | 6.45 | 6.54 | 0.570 | −0.095 |
| 모집단분포와의 불일치도+++: 성, 연령, 거주지역 | | | | | 0.782 | 0.702 |
| 교육수준 | 중졸이하 | 20.9 | 21.0 | 20.1 | 0.867 | 0.918 |
| | 고졸 | 39.7 | 44.6 | 41.2 | −1.495 | 3.447 |
| | 대졸이상 | 39.4 | 34.3 | 38.8 | 0.628 | −4.425 |
| 취업상태 | 취업자 | 61.8 | 67.2 | 63.4 | −1.580 | 3.793 |
| | 미취업자 | 38.2 | 32.8 | 36.6 | 1.580 | −3.793 |
| 종사상지위 | 임금근로 | 67.8 | 55.9 | 70.0 | −2.193 | −14.078 |
| | 자영업 | 32.2 | 44.1 | 30.0 | 2.193 | 14.078 |
| 미취업사유 | 학업 | 11.9 | 16.0 | 27.3 | −15.405 | −11.392 |
| | 가사, 육아 | 39.1 | 62.9 | 45.6 | −6.451 | 17.332 |
| | 기타 | 49.0 | 21.2 | 27.1 | 21.855 | −5.941 |
| 모집단분포와의 불일치도; 교육수준, 취업상태, 종사상지위, 미취업사유 | | | | | 5.426 | 7.035 |
| 모집단분포와의 불일치도: 전체 | | | | | 2.004 | 2.601 |

\+ 비교대상 자료들 간의 응답대상범위를 통일하기 위해서 제주도 거주자를 제외한 20세 이상의 응답자만을 대상으로 분석하였음. 분석에 사용된 전체 사례 수는 KGSS가 1,519건, LCS가 993건임.

++ 출처: 성, 연령, 거주지역은 주민등록인구통계, 2009년; 교육수준은 OECD. *Education at a Glance*, 2011; 취업관련은 경제활동인구통계, 2009년.

+++ 모집단분포와의 불일치도는 응답범주별 구성비에서 해당 범주의 비교통계치를 뺀 값의 절대값을 모두 더한 다음 범주수로 나눈 값임.

### (2) 교육수준 및 취업상태 분포

다음은 할당표집에 기준이 되지 않은 교육수준과 취업관련 변수의 구성비를 공식통계치와 비교해 보자.[2] 교육수준과 취업 변수는 많은 연구에서

2. 직업범주도 중요한 변수 중 하나이나 분석에 사용된 두 조사의 직업분류 방식이 달라 비교할 수 있도록 범주화하는 것이 불가능하여 분석에 포함시키지 못하였다.

설명변수, 또는 통제변수로 분석에 포함되는 변수이다. 그러므로 이들 집단에 대한 대표성이 확보되지 않을 경우 신뢰할 만한 분석결과를 산출할 수 없다.

교육수준 범주들의 분포를 보면, KGSS의 경우 고졸자가 다소 적게 조사되었으나 그 차이가 1.5% 정도로 크지 않다. 반면 LCS의 경우에는 고졸자 비중이 비교통계치에 비해 3.5% 많고 대졸 이상의 비중이 4.4% 적어 상대적으로 고졸자가 과대표집되었음을 알 수 있다. 다음으로 취업상태를 비교해보면, KGSS는 취업자가 1.6% 적게, LCS는 취업자가 3.8% 많이 조사된 것으로 나타나 LCS의 차이가 더 컸다. 취업자 중 임금근로자와 자영업자의 비중을 비교해보면 더 큰 차이를 발견할 수 있다. KGSS는 자영업자가 2.2% 많이 조사된 데 비해, LCS는 자영업자가 14.1%나 더 많이 조사되어 모집단 분포와 큰 차이를 보인다. 또한 학업, 가사/육아, 기타 등 3개 범주로 구분된 미취업사유 분포를 비교해 보면, 두 자료 모두 비교통계치와 크게 달랐다. 학업으로 인한 미취업자가 KGSS는 15%, LCS는 11% 적게 조사되었으며 가사나 육아 때문에 취업을 하지 않은 사람의 경우에는 KGSS는 6.5% 적게 조사된 반면, LCS의 경우에는 17% 더 많이 조사된 것으로 나타난다. LCS 조사를 담당한 조사기관의 표집관련 내부 문건을 보면 동 기관은 할당표집의 경우 자영업자와 주부가 과대표집될 가능성이 높음을 인지하고 이들 집단이 일정 비율 이상 조사되지 않도록 통제할 것을 실사 담당자에게 주지시키고 있다. 그럼에도 LCS에서 자영업자와 주부의 비율이 매우 높다는 것은 실제로 이들 집단에 대한 조사통제가 잘 이루어지지 않았음을 보여 준다. 기타 범주에서는 KGSS와 비교통계치와의 차이가 21%로 큰 편차를 보인다.

LCS에서 가사나 육아로 인한 미취업자가 과대표집된 것은 재택률과 관련이 있는 것으로 보인다. 앞에서 지적한 바와 같이 할당표집조사에서는 조사대상자가 응답을 거절하거나 적합한 조사대상자가 없을 경우 조사대상을 다른 가구로 대체하는데, 이때 주로 집에 있는 사람들이 조사대상자로 선정되기 쉬워 재택률에 따른 표본편향이 발생할 가능성이 높다(조성겸, 1997; 허명회·윤영아·이용구, 2004; 조성겸 외, 2007). 결과적으로 할당표집조사에서 가정주부가 과표집되는 경향이 나타나는데, LCS에 가사나 육아를 이유로 미취업한 사람의 비중이 높은 것은 이러한 표본편향이 나타난 경우라고 볼 수 있다. 한편 KGSS에서 기타 범주가 과표집된 것은 KGSS의 미취업사유 응답범주의 수가 19개였다(LCS는 5개)는 데 부분적인 이유가 있는 것으로 보인다.[3] 응답범주를 세분화하여 학업이나 가사 이외의 사유를 구체적으로 제시하면 응답의 폭이 넓어지기 때문이다.

교육수준과 취업상태 범주에서는 KGSS가 5.425, LCS가 7.035로 할당표집자료의 불일치도가 더 크다. 최종적으로 위에서 비교한 모든 범주를 포함하여 모집단과의 불일치도를 구하면, KGSS와 LCS가 각각 2.004와 2.601로 할당표집자료의 불일치도가 더 높았다.

이상의 결과를 종합해 보면 할당기준이 된 성, 연령, 지역 등의 변수만을 고려할 때에는 근소한 차이기는 하지만 할당표집으로 조사된 자료가 확률표집방법으로 조사된 자료보다 모집단 분포에 더 가까웠다. 그러나 할당의 기준이 되지 않은 변수들로 비교해 보면 할당표집자료가 모집단 구성비와 더 큰 차이를 보이는 것으로 나타난다. 이는 할당표집방법이 할당에 사용된 변수들에서 모집단 구성비를 정확하게 반영한다고 해도, 표본대체과정과 면접자의 응답자 선정과정을 통제할 수 없을 경우, 할당의 기준이 된 모집단의 특성 이외의 변수들에서는 체계적인 편향이 더 크게 나타날 수 있음을 보여 준다.

---

3. LCS는 미취업사유로 5개 응답범주—구직 중, 학생, 주부, 은퇴, 장애—를 제시하였으며, KGSS는 19개 범주—재학, 가사, 노령, 질병, 심신장애, 일시휴직, 실직, 은퇴, 정년퇴직, 취업준비, 공부 중, 군입대, 사업실패, 취업생각 없음, 결혼준비, 종교적 이유, 가족을 돌보기 위해, 취업할 능력 없음, 기타—를 제시하였다.

### 2) 분석결과의 신뢰도

다음은 표집방법의 차이가 실제로 자료의 분석결과에 유의미한 차이를 가져오는지를 살펴보자. 만일 KGSS와 LCS가 동일 문항에서 유사한 결과를 보여 준다면 표집방법의 차이가 분석결과 면에서 어떤 차별성도 갖지 않는다는 주장의 경험적 증거가 될 수 있을 것이다. 만일 그 반대의 경우라면 두 자료 중 하나는 모수 측정 면에서 부정확성을 드러낸 것으로 볼 수 있다.

먼저 두 자료의 공통문항에 대한 응답분포와 평균을 비교해 보자. 〈표 1-4〉를 보면 각 문항의 응답범주별 분포에서 KGSS와 LCS가 상당히 다르다는 것을 알 수 있다. 특히 높은 쪽의 두 개의 응답범주(국가자긍심에서 '자랑스럽다'와 갈등인식에서 '심하다')에서 차이가 크다. 갈등 문항의 경우 '다소 심하다'와 '매우 심하다'로 답한 비율이 거의 반대로 대응되어 나타난다. 즉, KGSS에서는 '다소 심하다'고 응답한 사람이 가장 많은 반면(52.3%, 50.7%), LCS에서는 '매우 심하다'고 응답한 사람이 가장 많다(55.1%, 53.6%).

동일 문항을 대상으로 두 자료 간 평균차이를 검증해 보면 차이가 모두 유의미한 것으로 나타난다. 국가자긍심에서는 KGSS 응답자가 LCS 응답자보다 높다. 반면, 빈부갈등이나 노사갈등 인식에서는 LCS 응답자가 상대적으로 갈등이 더 심하다고 인식하고 있다. 그렇다면 이런 차이가 각 조사 응답자들의 교육수준이나 취업상태 차이에서 비롯된 것일까? 이를 확인하기 위해서 우리는 교육수준과 취업상태별로 하위집단을 나누어 두 자료의 응답패턴을 비교해 보았다.

〈표 1-5〉는 교육수준과 취업상태별로 두 자료를 나누어 국가자긍심, 빈부갈등, 노사갈등에서 집단 간 차이가 있는지를 검증한 결과이다. 표를 보면 KGSS에서는 대졸자와 대졸미만 집단 간, 자영업자와 피고용인 간, 그리고 학업으로 인한 미취업 집단(학생)과 다른 이유로 미취업인 집단 간에 국가자긍심에서 유의미한 차이가 나타나지만 LCS에서는 그러한 차이가 발

〈표 1-4〉 조사별 동일문항 응답분포(%)와 평균 비교

<table>
<tr><th rowspan="2">변 수</th><th rowspan="2">응답값</th><th rowspan="2">응답범주</th><th colspan="3">응답분포(%)</th><th colspan="2">평균</th><th rowspan="2">평균 차이 유의도</th></tr>
<tr><th>KGSS</th><th>LCS</th><th>조사 간 차이</th><th>KGSS</th><th>LCS</th></tr>
<tr><td rowspan="4">국가 자긍심</td><td>1</td><td>전혀 자랑스럽지 않다</td><td>1.8</td><td>1.6</td><td>0.2</td><td rowspan="4">3.10<br>(.725)+</td><td rowspan="4">2.99<br>(.578)</td><td rowspan="4">.000</td></tr>
<tr><td>2</td><td>별로 자랑스럽지 않다</td><td>16.6</td><td>12.5</td><td>4.1</td></tr>
<tr><td>3</td><td>다소 자랑스럽다</td><td>51.9</td><td>71.5</td><td>−19.6</td></tr>
<tr><td>4</td><td>매우 자랑스럽다</td><td>29.8</td><td>14.4</td><td>15.4</td></tr>
<tr><td rowspan="4">빈부갈등</td><td>1</td><td>전혀 없다</td><td>0.9</td><td>0.4</td><td>0.5</td><td rowspan="4">3.22<br>(.675)</td><td rowspan="4">3.48<br>(.634)</td><td rowspan="4">.000</td></tr>
<tr><td>2</td><td>별로 심하지 않다</td><td>11.3</td><td>6.4</td><td>4.9</td></tr>
<tr><td>3</td><td>다소 심하다</td><td>52.3</td><td>38.1</td><td>14.2</td></tr>
<tr><td>4</td><td>매우 심하다</td><td>35.4</td><td>55.1</td><td>−19.6</td></tr>
<tr><td rowspan="4">노사갈등</td><td>1</td><td>전혀 없다</td><td>0.5</td><td>0.5</td><td>0.0</td><td rowspan="4">3.34<br>(.627)</td><td rowspan="4">3.48<br>(.603)</td><td rowspan="4">.000</td></tr>
<tr><td>2</td><td>별로 심하지 않다</td><td>7.0</td><td>4.1</td><td>2.9</td></tr>
<tr><td>3</td><td>다소 심하다</td><td>50.7</td><td>41.8</td><td>8.9</td></tr>
<tr><td>4</td><td>매우 심하다</td><td>41.8</td><td>53.6</td><td>−11.8</td></tr>
</table>

+ ( ) 안은 표준편차.

견되지 않는다. 또한 KGSS의 경우 자영업자와 피고용인 간에 노사갈등 인식에서 유의미한 차이가 나타나지만 LCS에서는 그렇지 않다. 반면 LCS에서는 대졸자와 대졸미만 학력을 가진 집단 간에 빈부갈등과 노사갈등 인식에서 의미 있는 차이가 나타나지만 KGSS에서는 이런 차이가 나타나지 않는다. 집단 간 평균값을 비교해 보면 두 자료 간에 반대 결과도 나타난다. 예를 들어 LCS에서는 대졸자가 대졸 미만의 학력을 가진 집단보다 빈부갈등이 더 심하다고 인식하는 데 반해 KGSS에서는, 비록 그 차이가 유의미하지는 않지만, 대졸 미만 집단에서 빈부갈등이 더 심하다고 인식하는 것으로 나타난다. 상반되는 결과는 빈부갈등 및 노사갈등 인식에서도 자영업자와 피고용인 간에 발견되며, 학업으로 인한 미취업자와 다른

〈표 1-5〉 자료별 집단 간 평균차이 검증 결과

| | KGSS | | | | LCS | | | |
|---|---|---|---|---|---|---|---|---|
| | 대졸 | 대졸미만 | 평균차이 | 유의도 | 대졸 | 대졸미만 | 평균차이 | 유의도 |
| 국가자긍심 | 3.01 | 3.16 | -0.150 | *** | 2.98 | 2.99 | -0.014 | |
| 빈부갈등 | 3.19 | 3.24 | -0.054 | | 3.54 | 3.45 | 0.088 | ** |
| 노사갈등 | 3.37 | 3.32 | 0.047 | | 3.53 | 3.46 | 0.076 | * |
| | 자영업자 | 피고용인 | 평균차이 | 유의도 | 자영업자 | 피고용인 | 평균차이 | 유의도 |
| 국가자긍심 | 3.13 | 3.02 | 0.107 | ** | 2.99 | 2.97 | 0.027 | |
| 빈부갈등 | 3.26 | 3.19 | 0.069 | | 3.47 | 3.48 | -0.011 | |
| 노사갈등 | 3.26 | 3.38 | -0.115 | *** | 3.50 | 3.49 | 0.011 | |
| | 미취업: 가사 | 미취업: 가사 외 | 평균차이 | 유의도 | 미취업: 가사 | 미취업: 가사 외 | 평균차이 | 유의도 |
| 국가자긍심 | 3.14 | 3.17 | -0.032 | | 3.02 | 2.98 | 0.038 | |
| 빈부갈등 | 3.27 | 3.22 | 0.048 | | 3.52 | 3.41 | 0.115 | |
| 노사갈등 | 3.31 | 3.35 | -0.041 | | 3.50 | 3.41 | 0.093 | |
| | 미취업: 학업 | 미취업: 학업 외 | 평균차이 | 유의도 | 미취업: 학업 | 미취업: 학업 외 | 평균차이 | 유의도 |
| 국가자긍심 | 2.91 | 3.19 | -0.278 | *** | 3.02 | 3.00 | 0.017 | |
| 빈부갈등 | 3.12 | 3.26 | -0.141 | * | 3.51 | 3.47 | 0.038 | |
| 노사갈등 | 3.42 | 3.32 | 0.098 | | 3.42 | 3.47 | -0.050 | |

*** p<.01; **p<.05; *p<.1 (two-tailed)

이유로 인한 미취업자 간에서는 세 문항 모두에서 평균 차이가 다른 패턴으로 나타난다.

## 5. 맺는말

이상의 결과를 요약해 보면 우선 확률표집자료와 할당표집자료 모두 성, 연령, 거주지역 등 표본할당의 기준이 되는 변수에서의 분포는 모집단 분포와 크게 차이 나지 않는다. 그리고 그것이 표본의 대표성에 문제가 없다는 주장의 근거가 된다. 그러나 할당의 기준이 되지 않은 모집단의 특성을 하위집단으로 구분해서 보면 특정 집단이 과대표집되거나 과소표집된 경우가 발견되어 표면적으로 보이는 표본의 대표성[4]이 그대로 담보되지는 않았다. 세부 범주로 모집단 분포와 비교해 보았을 때 두 자료 중에서는 그래도 확률표집방법에 근거한 자료가 상대적으로 모집단의 특성과 더 가까운 것으로 확인되었다. 물론 모집단과의 불일치도가 어느 정도 수준일 때 자료의 질이 적정한가를 판단할 수 있는 기준치는 없지만 두 자료를 비교해보았을 때는 확률표집자료가 질적으로 더 우수하다는 것을 분명히 확인할 수 있었다.

두 번째로 할당표집자료는 교육수준, 취업상태와 국가자긍심, 집단 간 갈등 인식관계에서 확률표집자료와 다른 패턴을 보인다. 특히 위 결과는 할당표집자료에 참여한 사람들이 국가나 사회에 대해 조금 더 비판적인, 또는 부정적인 시각을 가지고 있을 경향성을 암시한다. 이는 개별 표집조사에 응하는 집단 간에 체계적인 차이가 존재할 가능성을 시사하는 것이다. 결국 자료 분석에서 다른 오류들을 적절히 통제하더라도 표집방법의 차이와 그에 따른 표본의 성향 차이로 인해 분석 결과가 달라질 수 있다는 말이다.

사실 우리는 모집단의 정확한 모수를 알고 있지 못하기 때문에 어느 쪽이 모집단의 특성을 더 정확하게 반영하는 추정치인가를 확인할 수는 없다. 하지만 최소한 확률표집의 경우 이러한 결과가 95% 신뢰수준에서 ±3% 이상으로는 차이 나지 않을 것이라는 점에 대해서는 이론적인 근거를 가지고 확신할 수 있다. 반면에 할당표집자료로는 이러한 통계적 추정

4. 앞에서도 언급했듯이 표본의 대표성이란 모집단의 분포와 유사하다고 해서 확보되는 것이 아니라 표본추출 확률의 동일성 여부에 의해 확보된다. 때문에 모집단 분포와의 유사성은 표본의 대표성을 가늠하는 이차적인 방법일 수밖에 없다.

을 할 수 없기 때문에 결과의 신뢰수준을 판단하기 어렵다. 할당표집방법을 이용한 국내 조사에서도 대부분 표준오차를 제공하고 있지만 이는 확률표집자료와 동일한 방식으로 계산하여 추정한 잘못된 값이므로 신뢰할 수 없다.

동일 설문지를 이용한 실험조사를 하지 않는 한 이러한 편향이 자료 전체에서 나타나는 편향인지, 아니면 이 연구에 사용된 변수, 즉 국가자긍심, 또는 집단갈등 인식에서만 나타나는 편향인지를 확인할 수 없다. 다만 표집방법 자체가 분석결과에 의미 있는 영향을 줄 수 있다는 사실은 표집방법이 서로 다른 자료들에서 도출한 분석결과를 해석할 때 상당한 주의가 필요하다는 것을 시사한다. 할당표집이 어떤 메커니즘으로 두 변수 관계에 영향을 주는 것인지에 대해서는 추가연구가 필요하다.

그동안 국내에서는 수많은 자료가 생산되어 왔으며 수많은 연구가 조사자료를 이용하여 가설들을 검증해 왔다. 이 과정에서 연구자들은 분석에 사용한 자료가 모집단의 실질적인 특성을 잘 반영하고 있을 것이라는, 따라서 통계적인 추정과 검증에 무리가 없을 것이라는 점에 큰 의심을 품지 않았다. 그러나 이 연구에서 드러난 것처럼 표본추출방법의 차이가 대표성뿐만 아니라 실질적인 분석결과에도 영향을 준다는 사실은 표집방법의 문제를 좀 더 심각하게 인식하고 이를 적극적으로 보완하려는 노력이 필요하다는 것을 드러내는 것이다.

한국에서, 사회조사 자료의 질에 문제가 있고 이를 개선해야 한다는 것에 대해 부정할 사람은 없을 것이다. 자료의 질 저하가 적은 조사비 때문이라는 사실도 더 이상 비밀이 아니다. 그러나 정말 그것만이 문제인가? 우리는 이 글을 통해 할당표집과 표본대체에 대한 잘못된 이해와 관행이 사라지지 않는 한 비용 문제가 해결되더라도 한국에서 산출되는 자료의 질이 향상되지는 않을 것이라고 본다. 따라서 조사비를 늘리려는 노력과 함께 자료수집과정에 대한 올바른 이해를 바탕으로 잘못된 관행을 고치려는 노력이 진행되어야 할 것이다. 더불어 우리는 조사자료의 질을 향상시키기 위해 반드시 필요한 것이 자료수집의 의뢰인이라 할 수 있는 연구자, 연구기관, 정부부처의 인식 전환이라고 주장한다. 연구자와 연구기관은 반드시 '우리' 자료를 구축해야 한다는 강박에서 벗어나야 한다. 한신갑(2012)이 주장한 것처럼, 사회조사 자료는 '나' 또는 '우리' 소유가 아닌 공공재적 성격을 가지고 있다. 다른 연구자나 기관이 이미 비슷한 자료를 생산하고 있는데 굳이 내가, 굳이 우리 기관이 같은 종류의 자료를 또 만들 필요는 없다. 비슷한 내용의 소규모 자료가 복수의 연구자나 기관에 의해 수집되는 관행이 사라져야 한다. 한국에서 사회조사 자료수집에 투입할 수 있는 재원이 지금보다 획기적으로 증가할 가능성은 희박하다. 따라서 자잘한 자료 몇 개를 수집하기보다는 그 비용으로 한 번의 대규모 자료수집을 제대로 하는 것이 모두에게 더 이로울 것이다.

# 제2장

## 할당표집의 확률표집 대체가능성[1]

이윤석·정재기

### 1. 확률표집의 의의와 문제점

사회과학자들은 산만하고 단편적인 사회적 현상에서 규칙과 질서를 발견하려고 한다. 그리고 규칙들을 유기적으로 정리하여 이론이나 법칙을 정립한다. 과학적 연구 과정에서 사회조사 자료는 먼저 연구자들이 관심을 갖는 대상이나 사건을 기술하기 위해 사용된다(홍두승·설동훈, 2012). 또 조사자료는 설명 또는 이론의 경험적 입증을 위해 사용된다. 자료 분석을 통해 현상 또는 변수들의 상호관계를 살펴 추상 진술의 가부를 결정할 수 있다. 그래서 사회조사 자료는 정확성과 정밀성이 유지되어야 하며 그 결과를 일반화할 수 있어야 한다.

그러려면 사회조사는 무엇보다 모집단을 반영하는 대표성을 유지해야 한다. 특히 일반 국민을 상대로 하는 사회조사는 표집대상이 무척 다양하고 이질적일 수밖에 없어 모집단을 잘 드러내는 표본이 매우 중요하다. 일

1. 분석과 편집에서 큰 도움을 준 서울시립대학교 도시사회학과 석사과정 이진숙 씨에게 감사드립니다.

반적으로 사회조사에서는 표집방법을 확률표집과 비확률표집으로 나눈다. 확률표집에서는 모집단의 개별 구성요소가 표본에 포함될 확률이 동일하다. 물론 가장 이상적인 확률표집방법은 모집단 전체에 일련번호를 부여한 후 난수 생성을 통해 표본을 추출하는 단순무작위표집(simple random sampling)이다. 하지만 국민 전체와 같이 모집단이 클 경우 명부 작성이 불가능하다. 때문에 대부분 전국조사는 모집단을 일련의 하위집단들로 층화한 다음 각 하위집단에서 적절한 수의 표본을 뽑는 층화표집법(stratified sampling)을 적용한다.

그러나 실제조사에서 확률표집방식을 그대로 따르기 위해서는 매우 많은 예산과 시간이 소요된다. 확률표집원칙을 엄격하게 적용하기 위해서는 선정된 표집블록에 존재하는 모든 가구를 세세히 파악해야 한다. 또 선정된 가구가 모두 참여하도록 독려해야 한다. 표본대체(sample substitution)는 허용되어서는 안 되며 최초표본(initial samples)이 참여할 때까지 지속적인 반복방문을 해야 한다. 이러한 제한들을 다 지키기 위해서는 자연히 오랜 기간 많은 인력이 필요하다. 더군다나 최근에는 면접조사자들이 여러 번 방문해서 독려해도 조사에 참여하지 않는 응답자들이 늘고 있다(Rudolph and Greenberg, 1994; Groves and Couper, 1998). 입구에 방범키를 단 아파트가 많아 비밀번호를 모르는 면접조사원은 아예 건물에 들어가지 못한다. 맞벌이 부부가 늘어 낮에는 아무도 없는 가구도 많다. 범죄에 대한 염려가 커지고, 여성의 경제활동이 증가하는 추세를 볼 때 접촉이 어려운 가구는 앞으로도 계속 늘 수밖에 없다. 가구원과 접촉이 된다 하더라도 사회조사에 대한 협조 정도 역시 계속 떨어지고 있다. 사생활을 중시하는 경향이 커지면서 사람들이 개인적인 정보나 의견을 드러내는 데 불편감을 느끼고 있기 때문이다. 그래서 조사에 대한 협조 정도는 앞으로도 지속적으로 떨어질 것으로 전망되고 있다(Groves and Lyberg, 2010). 이렇게 생겨난 무응답자들(unit non-responses)과 조사에 참여한 응답자들이 체계적으로 다를 수 있다는 지적이 있다(Feskens, Schmeets and Hox, 2012). 그렇기 때문에 늘어나는 무응답자들이 사회조사 오류의 가장 큰 원인으로 지적되고 있다(Assael and Keon, 1982; Groves and Lyberg, 2010). 이 무응답자들은 21세기 이후 수요가 늘고 있는 패널 자료에는 더욱 심각한 오류를 불러일으킬 수 있다(송헌재, 2012).

## 2. 할당표집과 확률표집

### 1) 확률표집의 대안인 할당표집

확률표집의 원칙을 유지하기 위해서는 많은 예산과 시간이 필요하다. 게다가 최근 조사에 대한 거부감은 계속 증가하고 있다. 이 때문에 타협책으로 비확률표집방식인 할당표집이 등장하게 되었다. 할당표집은 모집단이 갖는 특성(예를 들면 성별, 연령, 교육수준 등)의 비율에 맞춰 표본을 추출하는 방식이다(홍두승·설동훈, 2012). 모집단의 특성을 정확히 파악해서 그에 맞게 할당기준을 산출한다. 전국면접조사에서는 조사지역이 층화표집법에 따라 선정되면 조사현장에서 할당표집방식이 적용된다. 조사지역 선정 후 성별이나 연령 등 특정 변수의 분포에 따라 할당표를 작성하고 이에 따라 응답자를 선정한다. 만약 해당 기준에 따른 할당이 채워지면 대상자가 나타나더라도 조사에서 배제한다. 실제 조사에서는 조사를 시작하는 가구(예를 들어 중심지역의 한 가구 또는 반장이나 이장 거주가구 등)와 다음 가구 선정에 대한 지침(예를 들어 시작가구에서 시계방향으로 3가구 건너 등)을 주는 등 면접원의 편의와 편견이 개입될 여지를 최소화한다.

물론 할당표집에 근거한 이러한 표집방식이 표준적 표집방법이라고 할 수는 없다. 하지만 연구자가 연구대상의 특성을 잘 파악하고 있고 그러한 특성들을 기준으로 표본을 할당한다면 할당표집방식도 확률표집방식과 비슷한 통계치를 제시할 수 있다(Deville, 1991). 그래서 구체적이고 뚜렷한 목적을 가진 조사는, 만약 주의 깊게 설계되었다면, 편의표집에 의한 오류를 최소화할 수 있다(Kalton, 1983). 50여 년 전에 할당표집이 갖고 있는 효율성을 지적하면서 키쉬(Kish, 1965: 29)는 "무작위 추출을 위한 확률표집은 도그마가 아닌 전략일 뿐"이라고 주장했다. 게다가 할당표집방식은 같은 예산과 시간으로 크기가 더욱 큰 표본을 얻을 수 있기 때문에 여러 하위집단에 대한 연구도 가능해진다. 만약 표본의 수가 적다면 확률표집에서 필연적으로 생기는 무응답자에 의한 오류와 할당표집에 의한 편향이 별로 다르지 않다는 주장도 있다(Deville, 1991). 특히 표집이 쉽지 않거나 잘 드러나지 않는 연구 대상에 대해서는 매우 효과적인 표집방법이 될 수 있다(Treiman, Lu and Qi, 2012).

그렇지만 현재 많은 전국면접조사들이 채택하고 있는 할당표집방식은 여러 가지 문제를 안고 있을 수 있다. 아무리 조사를 시작하는 가구를 지정하고 가구 선정의 원칙을 지킨다고 하더라도 면접원의 판단과 선택이 개입할 가능성이 너무나 크다. 면접자는 조사를 실시해야 할 가구가 명확히 정해져 있는 확률표집일 때보다 계속 새로운 가구를 찾아가는 할당표집일 때 표본대체를 할 유혹을 더 크게 느끼게 된다(Smith, 2007). 그래서 조사자는 굳이 저녁이나 주말에 대상 가구를 방문하는 수고를 하지 않을 수 있으며 참여를 주저하는 대상자를 요령 있게 설득할 필요도 별로 느끼지 않게 된다. 오히려 짧은 시간에 더 많은 가구를 접촉해서 조사에 호의적인 대상자를 찾는 게 맡은 바 임무를 수행하는 데 더 좋을 수 있다(Elliot, 1993). 결국 할당표집방식에서 조사자들은 자신의 기준에 따라 조사대상자들을 선정하게 될 가능성이 크다. 자율적 판단의 여지를 주게 되면 자연히 조사원들 사이에 편차가 생길 수밖에 없다. 그렇기 때문에 연구자들은 자료의 분석 결과에 대해 확신을 갖기 어렵게 된다.

### 2) 할당표집의 확률표집 대체가능성

모든 학자들은 확률표집이 원칙적인 표집방법이라는 데 공감할 것이다. 확률표집은 연구자의 주관적 관점이나 조사자의 자의성을 배제할 수 있게 해주며 모집단의 특성을 정확하게 추정할 수 있게 해준다. 그리고 자료를 이용해 얻은 값들이 모집단과 얼마나 다른지를 추정할 수 있는 표본분산 또는 표본오차를 계산할 수 있게 해 준다(Groves et al., 2009). 그래서 연구자는 자료의 결과를 어느 수준까지 신뢰할 수 있는지 결정할 수 있다. 반면 비확률표집은 모집단의 요소들이 선택될 확률을 알 수 없기 때문에 확률 이론에 근거한 모수를 추정할 수 없다(Doherty, 1994). 따라서 표본에 근거해서 모집단의 특성을 추정할 수 없다. 하지만 조사에 대한 일반인들의 거부감은 커져만 가고 있다. 이 때문에 확률표집에 따라 수집된 자료들도 무응답 오류에 노출될 가능성이 증가하고 있다. 게다가 확률표집원칙을 유지하면서 조사를 진행하기에는 예산이나 시간이 모자라는 경우가 많다. 그래서 많은 면접전국조사가 조사지역 선정 후 할당표집방식에 따라 진행된다. 그렇다면 할당표집을 통한 자료들은 얼마나 신뢰할 수 있을까?

몇몇 경험적 연구는 할당표집이 심각한 오류를 불러올 수 있다고 경고하고 있다. 스파로와 커티스(Sparror and Curtice, 1997)는 1992년 영국의 총선(general election) 결과를 예측한 조사결과를 분석하여 할당표집의 문제점을 지적한다. 성별, 연령, 사회적 계급, 취업상태, 거주 기간에 기초한 할당표집방식으로 수집된 선거예측조사 자료들은 대부분 노동당의 승리를 예측했으나 결과는 보수당의 8% 승리였다. 저자들은 할당표집을 통해 노동당에 우호적인 응답자가 실제보다 더 많이 표집되어 잘못된 예측을 할 수밖에 없었다고 결론 내린다. 필드와 동료들(Feild et al., 2006)도 혈액투석환자와 배우자에 대한 확률표집과 비확률표집 표본 비교에서 성별, 연령, 교육, 취업상태 등은 별다른 차이가 없었지만 종교와 인종은 분명한 차이를 보였다고 보고한다. 할당표집으로 선정된 표본은 기준변수가 아닌 변수에서는 모집단과 차이를 보일 수밖에 없는데 가장 큰 문제는 어떤 변수에서 차이를 보일지 알 수 없다는 점이다. 기냐르와 그의 동료들(Guignard et al., 2013)은 할당표집과 확률표집방식으로 전화조사를 실시하여 프랑스인들의 흡연행위에 대해 연구하였다. 여러 가지 방식으로 표집한 표본을 분석해 결과를 비교해 보니 확률표집방식의 조사참여자들이 할당표집방식의 조사참여자들보다 흡연을 더 많이 하는 것으로 드러났다. 연구진은 이러한 차이가 할당표집에서는 접촉이 어려운 응답자—예를 들어 교육수준이 낮거나 무직상태인 응답자—의 참여도가 떨어질 수밖에 없기 때문이라고 설명한다. 그래서 린과 조웰(Lynn and Jowell, 1996)은 연구자들에게 할당표집방식을 버리고 확률표집방식을 채택하라고 강력하게 권고한다.

그렇지만 다른 연구들은 큰 차이가 없다는 주장을 편다. 커밍(Cumming, 1990)은 호주 시드니의 외곽지역에서 확률표본에 의해 구성된 표본과 할당표집에 의해 수집된 표본을 비교해 본 결과 큰 차이가 없었다고 보고한다. 그는 할당표집방식뿐 아니라 확률표집방식도 모두 선택 오류(selection bias)를 담고 있다고 주장한다. 그래서 아주 높은 응답률을 확보할 수 없다면 성별과 연령에 기초한 할당표집방식이 적당한 대안이 될 수 있다고 주장한다. 또 오웬과 동료들(Owen, McNeill and Callum, 1998)은 1992년부터 1997년까지 할당표집을 통해 여성들의 임신 중 흡연행위를 측정해 본 결과 비교적 안전적인 추정치를 얻을 수 있었다고 보고한다. 그들은 임신 중인 또는 막 출산한 여성들과 같이 특별한 연구대상들은 전통적인 확률표집을 통해 접근하기가 쉽지 않다고 지적한다. 그리고 확률표집을 통한 표본은 조사가 어려운 응답자들을 놓칠 수 있으며 그 결과 왜곡된 정보를 생산해낼 수 있다고 경고한다. 그래서 스미스(Smith, 2008)는 확률표집이 명백하게 우월하기는 하지만 잘 기획된 할당표집은 신뢰할 수 있는 자료를 산출할 수 있다고 주장한다. 오류를 최소화하기 위해 확률표집원칙을 따라야 하지만 자원이 제한되어 있으며 낮은 수준의 오류가 허용된다면 할당표집 방식이 오히려 권고되어야 한다고 주장한다.

앞에서 살펴본 두 표집방법의 비교연구들은 표집과 조사의 질에 대한 논의에 중요한 지침을 주고 있다. 하지만 이전 연구들은 중요한 한계점을 안고 있다. 할당표집의 신뢰성에 대한 연구들은 할당표집과 확률표집방식을 통해 조사를 진행하여 수집된 두 자료를 비교하고 만약 두 자료의 분석 결과가 유의미하게 다르면 할당표집에 의문을 제기한다. 그렇지만 조사에서 발생하는 오차는 표집오차(sampling error)뿐 아니라 조사대상자의 조사 거부에 의한 무응답오차(non-response error)나 설문지나 면접원 등에 의한 측정오차(measurement error) 등 다양하다(홍두승 · 설동훈, 2012). 그리고 조사의 품질에는 조사 지역(김지범 · 오미혜 · 강정한, 2010), 조사 면접원(Blom, Leeuw and Hox, 2011) 등 여러 요인들이 영향을 미칠 수 있기 때문에 할당표집과 확률표집 조사 결과의 차이를 모두 표집오차로 설명할 수는 없다.

## 3. 할당표집자료와 확률표집자료 결과 비교

앞에서 살펴본 바와 같이 할당표집의 신뢰성에 대해 엇갈리는 주장이 있다. 한국에서는 많은 전국조사가 할당표집으로 참여자들을 모집하기 때문에 할당표집의 신뢰성은 진지하게 고려해야 할 주제이다. 따라서 본 연구는 할당표집과 확률표집방식으로 수집된 자료들을 비교하여 분석결과의 차이를 살펴보고자 한다. 그런데 앞에서 지적한 바와 같이 두 자료의 차이를 무조건 표집방식의 차이로 이해하기는 어렵다. 같은 방식으로 모은 자료라 할지라도 사회적 상황, 면접자의 능력 등 다양한 요소에 따라 차이가 생길 수 있다. 따라서 본 연구는 이러한 문제를 최소화하기 위해서 미국종합사회조사(General Social Survey, GSS)처럼 같은 문항을 매년 반복해서 조사하는 자료를 이용한다. 1972년부터 시작된 종합사회조사는 다양한 학술적 주제들에 대한 정교한 설문들을 사용하여 양질의 사회조자 자료를 주기적으로 생산해 낼 목적으로 진행되고 있다. 21세기 이후 한국에서도 종합사회조사와 같은 연례조사를 통해 연구 대상의 추이를 파악하려는 연구가 많이 시행되고 있다. 본 연구는 이러한 자료들 중 표집방식이 다른 조사를 선정하여 여러 해 자료를 비교해 본다. 이런 방식을 통해 면접원의 특성, 사회적 상황, 조사 지역의 특징 등 개별 연도에 발생할 수 있는 우연적 요소들의 영향을 최소화할 수 있다.

먼저 이전 연구들과 같이 분포와 평균 등 기술통계치를 비교하여 같은 개념에 대해 비슷한 예측치를 얻을 수 있는지 확인해 본다. 자료 간 비교에서는 평균값 비교 기법과 분할표 분석을 이용한다. 그리고 두 가지 자료에서 모두 사용된 항목을 종속변수로 하고 또 성별, 연령, 학력 등 대부분 연구에서 사용되는 변수들을 독립변수로 한 회귀분석을 실시하여 결과를 비교한다. 만약 확률표집과 할당표집을 통해 조사에 참여한 응답자들이 비교 가능하다면 회귀분석은 유사한 결과를 보여 주어야 할 것이다.

확률표집의 원칙에 충실하고 표본대체를 하지 않은 조사자료로는 한국종합사회조사(Korean General Social Survey, KGSS)가 대표적이다. 2003년부터 시작된 KGSS는 반복핵심설문(replicating core questions) 및 연차별 주제모듈(annual topical modules)로 설문을 구성하였다. 전국 18세 이상 성인남녀를 모집단으로 응답자를 추출하고 방문을 통한 대면면접방법(face-to-face interview)으로 조사를 진행한다.

한국종합사회조사가 응답자를 선정하는 과정을 자세히 알아보자. 먼저 인구비례확률방식(Probability Proportionate to Size Sampling, PPS)으로 층화된 지역별 집락표본을 추출하는 다단계지역확률표집(multi-stage area probability sampling)에 기초해 200개의 최종표집블록을 선정한다. 최종표집블록은 동의 경우는 통·반이고 면의 경우는 리이다. 선정된 통·반·리에서 면접원은 가구 표집틀을 작성하여 12 혹은 13가구를 계통표집한다. 이 가구에서 만 18세 이상 가구원의 명부를 작성한 후, 조사 연도에 따라, 생일이 가장 빠르거나 늦은 가구원을 면접대상자로 삼는다. 전국 26개 대학에서 지도교수, 조사팀장, 학부생 면접조사원으로 이루어진 현지조사팀이 조사를 진행한다. 현지조사는 학부 학생들이 시간적 여유가 많은 여름방학 동안에 주로 진행된다. 예를 들어 2010년은 6월 27일부터 8월 31일까지 그리고 2011년은 6월 26일부터 8월 31일까지 시행되었다. 최초표본을 고수하고 표본대체는 허용하지 않는 원칙을 지키며 면접원은 선정된 가구가 조사에 참여할 때까지 지속적으로 방문한다.

확률표집방식을 지키는 자료인 KGSS와 비교할 할당표집방식 자료로 통일의식조사를 선정한다. 통일의식조사는 북한, 남북관계, 통일에 대한 국민의식을 조사하기 위해 2007년부터 서울대학교 통일평화연구원이 실시하고 있다. 실제 조사는 한 조사업체가 진행하였다. 모집단은 전국에 거주하는 만 19세 이상 65세 이하 성인남녀이다.

조사구는 한국종합사회조사와 마찬가지로 다단계무작위추출법에 의해 선정된다. 그렇지만 조사구 내에서 표본추출은 할당표집방식에 따라 선정된다. 주민등록 인구통계를 기준으로 조사 지역 내 조사대상자들을 성별과 연령에 따라 배분한다. 각 조사지역에서 조사를 시작할 가구는 연구진에 의해 결정된다. 그리고 면접원은 시계반대방향으로 돌며 각 3번째 가구를 방문해야 한다. 그리고 19세 이상 65세 이하 가구원 중 생일이 제일 빠른 가구원을 대상으로 면접을 진행한다. 조사는 KGSS와 비슷하게 주로 여름에 실시되었다. 예를 들어 2009년은 7월 15일부터 8월 5일까지, 2010년은 7월 12일부터 27일까지, 2011년은 7월 26일부터 8월 15일까지 진행되었다. 따라서 두 자료가 조사시점의 차이는 거의 없다고 봐도 무방할 것이다. 다만 통일의식조사는 조사가 어려운 가구가 있으면 다음 가구로 갈 수 있어서 KGSS에 비해 조사 기간이 짧다.

표본추출 방식의 차이가 자료에 어떤 영향을 미치는지에 답하기 위해 본 연구는 설문참여자를 다르게 선택한 KGSS와 통일의식조사에서 같은 문항을 비교한다. 본 연구에서는 아래 3개 문항을 분석한다.

〈표 2-1〉 분석에 사용된 문항: KGSS와 통일의식조사

| KGSS | 통일의식조사 |
|---|---|
| 자랑스러운 한국인 | |
| 귀하는 한국 국민인 것을 어느 정도 자랑스럽게 생각하십니까?<br><br>① 매우 자랑스럽다<br>② 다소 자랑스럽다<br>③ 별로 자랑스럽지 않다<br>④ 전혀 자랑스럽지 않다<br>⑧ 모르겠다 | OO님은 자신이 한국인인 것을 어느 정도 자랑스럽게 생각하십니까? 혹은 자랑스럽지 않게 생각하십니까?<br><br>① 매우 자랑스럽다<br>② 다소 자랑스럽다<br>③ 별로 자랑스럽지 않다<br>④ 전혀 자랑스럽지 않다 |
| 남북통일의 필요성 | |
| 귀하는 남북통일이 어느 정도 필요하다고 생각하십니까?<br><br>① 매우 필요하다<br>② 다소 필요하다<br>③ 별로 필요하지 않다<br>④ 전혀 필요하지 않다<br>⑧ 모르겠다 | OO님은 남북한 통일이 얼마나 필요하다고 생각하십니까? 혹은 필요없다고 생각하십니까?<br><br>① 매우 필요하다<br>② 약간 필요하다<br>③ 반반 / 그저 그렇다<br>④ 별로 필요하지 않다<br>⑧ 전혀 필요하지 않다 |
| 북한에 대한 인식 | |
| 귀하는 북한이 우리에게 어떤 대상이라고 생각하십니까? 다음 중 하나만 골라 주십시오.<br><br>① 지원대상<br>② 협력대상<br>③ 경계대상<br>④ 적대대상<br>⑧ 모르겠다 | OO님은 북한이 우리에게 어떤 대상이라고 생각하십니까?<br><br>① 우리가 도와주어야 할 지원 대상이다<br>② 우리와 힘을 합쳐 협력해야 할 대상이다<br>③ 우리와 선의의 경쟁을 하는 대상이다<br>④ 우리가 경계해야 할 대상이다<br>⑤ 우리의 안전을 위협하는 적대 대상이다 |

두 조사에서 설문이 모두 같아야겠지만 아쉽게도 설문 문장과 응답 범주 모두에서 약간 다르다. 우선 응답자를 KGSS는 "귀하"로, 통일의식조사는 "OO님"으로 지칭하였다. 그리고 한국 국민과 한국인, 남북통일과 남북한 통일 등 사용된 단어도 약간씩 다르다. 그렇지만 두 자료 비교에서 더 큰 문제는 응답범주의 차이이다. 먼저 국적에 대한 자신감을 묻는 설문에 대해 KGSS는 "모르겠다"는 범주를 추가하였다. 남북통일의 필요성을 묻는 설문에 대해 KGSS는 역시 "모르겠다"는 범주가 있는 반면 통일의식조사는 대신 "반반 / 그저 그렇다"는 중간적 태도 범주를 보탰다. 그렇지만 두 가지 모두 전체에서 차지하는 비중은 크지 않아서 본 연구의 결론에 크게 영향을 주리라고는 생각하지 않는다. 북한에 대한 인식도 KGSS에는 "모르겠다"가 있는 반면 통일의식조사에는 "경쟁대상"이라는 범주가 추가되었다.

응답범주의 개수가 다르거나 새로운 범주가 추가되었기 때문에 전체 응답자의 빈도나 평균을 단순 비교하기는 어렵다. 그래서 본 연구에서는 자랑스러운 한국인은 ①번과 ②번을 합한 자랑스럽게 생각하는 응답자의 비율에, 통일의 필요성은 ①번과 ②번을 선택한 필요하다고 생각하는 참여자의 비율에, 마지막으로 북한에 대한 인식은 북한을 적대 대상으로 보는 비율에 초점을 맞춘다.

배경변수로는 성별, 연령, 교육수준을 사용한다. 성별은 남성이 준거집단인 가변수로 측정한다. 연령은 두 조사에서 태어난 해, 만 나이, 4점 척도 등 다양한 방식으로 물어보았다. 본 연구에서는 20대, 30대, 40대, 50대 이상으로 구분된 4점 척도 방식으로 통일하였다. 교육수준의 응답범주로 KGSS는 7점 척도를, 통일의식조사는 5점 척도 또는 3점 척도를 사용하였다. 여기서는 모든 응답자를 중학교 이하, 고등학교 졸업, 대학 이상인 3점 척도로 구분하였다. 일반적으로 연령은 연속변수로 사용되지만 일부 통일의식조사에서는 범주변수로 되어 있어서 다른 자료들도 같은 방식으로 통일해야 했다. 또 학력도 교육연수 또는 더 많은 범주로 측정하지만 역시 일부 조사에서 세 가지 범주로 되어 있어서 세 범주를 따를 수밖에 없었다. 하지만 변수의 범주화 방식에 따라 결과가 달라질 수 있다. 그렇지만 본 연구에서는 그 가능성을 확인할 수가 없었다. 이는 추후 연구에서 자세한 변수 구분을 통해 확인해 봐야 할 것이다.

### 1) 국내 및 북한 관련 주요 사항: 2007~2011년

두 자료의 결과를 비교하기 전에 2007년부터 2011년까지 사용된 변수에 영향을 줄 만한 사건들을 정리해 보자. 2007년부터 2011년까지 5년간 한국에 대한 인식에 영향을 줄 만한 중요한 사건들이 많이 일어났다. 또한 북한에 대한 인식에 영향을 줄 만한 일도 많이 있었다. 다음 표는 연도별로 일어난 주요한 사건들을 정리한 것이다.

〈표 2-2〉 2007년에서 2011년까지 일어난 주요 사건들

| 년 | 월 | 일 | 한국 주요 사건 | 대북 관련 사건 |
|---|---|---|---|---|
| 2006 | 7 | 18 | | 북한 대포동 2호 미사일 발사 실패 |
| | 10 | 9 | | 북한 1차 핵실험 |
| 2007 | 2 | 13 | | 북핵 합의 |
| | 4 | 2 | 한미 FTA타결 | |
| | | 19 | 아프간-탈레반 납치 사건 | |
| | | 25 | 한국증시 2000포인트 돌파 | |
| | 10 | 2 | | 남북 정상 회담(7년 만에 두 번째) |
| | | 3 | | 10.3 합의 채택 |
| | | 4 | | 10.4 남북 공동선언 |
| | 11 | 27 | 여수세계박람회 유치 | |
| | 12 | 7 | 태안 기름 유출 사고 | |
| | | 12 | | 남북 장성급 군사회담 판문점에서 개최 |
| | | 19 | 이명박 대통령 당선 | |
| 2008 | 2 | 10 | 숭례문 화재 | |
| | | 24 | 이명박 정부 출범 | |

| | | | | |
|---|---|---|---|---|
| | 4 | 8 | 이소연, 국내 최초 우주비행 참가 (4.8~4.19) | |
| | | 8 | 한미 쇠고기 수입 타결 | |
| | | 9 | 한나라당 총선 승리 | |
| | 5 | 2 | 쇠고기 수입 반대 촛불 집회 | |
| | 7 | 11 | | 북한, 금강산 관광객 사살 |
| | 8 | 10 | 베이징 올림픽 | |
| 2009 | 1 | 15 | | 김정일 3대 세습 발표 |
| | | 17 | | 북한, 전면대결 태세 선포 |
| | | 20 | 용산 참사 | |
| | 3 | 28 | 김연아, 세계피겨선수권대회 우승 | |
| | 4 | 5 | | 북한, 미사일 및 핵 도발 |
| | | 23 | 노무현 전대통령 서거 | |
| | | 25 | | 북한 2차 핵실험 |
| | 7 | 13 | 한-EU, FTA 협상 타결 | |
| | 8 | 8 | 김대중 대통령 서거 | |
| | | 19, 25 | 나로호 발사 실패 | |
| | 10 | 30 | 한국 아프간 파병 발표 | |
| | 11 | 10 | | 서해교전 |
| 2010 | 2 | 8 | | 금강산 관광 재개 위한 남북실무회담 |
| | | 26 | 김연아, 밴쿠버 올림픽 금메달 | |
| | 3 | 26 | | 천안함 침몰 사건 발생 |
| | 6 | 10 | 나로호 발사 실패 | |
| | 9 | 3 | 외교부 장관 딸 특채 사건 | |
| | | 28 | | 김정은 북한군 대장 임명 및 후계체계 구축 |
| | 9 | | | 북한 쌀지원 요청 |
| | 10 | 30 | | 이산가족 상봉행사 |
| | 11 | 11 | 서울 G20정상회의 개최 | |
| | | 23 | | 북한, 연평도 포격 |
| 2011 | 7 | 7 | 2018평창 동계올림픽 유치 확정 | |
| | 8 | 23 | | 한-북-러 3각 경협 협의 |
| | 12 | 19 | | 김정일 사망(12.17)소식 |

먼저 한국에 대한 인식에 영향을 줄 만한 사건들을 짚어 보자. 노무현 정부는 임기 마지막 해인 2007년에 치열한 논쟁과 사회적 갈등 끝에 미국과 한미 FTA를 타결 지었다. 경제 상황은 대체로 양호했으며 한국 증시가 처음으로 2000포인트를 돌파하였다. 2008년 2월 이명박 정부가 출범하고 여당은 4월에 실시된 국회의원 선거에서 과반 의석을 확보한다. 하지만 곧바로 5월부터 미국산 쇠고기 수입 반대 운동이 전국적으로 확산되어 이명박 정부는 심각한 정치적 위기에 빠지게 된다. 2009년 5월 노무현 전 대통령이 서거하여 애도의 물결이 전국적으로 번져 나갔다. 8월에는 김대중 전 대통령이 숙환으로 별세하였다. 2010년 11월에는 전 세계 주요 국가 정상을 초청하여 서울G20정상회의를 개최하여 세계 속의 한국을 입증했다.

이 기간 동안 북한과는 아주 주요한 사건들이 많았다. 2006년에 북한은 대포동 미사일을 발사하고 핵실험을 진행하여 군사적 긴장감을 고조시켰다. 그러나 2007년 10월 남북은 2000년에 이어 두 번째로 정상회담을 개최하고 남북 공동선언을 발표한다. 그렇지만 2008년 새롭게 출범한 이명박 정부는 북핵 폐기와 개방 유도를 외치며 북한과 냉랭한 관계를 유지하였다. 2008년 7월에 발생한 금강산 관광객 사살 사건으로 남북관계는 악화일로를 걸었다. 2009년에 북한은 핵실험을 실시하여 핵보유에 대한 집념을 명확히 했다. 그리고 11월에는 북한 경비정의 북방한계선 침입으로 서해교전이 벌어졌다. 2010년 남북관계는 더욱 얼어붙었다. 3월에는 천안함이 침몰하여 북한의 호전성에 대한 우려가 깊어졌다. 김정일의 뒤를 이을 아들 김정은이 10월에 북한군 대장으로 임명되어 후계체제가 확립되었다. 곧이어 11월에는 연평도가 기습적인 포격을 당해 남과 북의 군사적 긴장상태가 팽팽해졌다. 연평도 포격 사태 이후 얼어붙었던 남북관계는 2011년에도 그대로 유지된다. 그렇지만 12월 김정일 국방위원회 위원장이 사망하여 남북관계는 새로운 전기를 맞이하게 된다.

### 2) 빈도와 평균 비교

먼저 한국인이라는 사실을 얼마나 자랑스럽게 생각하는지를 물어본 설문 결과를 비교해 보자. 〈그림 2-1〉은 2007년부터 2011년까지의 두 자료 결과를 보여 주고 있다.

〈그림 2-1〉 한국인임에 대한 자부심 정도: 전체와 대재 이상

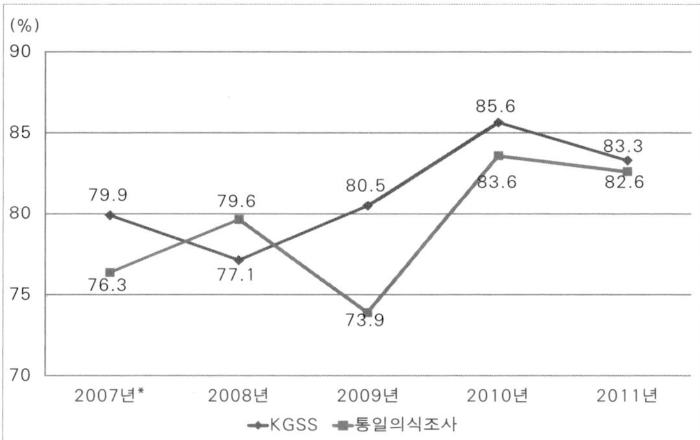


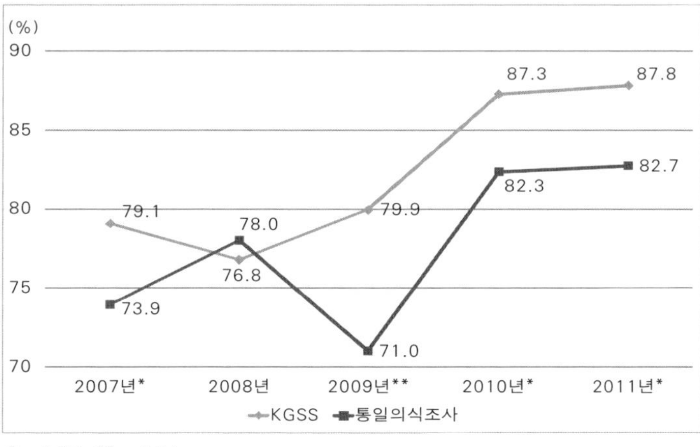


* $p < .05$; ** $p < .01$

5년간 두 조사결과가 차이가 있는지 t-test를 통해 살펴본다. KGSS와 통일의식조사는 5년 중 2007년에 한국인임을 자랑스럽게 생각하는 응답자의 비율이 통계적으로 달랐다. 2007년은 KGSS 참여자들(79.9%)이 통일의식조사참여자(76.3%)들에 비해 한국국적에 대해 더 자랑스럽게 생각했다. 하지만 그 이후인 2008년, 2009년, 2010년, 2011년은 두 자료 사이에 통계적인 차이는 없었다. 서로 다른 방식으로 수집된 표본을 통해 살펴본 차이는 별로 두드러지지 않았다. 5년 중 4년은 통계적 차이가 없었으며 통계적 차이가 있는 2007년도 3.6%p 정도로 국가 자부심에 대한 평가에서는 두드러진 차이가 거의 없었다.

5년간의 추이를 살펴보자. KGSS에 따르면 한국 국민임을 자랑스럽게 생각하는 비율은 2007년에서 2008년 사이 약간 하락하다가 그 후 2011년까지 죽 상승하였다. 반면 통일의식조사에 따르면 2007년과 2008년 사이 약간 늘어났다가 2009년에는 대폭 하락하고 그 후 2010년에는 크게 상승하였다. 두 자료가 보여 주는 5년간 추이는 2008년을 제외하고는 후반기로 갈수록 자부심이 상승하는 모습을 보여 준다는 점에서는 비슷하다. 연구의 목적이 응답 분포의 추이에 있다면 할당표집도 안정된 결과를 낼 수 있다고 이야기할 수 있을 것이다. 다만 5년간의 추이에서 2008년은 주목할 만하다. 2008년은 이명박 정부가 들어서면서 미국산 쇠고기 파동이 일어나고 전국적으로 반정부 감정이 크게 고조되었다. 그렇다면 아마도 국가 자긍심이 그 전해에 비해 조금 떨어진 KGSS가 더욱 현실에 가까운 결과라고 추론할 수 있을 것이다. 정치적으로 예민한 시기였기 때문에 남북관계나 정치성향을 주로 묻는 통일의식조사에는 특정한 성향을 갖는 응답자들은 조사 참여를 더 꺼려했을 것이다. 그래서 〈그림 2-1〉과 같은 결과가 나왔을 것으로 예상할 수 있다. 이렇게 응답자들에게 예민한 주제를 다루는 조사는 표집방식의 차이가 분석의 결과 차이로 연결될 수 있을지도 모른다.

국가 자부심을 성별, 연령별, 교육수준별로 나눠서 5년 동안의 차이와 추이를 살펴보았다. 집단별로 나눠본 결과 전체적인 흐름과 큰 차이를 관찰할 수는 없었다. 다만 대학 이상의 학력을 가진 응답자에서는 두 자료가 뚜렷하게 다른 모습을 보여 주었다. 전체 응답자들을 대상으로 한 비교에서는 5년 중 1년만이 통계적인 차이가 났는데 대학 이상 학력 응답자로 보면 2007년(5.1%p)뿐만 아니라 2009년(8.9%p), 2010년(5.0%p), 2011년(5.1%p)에도 KGSS 참여자가 통일의식조사참여자들보다 한국인임에 대해 더 자랑스럽게 생각했다. 왜 대학 이상의 KGSS 응답자들이 더욱 높은 국가자긍심을 갖고 있는지 그 이유는 분명하지 않지만 최소한 서로 다른 응답자들이 두 자료에 참여했을 가능성은 확인된 셈이다.

다음은 통일의 필요성에 대한 설문을 비교해 본다. 〈그림 2-2〉는 남북통일에 대해 매우 또는 다소 필요하다고 답한 사람들의 5년간 비율 변화이다.

2007년부터 2011년까지 중 2008년, 2009년, 2010년 결과가 서로 달랐다. 이 3년 동안 KGSS 응답자들이 통일의식조사 응답자들보다 남과 북이 합쳐져야 한다고 더 믿는 편이었다. 그 차이는 각각 4.6%p, 5.6%p, 4.1%p였다. 반면 2007년과 2011년은 통계적인 차이가 없었다. 지난 5년간 추이를 비교해 보면 두 자료 모두 통일의 필요성에 대한 인식에 별다른 변화가 없음을 보여 주고 있다. KGSS는 2007년 34.4%에서 2011년 30.1%로 5년 동안 3.3%p 하락했다. 반면 통일의식조사는 2007년 34.2%에서 2008년 26.1%로 8.1%p 하락하고 그 이후는 계속 그 수준을 유지하고 있다.

두 자료를 통해 볼 때 통일의 필요성 정도에 대한 인식은 서해교전, 천안함 사태, 연평도 포격 등 많은 사건들이 발생했던 5년간 그다지 바뀌지 않았다. 다만 통일의식조사에서 2007년에서 2008년까지 1년간 눈에 띄는 변화가 관찰될 뿐이다. 그렇지만 두 자료에서 통일이 필요하다고 생각하는 응답자의 비율은 5년 중 3개년이 통계적으로 달랐다. 〈그림 2-1〉과 마찬가지로 5년간의 추이는 두 자료 모두 비슷한 모습을 보여 주고 있다. 역시 일정기간 동안 벌어진 응답의 상승 및 하강 추이는 어느 정도 믿을 수 있다고

〈그림 2-2〉 통일의 필요성 정도: 전체와 중졸 이하

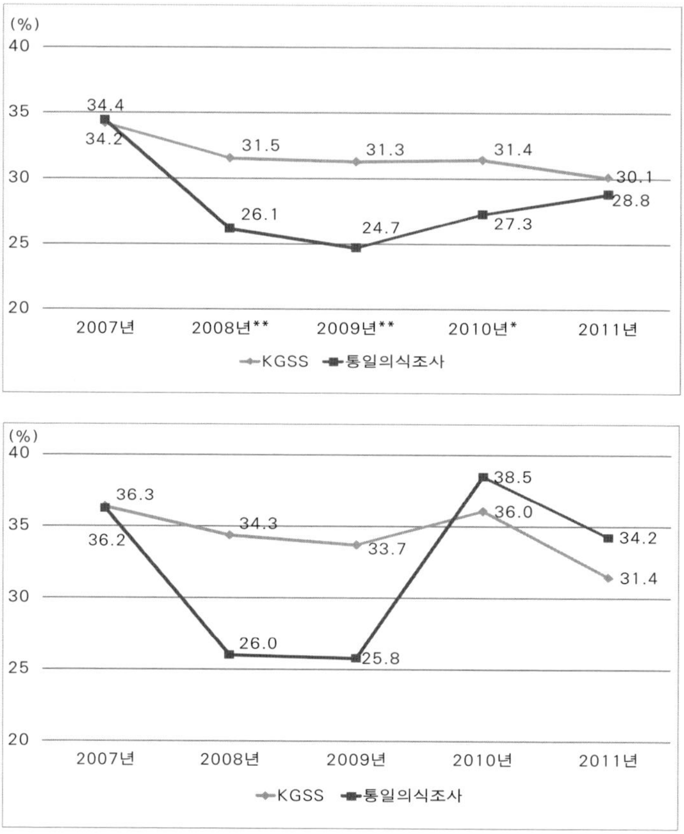


* p<.05; ** p<.01

볼 수 있다.

통일의 필요성에 대한 응답을 성별, 연령별, 교육수준별로 나눠서 살펴보니 두 자료의 중졸 이하의 응답자들이 전혀 다른 변화를 보여 주고 있다. KGSS는 전체 응답자와 학력이 낮은 응답자 모두 통일이 필요하다는 응답 비율이 대체로 조금씩 낮아졌다. 반면 통일의식조사는 전체 응답자가 5년 동안 별다른 변화를 보이지 않는 반면 학력이 낮은 응답자들 사이에서는

2009년에서 2010년 사이 그 비율이 12.7% 급증했으며 2011년은 2010년과 비슷한 수준을 보여 주었다. 교육수준이 낮은 응답자들은 대개 농촌지역에 거주하는 노년층이다. 이들 역시 표집 방식에 영향을 많이 받는다고 알려진 집단이다(조성겸, 1997).

마지막으로 북한을 어떻게 인식하는지 물어보는 문항을 살펴보자. 두 자료의 응답범주가 다르기 때문에 북한을 적대적인 대상으로 보는 응답자의 비율만을 살펴보았다.

〈그림 2-3〉 북한을 적대적 대상으로 보는 정도: 전체와 중졸 이하

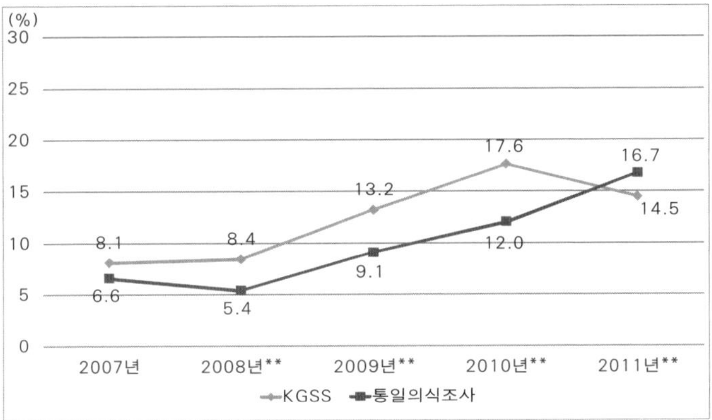


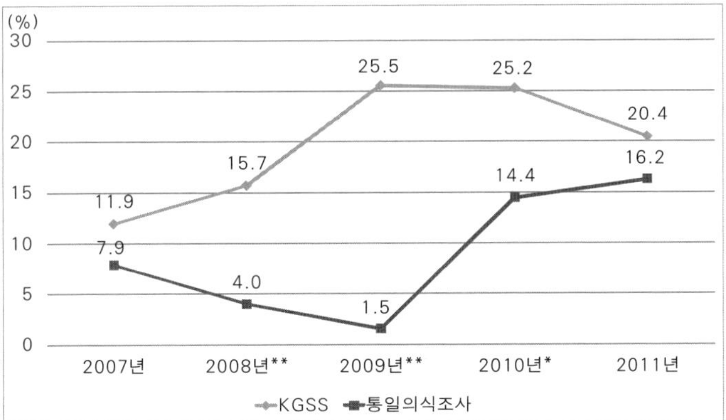


* p<.05; ** p<.01

북한을 적대적인 대상으로 바라보는 성인들의 비율에 대해 2008년, 2009년, 2010년, 2011년 KGSS와 통일의식조사는 서로 다른 결과를 보여 주었다. 2008년부터 2010년까지는 KGSS가 통일의식조사에 비해 각각 3.0%p, 4.1%p, 5.6%p 높은 8.4%, 13.2%, 17.6%였다. 2011년에는 반대로 통일의식조사가 KGSS에 비해 2.2%p 높은 16.7%였다. 오직 2007년만이, KGSS와 통일의식조사가 8.1%와 6.6%로, 통계적으로 차이가 나지 않았다. 전체 응답자 중 북한을 적대적 대상으로 보는 비율이 5개년 중 4개년에서 서로 다른 결과를 산출했던 것이다.

그렇지만 5년간 추이에 대해서는 두 자료가 2010년까지는 비슷한 모습을 보였다. 두 자료 모두 북한을 적대적으로 보는 응답자 비율이 2007년과 2008년은 비슷하다가 2009년과 2010년에는 증가했다. 그렇지만 2011년에는 두 자료가 엇갈린 결과를 내놓았다. 2010년에서 1년 사이에 북한을 적대적으로 여기는 성인들이 KGSS에서는 3.1%p 줄어들었는데 통일의식조사에서는 5.7%p 늘어났다. 이명박 정부 시기 동안 남과 북은 핵개발, 서해교전, 천안함 사태 등으로 군사적 긴장 관계를 팽팽하게 유지했다. 일련의 사태 속에 국민들 중 북한을 적대적으로 바라보는 시선이 늘어난 것은 당연하다고 할 수 있다.

집단별로 나눠 살펴보니 두 자료는 통일의 필요성 인식에서와 마찬가지로 저학력층에서 매우 다른 양상을 보여 주고 있다. 중학교 이하 졸업자들에서는 2008년과 2009년, 2010년에 서로 다른 결과가 나타났고, 그 차이 역시 11.7%p, 24.0%p, 10.8%p로 전체 응답자 차이보다 훨씬 두드러졌다.

지금까지 2007년부터 2011년까지 한국에 대한 자부심, 통일의 필요성, 북한에 대한 인식의 추이를 두 자료를 통해 살펴보았다. 평균 비교를 통해 살펴보니 통계적으로 유의미한 차이를 보여 주는 경우를 자주 관찰할 수 있었다. 한국에 대한 자부심은 1회, 통일의 필요성은 3회, 북한에 대한 인식은 4회 t값이 0.05보다 작았다. 이런 결과로 볼 때, 특정 정책이나 후보에 대한 지지도와 같이 응답 분포에 관심을 두는 연구를 할 경우 할당표집은 자칫 무시할 수 없는 오류를 만들어 낼 수 있다. 특히 전체 응답자가 아닌 여성, 기혼, 대졸자 등 특정 집단에 대한 연구에서는 할당표집에 의한 오류가 더욱 클 수 있음을 분명히 알아야 할 것이다. 그렇지만 오랜 기간의 변화 내지는 추이를 살펴보는 경우라면 할당표집은 어느 정도 믿을 수 있는 표집방법으로 추천될 수 있을 것이다. 〈그림 2-1〉, 〈그림 2-2〉, 〈그림 2-3〉 모두에서 KGSS와 통일의식조사는 비교적 비슷한 추이를 보여 주고 있다. 특히 5년간 서해교전, 천안함 사태, 연평도 포격 등 굵직한 사건들이 연이어 터졌지만 북한에 대한 인식은 두 자료 모두 크게 다르지 않은 추이를 보여 주고 있다. 이러한 결과는 시대적 변화를 추적하는 데에는 할당표집도 충분하다는 점을 증명하고 있다고 할 수 있다.

### 3) 회귀분석 결과 비교

기본적인 배경변수인 성별, 연령, 교육수준에 따라 한국 국적에 대한 자부심 수준이 어떠한지를 살펴본다. 자랑스럽게 생각하는지 여부를 종속변수로 앞의 세 변수를 독립변수로 한 로지스틱회귀분석을 실시했다. 세 집단으로 구분되는 연령과 교육변수는 모두 연속변수로 분석에 포함시켰다(결과는 56쪽의 표 참조).

회귀분석의 결과를 해석할 때는 먼저 통계적 유의미 여부를 확인하고 만약 유의미하다면 부호를 통해 관계의 방향을 살펴본다. 통계적 유의미 여부와 관계의 방향을 기준으로 본다면 같은 자료를 사용한 5년 동안의 결과는 같지 않다. 먼저 KGSS를 보자. 여성과 남성은 2007년, 2008년, 2009년, 2011년에는 한국에 대해 느끼는 자부심이 다르지 않았다. 하지만 2010년에는 여성이 남성보다 한국인이라는 사실에 대해 더 큰 긍지를 느끼고 있었다. 연령집단도 2007년과 2009년에는 국적에 대한 자긍심과 연관이 없지만 2008년과 2010년, 2011년에는 나이가 들수록 더 높은 자부심을 느끼고 있다. 교육수준 역시 2007년부터 2009년까지는 국가적 자부심과는 관련이 없지만 2010년과 2011년에는 교육수준이 높을수록 높은 자부심을 느낀다. 통일의식조사 역시 분석 결과는 들쑥날쑥하다. 2008년은 여성이 남성에 비해 더 큰 긍지를 느끼지만 나머지 4년 동안은 여성과 남성이 다르지 않았다. 연령은 2007년과 2008년, 2010년에 매우 강한 연관 관계를 보여주었지만 2009년과 2011년에는 종속변수와 통계적 관련이 없었다. 2009년에는 교육수준이 낮을수록 한국 국민임을 더 자랑스럽게 느꼈다. 하지만 나머지 4년 동안 교육수준은 국가적 자부심과 아무런 관계가 없었다.

같은 KGSS나 통일의식조사자료를 사용하더라도 연도에 따라 독립변수와 종속변수의 관계는 다르게 나타났다. 본 분석에서 사용된 성별, 연령, 교육수준 변수는 개인의 태도를 다루는 거의 모든 연구에서 분석모델에 투입된다. 이런 기본적 변수의 결과가 다르다면 그 밖의 다른 변수의 결과도 다를 수 있다. 기존연구에서 관찰된 많은 독립변수와 종속변수의 관계에 자료의 선택이 큰 영향을 미치고 있는지도 모른다.

이제 KGSS와 통일의식조사의 분석 결과를 비교해 보자. 어떤 경우는 KGSS와 통일의식조사가 상반된 결과를 보여 주고 있다. 2007년에는 KGSS에 따르면 나이가 들수록 국가 자부심이 높은 데 비해 통일의식조사에서는 이러한 연령효과를 확인할 수 없었다. 2009년 통일의식조사 응답자들은 교육수준이 낮을수록 더 높은 국가 자부심을 느꼈지만 KGSS 응답자들에게 교육은 유의미한 변수가 아니었다. 2010년에는 KGSS에 따르면 성별과 교육은 매우 중요한 변수이지만 통일의식조사에 따르면 그렇지 않다. 2011년에도 KGSS를 이용한 회귀분석에서 연령과 교육은 유의미한 변수이지만 통일의식조사자료를 이용한 회귀분석 결과는 다르다.

다음으로 통일의 필요성을 종속변수로 한 회귀분석 결과를 살펴보자. 앞에서와 마찬가지로 성별, 연령, 교육을 종속변수로 포함시켰다.

앞서 국가 자부심 분석에서는 자료에 따라 그리고 같은 자료라도 연도에 따라 다른 결과를 관찰할 수 있었다. 그렇지만 통일의 필요성에 대해서는 대체로 안정된 결과를 보여 주고 있다. KGSS는 성별과 연령에서 5년 모두 같은 결과를 보여 주었다. 여성에 비해 남성이 그리고 나이가 들수록 남과 북은 하나가 되어야 한다고 더 믿고 있다. 그렇지만 교육수준과 통일의 필요성에 대한 인식은 2007년, 2009년, 2010년에는 아무런 상관관계가 없었으나 2008년과 2011년에는 교육수준이 높을수록 통일이 더욱 필요하다고 생각하였다. 반면 통일의식조사에서는 성별, 연령, 교육수준이 통일의 필요성에 대한 태도에 미치는 효과가 5년 모두 일관되었다. 여성에 비해 남성이, 연령이 높을수록, 교육수준이 높을수록 남과 북은 한 국가가 되어야 한다고 더 믿는 편이다(2010년 교육수준의 t값은 .068이었다). 정리하면 KGSS와 통일의식조사의 회귀분석 결과를 비교했을 때 성별과 연령은 통일의 필요성 인식과 5년간 같은 관계를 맺고 있지만 교육은 2007년과 2009년에서 조금 다르다.

마지막으로 북한을 적대적 상대로 보는지 여부를 종속변수로, 성별, 연령, 교육을 독립변수로 한 로지스틱회귀분석 결과를 살펴보자.

북한을 적대적인 상대로 보는지에 대해서는 국가에 대한 자부심과 비슷하게 배경변수들이 같은 자료에서도 조사연도에 따라 다른 결과를 보이고 있다. 여성과 남성은 KGSS에서는 2008년과 2011년에만 그리고 통일의식조사에서는 2011년에만 북한에 대해 다른 인식을 갖고 있다. 연령의 경우, 노년보다는 중년이 그리고 중년보다는 청년이 두 조사 모두에서 2011년에만 북한을 더 적대적으로 바라보고 있다. 교육의 경우 KGSS 2008년, 2009년 자료에서는 대졸보다 고졸이 그리고 고졸보다 중졸 이하가 북한을 더 부정적으로 여기고 있었다. 반면 통일의식조사에서는 학력과 북한을 적대적으로 바라보는지 여부가 5년 내내 아무런 상관이 없었다.

2007년부터 2011년까지 5년 동안 두 조사자료를 분석한 결과를 비교해

〈표 2-3〉 국가 자부심을 종속변수로 한 로지스틱회귀분석 결과

| | KGSS | | | | | 통일의식조사 | | | | |
|---|---|---|---|---|---|---|---|---|---|---|
| | 2007 | 2008 | 2009 | 2010 | 2011 | 2007 | 2008 | 2009 | 2010 | 2011 |
| 성별 | -0.136(.144) | 0.089(.135) | 0.049(.136) | 0.470(.161)** | 0.121(.151) | 0.030(.138) | 0.303(.146)* | 0.100(.134) | -0.031(.157) | -0.263(.155) |
| 연령 | 0.051(.079) | 0.163(.071)** | 0.124(.073) | 0.215(.084)* | 0.232(.079)** | 0.217(.075) | 0.241(.078)** | -0.006(.071) | 0.189(.084)** | 0.107(.080) |
| 교육 | -0.097(.115) | 0.010(.106) | 0.001(.110) | 0.293(.134)* | 0.332(.132)* | -0.209(.124) | 0.056(.129) | -0.387(.122)** | 0.005(.147) | 0.048(.138) |
| $L^2$ | -611.967 | -681.721 | -683.199 | -526.342 | -569.641 | -641.998 | -605.269 | -682.784 | -532.324 | -543.759 |
| N | 1,221 | 1,272 | 1,387 | 1,303 | 1,274 | 1,194 | 1,213 | 1,203 | 1,200 | 1,187 |

* $p < .05$; ** $p < .01$

〈표 2-4〉 통일의 필요성을 종속변수로 한 로지스틱회귀분석 결과

| | KGSS | | | | | 통일의식조사 | | | | |
|---|---|---|---|---|---|---|---|---|---|---|
| | 2007 | 2008 | 2009 | 2010 | 2011 | 2007 | 2008 | 2009 | 2010 | 2011 |
| 성별 | -0.920(.126)** | -0.660(.124)** | -0.833(.121)** | -0.511(.121)** | -0.636(.125)** | -0.643(.127)** | -0.777(.138)** | -0.583(.142)** | -0.498(.134)** | -0.701(.133)** |
| 연령 | 0.301(.069)** | 0.346(.066)** | 0.290(.065)** | 0.195(.064)** | 0.344(.067)** | 0.380(.069)** | 0.382(.075)** | 0.503(.076)** | 0.394(.071)** | 0.303(.068)** |
| 교육 | 0.105(.097) | 0.236(.096)* | 0.039(.094) | -0.010(.101) | 0.308(.108)** | 0.247(.109)* | 0.449(.120)** | 0.526(.124)** | 0.216(.119) | 0.279(.115)* |
| $L^2$ | -745.595 | -764.071 | -826.148 | -794.728 | -750.468 | -737.486 | -661.852 | -636.699 | -678.835 | -687.844 |
| N | 1,221 | 1,272 | 1,387 | 1,303 | 1,274 | 1,194 | 1,213 | 1,203 | 1,200 | 1,187 |

* $p < .05$; ** $p < .01$

〈표 2-5〉 북한을 적대적 상대로 인식하는지 여부를 종속변수로 한 로지스틱회귀분석 결과

| | KGSS | | | | | 통일의식조사 | | | | |
|---|---|---|---|---|---|---|---|---|---|---|
| | 2007 | 2008 | 2009 | 2010 | 2011 | 2007 | 2008 | 2009 | 2010 | 2011 |
| 성별 | 0.060(.212) | -0.473(.208)* | -0.186(.163) | -0.212(.147) | -0.474(.163)** | 0.057(.235) | -0.287(.261) | -0.387(.208) | -0.131(.179) | -0.406(.160)* |
| 연령 | 0.046(.118) | 0.034(.111) | 0.060(.090) | 0.020(.077) | 0.181(.086)* | 0.105(.126) | -0.154(.138) | 0.007(.107) | -0.089(.095) | -0.248(.081)** |
| 교육 | -0.239(.162) | -0.651(.155)** | -0.568(.124)** | -0.201(.122) | -0.176(.138) | 0.112(.204) | 0.121(.234) | 0.157(.183) | -0.158(.161) | -0.073(.142) |
| $L^2$ | -341.417 | -350.353 | -522.397 | -601.287 | -511.376 | -290.495 | -251.289 | -363.029 | -439.499 | -523.150 |
| N | 1,221 | 1,272 | 1,387 | 1,303 | 1,274 | 1,194 | 1,213 | 1,203 | 1,200 | 1,187 |

* $p < .05$; ** $p < .01$

보니 2008년과 2009년, 2011년에 뚜렷한 차이를 보여 주었다. 2008년 통일의식조사에 따르면 북한에 대한 인식은 세 변수에 따라 별다른 차이가 없었지만 KGSS에 따르면 성별과 교육에 따라 크게 달랐다. 2009년의 경우 KGSS에서는 교육수준에 따라 태도가 달랐지만 통일의식조사에서는 교육에 따른 차이를 발견할 수 없었다. 2011년에는 연령 변수의 결과가 전혀 상반되게 나왔다. KGSS에서는 연령이 많을수록 북한을 적대적으로 볼 확률이 높았지만 통일의식조사에서는 나이가 적을수록 북한을 적대시한다고 나타났다.

다변량분석에서 KGSS와 통일의식조사 결과는 같지 않은 경우가 많았다. 그렇지만 대부분의 차이는 통계적으로 의미가 있느냐 여부에 있었다. 종속변수와 독립변수의 관계 방향이 다른 경우는 거의 없었다. 그러므로 할당표집을 통해 얻은 자료를 분석한다고 하더라도 변수 간 관계에서 확률표집과 전혀 다른 결론에 도달할 수 있다고 말하기는 어려울 것이다. 다만 여기서 지적하고 싶은 것은 같은 자료라도 연도에 따라 다른 결과가 나온다는 점이다. 성별, 연령, 교육이 종속변수와 맺는 관계는 조사연도에 따라 통계적으로 의미가 있기도 하고 또 없기도 하다. 그러므로 만약 변수 간 연관관계에 관심을 갖고 있다면 여러 해 자료를 따로 분석하여 일관성 있는 결과를 얻을 수 있는지 확인해 봐야 할 것이다.

## 4. 맺는말

모든 사회조사에서 원칙은 확률표집방식이다. 하지만 이를 지키기 위해서는 많은 시간과 예산이 소요된다. 이 때문에 선거 준비나 정책 개발 등 빠르게 변화하는 상황에 대응하기 위해 조사를 진행할 때에는 확률표집이 적절한 방식이 아닐 수도 있다. 게다가 최근에는 조사에 대한 거부감이 커지고 대상자에 대한 접근이 어려워지자 많은 조사들이 확률표집원칙을 버리고 할당표집방식으로 조사참여자들을 모집하고 있다. 따라서 과연 할당표집이 확률표집방식을 대체할 수 있는지 검토할 필요가 있다. 본 연구는 확률표집자료인 KGSS와 할당표집자료인 통일의식조사 자료의 차이를 국가자긍심, 통일의 필요성, 북한에 대한 인식 문항을 중심으로 살펴보았다. 특히 본 연구는 KGSS와 통일의식조사의 5년치 자료를 이용하여 같은 방식으로 수집된 자료에서도 차이가 발견되는지 확인해 보았다.

두 자료는 단순 기술통계치는 물론이고 대응분석이나 회귀분석에서도 다른 결과를 내놓는 경우가 많았다. 한국인임에 대한 자부심은 두 자료가 비슷한 정도와 경향을 보여 주었지만 통일의 필요성과 북한에 대한 인식은 5년 중 3개년 이상 통계적 차이를 보였으며 5년간 변화에서도 다른 모습을 보여 주었다. 세 변수를 종속변수로 한 다변량분석결과를 보니 성별, 연령, 교육의 통계적 영향에서 일관된 결론을 도출하기 어려웠다. 특히 2011년에는 KGSS가 나이가 많을수록 북한을 적대적 대상으로 보는 경향을 보여 주는 반면, 통일의식조사는 나이가 적을수록 북한에 대한 적대적 감정이 강해지는 경향을 나타냈다.

이러한 차이들은 확률표집과 할당표집에 대해 매우 중요한 함의를 몇 가지 갖고 있다. 첫째, 할당표집방식은 북한에 대한 인식과 같이 급변하는 사회적 조건에 영향을 받는 연구주제에 대해서는 큰 오류를 불러일으킬 수 있다. 2007년부터 2011년까지 우리는 서해교전이나 천안함 사태 등 북한에 대한 태도에 급작스러운 변화를 줄 수 있는 사건을 경험하였다. 사회적으로 이러한 사태에 민감한 집단과 그렇지 않은 집단이 있을 수 있다. 그러므로 비확률표집방식으로 진행되고 면접원의 자의적 선택 가능성이 큰 조사는 왜곡된 결과를 내놓을 수 있다. 반면 국가 자부심과 같이 시대에 따라 크게 달라지지 않는 주제에 대해서는 할당표집방식도 비교적 확률표집방식과 비슷한 추정치를 보여 준다. 따라서 상대적으로 안정된 태도에 대해서는 굳이 확률표집에 집착하지 않더라도 신뢰할 수 있는 결론에 도달할 수 있을 것이다.

둘째, 〈그림 2-1〉에서부터 〈그림 2-3〉까지를 보면 두 자료의 차이가 학력이 높거나 낮은 집단에서 매우 뚜렷했다. 학력이 높은 집단은 취업률이 높고 고급 주택에 사는 등의 이유로 접근이 어렵다. 반대로 학력이 낮은 집단은 주로 나이가 많은 노년층으로 집에 머무르는 시간이 길다. 이 때문에 학력이 높거나 낮은 집단은 조사가 비교적 어렵거나 반대로 쉬우며 그래서 조사방식에 따라 왜곡되기 쉽다. 본 연구의 결과는 이러한 추측을 뒷받침해주고 있다. 할당표집에 의한 면접조사들은 대개 성별과 연령을 할당의 기준변수로 삼고 교육은 고려하지 못한다. 통일의식조사도 예외는 아니다. 이러한 경우 교육집단별로 더욱 큰 왜곡이 일어날 수 있다. 몇몇 학자들은 연구대상에 영향을 주는 변수들을 잘 파악하고 있으면 그 변수들을 중심으로 할당표집을 함으로써 할당표집의 왜곡을 최소화할 수 있다고 주장한다 (Deville, 1991). 하지만 사회과학적 연구 대상은 대부분 아주 많은 변수에 의해 영향을 받는다. 과연 어느 할당표집이 그 많은 변수들을 할당의 기준으로 삼을 수 있을까? 결국 성별, 연령, 학력 등 몇몇 주요변수를 바탕으로 할당표를 짤 수밖에 없을 것이다. 따라서 그 외 변수에 의해 큰 차이가 있을 연구 대상에 대해서는 되도록 할당표집을 하지 않는 것이 좋을 것이다.

첫 번째와 두 번째 함의로 볼 때 시의성이 큰 사안에 대한 조사는 특히 조심해야 한다. 언론이나 정부는 정치적으로 큰 의미가 있는 사건이나 사회적으로 파장이 큰 사실에 대해 국민들이 어떻게 생각하고 있는지 알기 위해 많은 조사를 실시한다. 보통 이런 조사는 시간 제약으로 성별이나 연령 등 소수 변수를 기준으로 한 할당조사방식으로 진행된다. 그렇지만 할당표집방식은 빠르게 변화하는 사회적 의견이나 인식을 포착하려 할 때 큰 오류를 낳을 수 있다. 더구나 조사대상과 크게 관련 있는 변수가 할당의 기준이 되지 않으면 왜곡 가능성이 더욱 커진다. 예를 들어 정치적 의견은 출신 지역이 어디냐에 따라 자주 갈린다(김성연·김준석·길정아, 2013). 하지만 고향이 할당기준변수가 되는 정치여론조사는 별로 없다. 그래서 어쩌면 할당표집 자체가 아니라 조사의 목표와 상관없이 항상 같은 변수를 기준으로 삼는 기계적 할당표집이 진짜 문제라고 할 수 있다. 할당표집은 확률표집보다 더욱 세밀한 조사 기획을 필요로 한다. 조사의 목표를 명확히 하고 이전 연구를 충분히 검토해 할당의 기준을 분명히 해야 한다. 이러한 과정을 건너뛰면 자료의 오류는 심각해질 수 있다.

셋째, 성별, 연령, 학력을 독립변수로 한 회귀분석 결과를 살펴보니 같은 자료에서도 연도에 따라 결과가 같지 않았다. 회귀계수의 부호가 바뀌는 경우는 없었지만 통일의 필요성을 종속변수로 한 로지스틱회귀분석에서 영가설 기각 수준에 도달하는지 여부로 볼 때 성별과 연령을 제외하고는 5년간 같은 결과에 도달한 경우가 없었다. 이는 할당표집방식인 통일의식조사에서는 물론이고 확률표집방식인 KGSS에서도 마찬가지다. 이는 같은 방식으로 진행된 조사에서도 매년 편차가 존재함을 의미한다. 표집방법이 같더라도 조사면접원의 특성(신선옥, 2008), 조사 방식의 차이(CAPI의 사용 여부 등)(신형구·이혜정, 2006), 설문지 구성(박영실·박현정·윤연옥, 2013) 등에 따라 자료의 질은 얼마든지 달라질 수 있다. 자연히 통계적 분석결과도 달라질 수 있다. 그렇기 때문에 한 가지 자료를 분석해서 얻은 결론은 언제나 달라질 수 있다는 점을 기억해야 할 것이다. 그래서 KGSS나 통일의식조사와 같이 여러 해 같은 문항으로 수집된 자료를 분석할 때에는 한 해 자료만 분석하지 말고 여러 해 자료를 분석해서 결과의 일관성을 확인해 봐야 할 것이다.

# 제3장

# 단위 무응답과 조사가 어려운 응답자

김지범 · 최문희 · 강정한 · 한수진 · 김석호

## 1. 어려워지고 있는 사회조사 현실

### 1) 늘어나는 무응답

조사연구(survey research)는 전 세계적으로 질적으로나 양적으로 꾸준히 성장해 왔지만(Smith, 2010), 최근 단위 무응답(unit non-response, 이하 무응답)의 증가가 큰 문제로 지적되고 있다(de Leeuw and de Heer, 2002; Groves et al., 2009; Kim et al., 2011). 조사전문가들은 조사대상자 접촉가능성과 조사협조(cooperation) 수준 저하에 따른 무응답 증가가 큰 오류를 낳을 수 있다고 우려한다(Groves, 2006; Groves and Peytchaeva, 2008; Feskens, Schmeets and Hox, 2012). 일례로 싱글톤과 스트레이츠(Singleton and Straits, 2005: 145)는 면접조사에서 적절한 최소 응답률을 85%로 보고, 70% 미만의 조사는 심각한 오류의 가능성을 안고 있다고 강조한다. 응답률이 낮아지면 모집단 전체에 대한 예측에만 오류가 발생하는 것이 아니다. 보통은 응답률이 떨어질수록 성, 연령, 계층, 지역 등 배경변수에 따른 하위집단 간의 무응답 편차도 그에 비례하여 커진다(Pickery and Loosveldt, 2002; Haunberger, 2010). 이에 따라 자연히 무응답에 의한 오류의 크기도 집단에 따라 매우 달라진다(Groves, 2006). 그래서 특정 집단에 대해 매우 잘못된 결론을 내릴 수도 있다.

그러나 확률표집에 근거한 전국단위조사 중 응답률이 위 기준을 충족하는 경우는 거의 없다. 예를 들어 한국종합사회조사(Korean General Social Survey, KGSS)는 대체로 50% 내외의 응답률을 유지하고 있다. 통계청이 매년 실시하는 조사들은 비교적 높은 응답률을 유지하고 있지만 대부분 표본 대체를 허용하기 때문에 가능한 것이다.

이 글은 한국의 조사자료를 사례로 비서구 국가에서 발견되는 무응답과 관련된 문제들을 파악하려는 목적을 갖는다. 최근 들어 점차 많은 비서구 국가들에서 조사사업이 발전하고, 이들 국가 중 상당수가 국제비교조사사업에도 참여하고 있지만 비서구국가, 특히 아시아 국가의 무응답 현상에 대해서는 알려진 바가 거의 없다. 이 장에서는 한국에서 수집된 대표성 있는 면접조사자료(KGSS)와 이 자료의 수집과정데이터(paradata)를 활용하여 접촉불가와 응답거부로 발생한 무응답자와 조사하기 어려운 응답자에 대해 살펴볼 것이다.

### 2) 접촉가능성과 조사협조

면접조사 응답과정은 여러 가지 표집방식을 통해 선정된 조사대상자들을 접촉(contact)하는 과정과 접촉 후 조사의 의의를 설명하고 협조(cooperation)를 구하는 과정으로 구분해 볼 수 있다(Callens and Croux, 2003). 그런데 조사대상자들과 접촉하기가 점점 어려워지고 있다. 보통 단독주택 거주자보다 아파트 거주자를 접촉하기 어려운데(Groves and Couper, 1998), 점점 많은 사람들이 아파트에 살고 있다. 1990년에는 전체 주택 중 아파트의 비율이 22.7%였지만 2000년, 2005년, 2010년에는 각각

47.7%, 53.0%, 59.0%로 증가하였다(통계청, 2011). 그리고 많은 국민들이 범죄에 대한 우려에 시달리고 있다. 2012년 사회조사에 따르면 15세 이상 응답자 중 64.2%가 범죄 위협에 불안하다고 응답했다(통계청, 2012a). 그렇다 보니 많은 사람이 도어락(door lock)을 설치하는 등 낯선 이들의 접근을 원천적으로 막으려 한다. 이 때문에 조사자가 초인종을 눌러 보지도 못하고 포기해야 하는 조사대상가구가 늘고 있다.

대상 가구에 접근하더라도 가구원을 만나기가 쉽지 않다. 한 가구의 가구원수가 점점 줄고 있다. 가구당 평균 가구원수는 1990년 3.77명에서 2005년 2.88명으로, 2010년에는 2.69명으로 줄었다(통계청, 2011). 게다가 높은 교육열과 사회적 열망을 가진 많은 기혼여성들이 취업전선에 뛰어들고 있다. 이 때문에 조사원이 노크를 해도 대답해줄 사람이 없는 경우가 많다. 특히 2010년 23.9%에 달하며 2025년에는 31.3%에 달할 것으로 예측되는 1인가구는 조사환경에서 가장 큰 장애로 떠오르고 있다(통계청, 2011; 통계청, 2012a). 1인가구 가구원들은 노년층을 제외하고는 대부분 경제활동에 활발하게 참여하고 있기 때문에 평일에는 늦은 저녁에나 조사가 가능하다(이윤석, 2012).

그로브스와 쿠퍼(Groves and Couper, 1998)는 접촉가능성에 영향을 미치는 요인으로 1) 조사자가 대상인 가구 또는 개인을 접촉하는 데 방해가 되는 물리적 조건이 있는지, 2) 대상인 개인 또는 가족이 집에 있는지, 3) 언제 그리고 얼마나 자주 조사자가 접촉을 시도하였는지를 꼽았다. 남성이나 젊은이 등 노동시장 참여가 활발한 조사대상자들은 만나기 어렵다(Flores-Macias and Lawson, 2008). 범죄에 대한 두려움이 큰 상위계층 사람들은 경비를 세우고 도어락을 다는 등 조사자가 가구에 접근하는 것조차 어렵게 만들며, 가구원수가 적은 가구는 조사자가 초인종을 눌러도 가구원이 집에 없는 경우가 많다(Haunberger, 2010). 조사자들은 사회적 활동이 활발한 도시지역 거주자들을 접하기가 더욱 어렵다고 한다(Pickery, Loosveldt and Carton, 2001). 사정이 이렇다 보니 전문가들은 접촉 시도 횟수를 늘리고 접촉 시도 시간을 다양화하라고 조언한다(Durrant et al., 2010). 실제로 조사자들은 낮에는 아무도 없어서 평일 늦게 또는 주말에 대상가구를 방문한다.

그러나 조사대상자들을 만난다고 조사가 완료되는 것은 아니다. 거의 모든 국가에서 조사에 대한 거부감이 커지고 있다고 보고된다(Groves and Peytcheva, 2008; 김서영 · 권순필, 2009). 사람들은 개인의 의견 또는 신상 노출에 대해 민감하게 반응하고 있다. 이러한 태도는 심지어 정부가 주도하는 공공조사에 대해서도 마찬가지이다. 예를 들어 인구센서스에 대해서도 연령, 교육수준, 혼인상태 등을 드러내는 데 많은 국민들이 무시할 수 없는 저항을 보이고 있다. 이 때문에 행정자료를 이용하거나(이내성, 2008) 일부 지역을 순차적으로 조사(김규성, 2009)하는 방식 등 여러 가지 대안이 제시되고 있는 실정이다. 일반 연구소나 조사회사가 주도하는 조사에서는 조사대상자들의 협조를 끌어내기가 더욱 어려워지고 있다.

과거에는 응답자의 응답행위를 사회적 교환이나 시민적 참여의 과정으로 이해하였다(Brehm, 1993; Goyder, 1987). 최근에는 합리적 선택 이론에 사회적, 인지적 요소를 가미한 조사특성부각이론(leverage-saliency theory)이 각광을 받고 있다(Groves, Singer and Corning, 2000; Maynard, Freese and Schaeffer, 2010). 이 이론에 따르면 잠재적 응답자는 조사 특성(예, 조사주제, 인센티브 등)에 다른 무게 가치를 부여한다. 그래서 조사기관/조사원이 제공하는 조사 특성이 잠재적 응답자가 중요시하는 조사특성과 상응할 때, 잠재적 응답자는 조사에 참여하게 된다고 설명한다.

## 2. 한국 무응답 연구의 필요성

### 1) 한국 무응답 연구의 의의

이러한 이론적 자원을 기반으로 서구에서는 응답여부에 대한 연구들이 많이 진행되었다. 이 분야 연구들은 조사를 거부한 응답자와 조사완료까지 여러 번 방문해야 했던 조사하기 까다로운 응답자를 대상으로 한다. 서구에서 진행된 연구들에 따르면 응답자들의 협조에는 조사자의 특징, 조사의 내용과 형식, 참여의 보상 등이 영향을 미친다. 조사자의 성별, 인종, 경력 등이 협력 정도와 관련 있다(Kane and Macaulay 1993; Davis 1997; Hansen 2006; Stoop et al., 2010). 조사가 너무 길거나 내용이 민감하면 조사대상자들이 고개를 젓는다(Hansen, 2006). 보상의 유무와 종류에 따라서도 조사대상자들의 협조 수준이 달라진다고 한다(Weisberg, 2005; Rosen et al., 2011). 이렇듯 서구에서는 사회적 환경, 응답자의 개인적 특성, 조사원 특성, 조사설계 등 무응답 행위를 설명하는 특성들을 찾아내기 위한 다양한 이론적·경험적 노력이 진행되어 왔다(Groves and Couper, 1998; Groves et al., 2002; Lynn, 2003; Stoop et al., 2010; Bethlehem, Cobben and Schouten, 2011).

그런데 점점 더 많은 비서구 국가들이 기존의 국제비교조사사업에 참여[1]하고 있고, 2006년에 창설된 동아시아사회조사(East Asian Social Survey)와 같은 새로운 국제비교조사사업이 출범하고 있음에도, 아시아 국가의 무응답 현상에 대해서는 알려진 바가 거의 없다. 예컨대 일본의 몇몇 무응답 연구(Jay et al., 1993; Yamada and Synodinos, 1994)는 있지만 한국이나 중국의 무응답 문제를 다루는 연구는 찾아보기 힘들다.

특히 한국은 조사산업 또는 경험 분석의 역사가 상대적으로 짧아서 무응

1. 일례로 국제사회조사프로그램(International Social Survey Programme)에 참여하는 국가의 수는 초기 4개국에서 48개국으로 증가하였다.

답에 대한 정보가 부족하다. 한국에서 조사산업은 1990년대 중반부터 본격적으로 발전하였고(박무익, 2000; 이흥철, 2002), 1999년에 이르러서야 조사연구 전문가들이 집결한 기관이라 할 수 있는 한국조사연구학회(Korean Association of Survey Research)가 설립되었다. 2000년부터 여론 조사 저널의 선두 격인 『조사연구』가 발행되기 시작하였으며 2005년에는 여러 곳에 흩어진 데이터를 한곳에 모아 데이터를 요청하는 사람에게 제공하는 한국사회과학자료원(Korea Social Science Data Archive)이 설립되었다. 조사산업의 역사가 짧고 자료의 질에 대한 관심이 최근에서야 증가하고 있음을 고려할 때, 한국에서 조사과정, 특히 무응답의 현황과 원인에 대한 체계적인 규명이 부족한 것은 당연한 일인지도 모른다.

사실 응답행위에 영향을 미치는 요인들은 사회마다, 또 조사마다 다를 수 있다. 상이한 사회문화적 배경에서 각기 다른 조건과 절차를 통해 수행되는 사회조사들로부터 나온 무응답 행위가 단일 요인으로 설명될 가능성은 거의 없다. 게다가 다양한 조사기관 차이(house effect) 또는 조사원 효과(interviewer effects)를 고려한다면 무응답 행위 또는 조사하기 어려운 응답자와 관련된 여러 요소들이 갖는 비일관성은 당연하다고 할 수 있다(Pickery and Loosveldt, 2002; Blom, De Leeuw and Hox, 2011).

따라서 비서구 국가에서 무응답 연구는 다음과 같은 몇 가지 이유에서 중요성을 갖는다.

첫째, 무응답에 대한 기존 연구결과를 다른 문화와 조사환경을 가진 곳에서도 일반화하여 적용할 수 있는지를 비서구 국가에서의 무응답 연구로 검토할 수 있다. 이를 통해 무응답 행위를 유발하는 요인들에 대한 보편적 지식의 구축에 기여할 수 있다. 다시 말해 서구 국가에서 입증된 조사설계방법이 비서구 국가 조사에서도 적용될 수 있는가를 검토할 수 있을 것이다.

둘째, 이 연구의 결과는 자료수집과정을 꼼꼼히 기록할 필요성을 비서구 국가, 특히 아시아 국가에 환기시킬 것이다. 아시아 국가에서는 자료의 세부 정보를 이용하기 어렵고, 자료의 한계를 파악하려는 분석에 대해서도 거부감을 갖고 있어 자료 품질에 대한 우려도 제기된다(Hull 2005). 비서구 국가에서 무응답에 대한 상세한 지침을 실행하는 것은 자료 품질을 향상시킬 뿐만 아니라 국제비교자료를 사용하는 이용자에게도 좀 더 발전된 지식을 제공할 수 있을 것이다.

### 2) 자료와 연구방법

이 연구는 한국에서 수행되는 확률표집자료를 분석한 무응답에 대한 첫 번째 연구라 할 수 있다. 이와 같은 연구가 그동안 실시되지 못한 것은 할당표집(quota sampling)과 표본대체(substitution)로 대표되는 조사관행과 자료수집과정 자체에 대한 빈약한 정보 때문이다.

이 연구가 분석한 자료는 2010년 한국종합사회조사(KGSS)이다. KGSS는 2003년부터 매년 실시하고 있는, 전국의 만 18세 이상 성인을 모집단으로 한 면접조사이다. KGSS는 다단계지역확률표집(multi-stage area probability sampling)을 사용하며 200개의 주요 표본 단위를 추출한다. 표집된 가구에서 생년월일 방법을 사용하여 한 명의 성인을 면접 대상자로 삼는다. 면접과정에서 KGSS는 표본대체를 허용하지 않는다. KGSS의 조사원은 대부분 대학생이며, 그중 63%는 여성이다. 32개 대학에서 뽑힌 233명의 학생들과 성균관대학교 동아시아학술원 서베이리서치센터가 함께 조사를 수행하였으며 표본으로 추출된 2,500가구 중 총 1,576명의 응답자가 조사에 응답하였다. 대략 34% 정도의 면접 조사가 오후 6시 또는 그 이후에 실시되었으며 조사원은 조사시작 후 셋째 주까지는 3만 원, 넷째 주에는 4만 원, 그리고 다섯째 주부터는 7만 원을 설문지 한 부당 조사완료수당으로 지급받았다.

결국 이 연구가 설명하고자 하는 것은 접촉불가와 응답거부로 구분되는 무응답 행위이다. 무응답 행위에 영향을 주는 것으로 고려된 독립변수는 조사원이 기입한 조사상황에 대한 정보, 조사원에 대한 정보, 방문횟수, 조사지역 환경 특성 등이다. 각 변수별 세부 내용은 아래와 같다.

① 응답거부와 접촉불가: 조사원들은 무응답에 대한 문항에 답해야 한다. 문항은 면접원 정보(나이, 성별, 소속 학교), 조사를 완료하지 못한 이유, 방문횟수 등에 관한 내용을 포함한다. 미국여론조사학회(American Association for Public Opinion Research, AAPOR)의 표준 정의(AAPOR, 2011)에서 실시하는 직접 가구원 면접 조사에 따라, 본 연구에서도 접촉불가 및 응답거부와 같은 면접시도결과분류코드(disposition code)를 할당하였다. 무응답 중 면접원이 응답거부로 분류한 경우, 응답거부까지 코딩하지는 않았다.

② 방문횟수: 면접조사에 응한 1,576개의 사례 가운데, 112명의 응답자에 대한 정보를 얻을 수 없었다. 조사원에게 권고한 최대 방문횟수가 10회였음에도 18회까지 방문한 경우도 있었다. 정보가 이용 가능한 응답자들의 평균 방문횟수는 4회이다.

③ 환경적 맥락: 지역, 도시 거주와 같은 지역변수 이외에도, 환경적 맥락을 나타내는 변수는 세 가지로 그 내용은 다음과 같다. 접근 불가능한 주거단지(locked community) 여부(그렇다=1), 아파트 거주 여부(아파트=1), 비개방형 입구(locked gate) 여부(그렇다=1) 등 세 개의 변수와 평균 공시 지가(사분위수)이다.[2] 무응답자의 경우에는 좀 더 자세한 거주 유형을 기록하도록 하였다.

④ 응답자의 사회인구학적 변수와 태도: 연령은 6개 집단(18세 이상~24세 미만/ 25세 이상~34세 미만/35세 이상~44세 미만/45세 이상~54세 미만/55세 이상~64세 미만/65세 이상)으로 구분되며, 65세 이상이 기준변수이다. 성별(여

2. 전국의 개별주소에 대한 공시지가는 국토교통부가 제공하는 부동산 공시가격 알리미 사이트에 게시된 정보를 통해 파악되었다(http://www.kreic.org/realtyprice/main/mainBody.htm).

성=1)과 혼인상태(결혼했음=1), 경제활동참가(일을 하고 있음=1), 도시거주(그렇다=1) 등도 이분변수로 만들었다. 교육과 주관적 건강 상태는 연속변수로 측정하였다. 가구 소득은 사분위수에 누락된 소득을 포함한 5개 집단으로 분류하였으며(최저 사분위수를 기준변수), 가구원수는 '1명/2명/3명/4명 이상'으로 분류하였다.

⑤ 마지막으로 본 연구에서는 독립변수로 신뢰수준을 사용하였다. 신뢰는 "(귀하는) 대체로, 사람들을 대할 때 대부분의 사람들이 믿을 만하다고 생각하십니까? 혹은 조심해야 한다고 생각하십니까?"라는 문항을 통해 구성되었다. 해당 문항의 응답으로는 "항상 모든 사람들을 신뢰할 수 있다"에서부터 "항상 모든 사람들을 조심해야 한다"까지의 4점 척도로 구성되어 있다. 본 연구에서는 선택지의 번호에 따라 높은 신뢰도를 나타내도록 응답값을 역코딩하였다.

분석결과는 두 부분으로 구성된다. 첫째, KGSS가 사용한 조사시도 기록결과(disposition outcome codes)를 제시하고 다항 로지스틱 회귀분석(multinomial logistic regression analysis)을 통해 지리적 변수와 주거 유형, 지가(地價) 등 접촉불가와 응답거부에 영향을 준 요인들을 규명한다. 둘째, 응답자들 중 조사하기 어려운 응답자의 특성을 알아본다.[3]

## 3. 무응답 사유

〈표 3-1〉은 2010년 KGSS의 면접 시도 결과를 분류한 것이다.

---

3. 환경적 특성, 사회인구학적 특성 및 태도와 방문횟수 사이의 이원 분석을 제시하고, 방문횟수를 종속변수로 분석하기에 적합한 0점 절단된 음이항 회귀 모형(zero-truncated negative binomial regression)을 수행한다(Hilbe, 2007).

〈표 3-1〉 면접시도 결과(Disposition codes) 기록표(N: 2,500)

| 범주 | 세부내역 | % |
|---|---|---|
| 무응답: 응답거부 (23.0) | 응답자의 응답거부 | 9.8 |
| | 개별 응답자는 확인되었으나 가구 구성원에 의한 응답거부 | 1.9 |
| | 가구 단위 응답거부(No screener completed) | 11.2 |
| | 응답 중단(Break-offs) | 0.04 |
| 무응답: 접촉불가 (6.1) | 응답자 부재/접촉불가 | 2.6 |
| | 가구 단위 접근 불가 | 3.5 |
| 무응답: 기타 | | 2.1 |
| 조사부적격 | | 2.8 |
| 기록불가 | | 2.8 |
| 응답완료 | | 63.0 |

2,500개 표본 중 63.0%가 조사에 응했다. 무응답(31.2%) 중에는 응답거부(23.0%)에 따른 무응답이 가장 많았으며 접촉불가(6.1%)에 의한 무응답이 그 뒤를 이었다. 무응답 중 응답거부 사례는 가구원에 의한 응답거부(13.1% = 1.9% + 11.2%)가 개별 응답자에 의한 응답거부(9.8%)보다 다소 높게 나타났다. 즉 가구단위 응답거부 비율이 조사대상자의 응답거부 비율보다 높다. 접촉불가 원인에서는 문이 잠겨 있는 경우와 같은 접근불가능이 응답자 개인에 대한 접촉불가능보다 비중이 조금 더 컸다(3.5% vs. 2.6%).

## 4. 무응답에 영향을 미치는 요인들

〈표 3-2〉는 무응답 행위와 주요 변수들 간 이변량 관계를 보여 준다. 여기에 사용된 크래머 브이(Cramer's V) 통계량은 명목변수와 다른 변수들 간 상관관계를 나타낸다.

〈표 3-2〉 지역, 도시성, 도어락, 아파트, 공시지가, 조사원 성별에 따른 응답/무응답(%)

| 범주 | | 거부 | 접촉불가 | 기타 | 응답 | N | 비고[b] |
|---|---|---|---|---|---|---|---|
| 지역 | 서울 | 27 | 5 | 10 | 58 | (513) | 45.50*** (0.08) |
| | 경기도 | 22 | 6 | 11 | 62 | (712) | |
| | 강원도 | 25 | 4 | 15 | 56 | (75) | |
| | 충청도 | 22 | 6 | 3 | 69 | (250) | |
| | 경상도 | 23 | 8 | 6 | 64 | (650) | |
| | 전라도 | 20 | 6 | 4 | 70 | (275) | |
| | 제주 | 20 | 8 | 4 | 68 | (25) | |
| 거주 | 시골 | 12 | 3 | 8 | 78 | (275) | 33.45*** (0.12) |
| | 도시 | 24 | 7 | 8 | 61 | (2,225) | |
| 비개방형 입구 | 아니오 | 24 | 5 | 5 | 65 | (1,775) | 8.98* (0.06) |
| | 예 | 25 | 8 | 6 | 61 | (600) | |
| 아파트 | 아니오 | 20 | 7 | 6 | 67 | (1,142) | 20.98*** (0.09) |
| | 예 | 27 | 5 | 5 | 63 | (1,286) | |
| 거주유형[a] | 단독주택 | 65 | 12 | 23 | - | (82) | 44.76*** (0.17) |
| | 아파트 | 74 | 14 | 11 | - | (471) | |
| | 연립주택1 | 69 | 17 | 14 | - | (129) | |
| | 연립주택2 | 59 | 27 | 14 | - | (95) | |
| | 원룸 | 40 | 45 | 15 | - | (40) | |
| | 오피스텔 | 50 | 40 | 10 | - | (10) | |
| 지대 | 제1사분위수 | 19 | 4 | 8 | 70 | (637) | 32.68*** (0.07) |
| | 제2사분위수 | 22 | 8 | 7 | 63 | (614) | |
| | 제3사분위수 | 24 | 7 | 8 | 62 | (625) | |
| | 제4사분위수 | 28 | 6 | 9 | 58 | (624) | |
| 조사원 성별 | 남성 | 24 | 6 | 9 | 60 | (918) | 6.91 (0.05) |
| | 여성 | 23 | 6 | 7 | 65 | (1,582) | |

a: 상세 거주유형은 무응답자에 한해 수집됨.

b: Pearson $X^2$(Cramer's V)

* p<.05, ** p<.01, *** p<.001

무응답과 도시거주는 강한 상관관계를 갖는다. 도시지역에 사는 사람들은 농어촌지역에 사는 사람들에 비해 조사에 대한 응답거부 또는 접촉불가 확률이 2배가량 높다. 아파트에 거주하는 사람과 그렇지 않은 사람을 비교해보면, 아파트에 거주하는 사람이 그렇지 않은 사람에 비해 응답거부확률이 약 7%p 높다. 무응답자들의 거주유형을 좀 더 구체적으로 살펴보면, 스튜디오 아파트(가령 원룸 또는 오피스텔)가 다른 거주 유형보다 접촉불가율이 상대적으로 높다. 스튜디오 아파트에 사는 조사대상자들의 응답률이 낮은 주된 이유가 접촉하기 어려웠기 때문일 것이라고 추론할 수 있다. 표집 사례의 지가(地價) 정보는 응답행위를 이해할 때 유용한 지표가 된다. 지가가 최저 사분위에 속하는 지역에 사는 사람들은 최고 사분위에 속하는 지역에 사는 사람들보다 12%p 정도 많이 조사에 참여했다.

〈표 3-3〉은 응답사례에 응답거부와 접촉불가 사례를 각각 대비시켜 다항 로지스틱 회귀모형을 적용한 분석결과의 승산비(odds ratios)를 보여 준다.

이 분석결과는 응답거부와 접촉불가가 성격이 다른 요소라는 사실을 밝힌 이전 연구결과들을 다시 한 번 확인해 준다. 응답 사례 대비 응답거부 사례의 승산은 도시 지역 거주자, 지가 최고 사분위수에 속하는 지역에 사는 사람, 남성 조사원에게서 높게 나타났다(Rosen et al., 2011). 즉 도시에 거주하거나, 지가가 높은 지역에 살거나, 남성 조사원을 만난 경우 면접조사에 응할 확률이 낮은 것이다. 반면, 응답 사례 대비 접촉불가 사례의 승산은 지가가 3사분위수와 4사분위수에 속하는 지역에 사는 사람, 비개방형 입구(locked gate)가 있는 주거공간에 사는 사람에게서 높게 나타났다. 다시 말해 지가가 높은 지역에 살거나 주거공간에 도어락 등 외부인의 접근을 제한하는 장치가 설치되어 있는 경우 조사원이 조사대상자를 만나는 데 어려움을 겪을 가능성이 높다는 것이다. 이러한 결과는 접촉가능성이 지역의 경제적 가치(지가)와 분명한 음의 관계에 있음을 보여 주는 것이다. 경상도 거주자의 접촉불가 가능성이 다른 지역 거주자에 비해 유난히 높으며, 아

〈표 3-3〉 응답 행위에 대한 다항 로지스틱 회귀분석의 승산비(ORs)와 95% 신뢰구간

| | | 응답거부 (vs.응답완료) | | | 접촉불가 (vs.응답완료) | | |
|---|---|---|---|---|---|---|---|
| | | 승산비 | 신뢰구간 | | 승산비 | 신뢰구간 | |
| 지역 | 경기도 | 1.03 | 0.64 | 1.67 | 1.87 | 0.77 | 4.53 |
| | 강원도 | 1.72 | 0.66 | 4.48 | 2.09 | 0.29 | 15.11 |
| | 충청도 | 1.44 | 0.71 | 2.91 | 1.99 | 0.50 | 7.93 |
| | 경상도 | 1.38 | 0.74 | 2.57 | 3.31* | 1.04 | 10.50 |
| | 전라도 | 1.40 | 0.66 | 2.97 | 2.96 | 0.72 | 12.26 |
| | 제주 | 1.20 | 0.28 | 5.21 | 6.03 | 0.52 | 69.74 |
| 주거 | 도시거주 | 1.83* | 1.08 | 3.11 | 1.71 | 0.62 | 4.70 |
| | 지대 제2사분위수 | 1.12 | 0.75 | 1.66 | 2.09 | 1.00 | 4.36 |
| | 지대 제3사분위수 | 1.34 | 0.83 | 2.14 | 2.96* | 1.20 | 7.32 |
| | 지대 제4사분위수 | 2.08* | 1.10 | 3.93 | 4.01* | 1.20 | 13.41 |
| | 아파트 거주 | 1.23 | 0.93 | 1.62 | 0.46** | 0.28 | 0.77 |
| | 비개방형 입구 | 0.91 | 0.68 | 1.21 | 1.96** | 1.19 | 3.23 |
| 조사원 | 성별(여성=1) | 0.73* | 0.55 | 0.97 | 0.87 | 0.51 | 1.46 |
| | 연령 | 0.96 | 0.92 | 1.01 | 1.00 | 0.93 | 1.07 |

주) 응답완료가 종속변수의 승산비를 구하는 준거범주이다.
* $p<.05$, ** $p<.01$, *** $p<.001$

파트 거주자의 접촉 가능성이 다른 거주형태보다 높은 것은 이채롭다. 즉 응답완료 대신 접촉불가로 선택될 승산이 아파트 거주자에게서 낮게 나타난 것이다. 물론 여기서 잊지 말아야 할 것은 접촉불가 사례 수가 적다는 사실이다. 사례 수가 적어 아파트 거주 영향력의 신뢰구간이 다소 넓게 나타났으며 이는 통계적 검증력이 약하다는 것을 의미한다. 그럼에도 신뢰구간은 통계적 유의성을 갖는 변수들을 더 많이 포함하고 있다.

〈표 3-4〉는 환경적 요인 및 사회인구학적 특성과 방문횟수 간의 이변량 관계를 보여 준다.

〈표 3-4〉 지역, 도시성, 도어락, 아파트, 공시지가, 조사원 특성에 따른 방문횟수(%)

| | | 1~2회 | 3~4회 | 5~7회 | 8회 이상 | N | 비고[a] |
|---|---|---|---|---|---|---|---|
| 연령 | 18세 이상 24세 미만 | 29 | 26 | 31 | 14 | (140) | |
| | 25세 이상 34세 미만 | 25 | 33 | 28 | 14 | (289) | |
| | 35세 이상 44세 미만 | 31 | 38 | 24 | 8 | (362) | 78.37*** |
| | 45세 이상 54세 미만 | 32 | 37 | 21 | 11 | (257) | (0.13) |
| | 55세 이상 64세 미만 | 36 | 33 | 26 | 5 | (171) | |
| | 65세 이상 | 53 | 30 | 11 | 6 | (239) | |
| 성별 | 남자 | 31 | 34 | 26 | 9 | (694) | 8.65* |
| | 여자 | 36 | 33 | 20 | 10 | (770) | (0.08) |
| 혼인상태 | 미혼 | 34 | 30 | 25 | 11 | (525) | 6.10 |
| | 기혼 | 34 | 35 | 22 | 9 | (939) | (0.07) |
| 경제활동 참여 | 아니오 | 40.44 | 32.83 | 18.1 | 8.63 | (591) | 24.31*** |
| | 예 | 29.36 | 33.94 | 26.26 | 10.44 | (872) | (0.13) |
| 가구소득 | 제1사분위수 | 42 | 33 | 18 | 7 | (382) | |
| | 제2사분위수 | 33 | 34 | 23 | 10 | (346) | 25.67* |
| | 제3사분위수 | 30 | 34 | 26 | 9 | (247) | (0.08) |
| | 제4사분위수 | 28 | 35 | 26 | 11 | (312) | |
| | DK | 32 | 31 | 24 | 14 | (177) | |
| 지역 | 서울 | 35 | 33 | 27 | 5 | (252) | |
| | 경기도 | 33 | 37 | 24 | 7 | (386) | |
| | 강원도 | 41 | 37 | 15 | 7 | (41) | 39.42** |
| | 충청도 | 36 | 33 | 15 | 16 | (173) | (0.10) |
| | 경상도 | 31 | 31 | 23 | 14 | (407) | |
| | 전라도 | 36 | 31 | 24 | 9 | (188) | |
| | 제주 | 35 | 35 | 29 | 0 | (17) | |
| 거주 | 시골 | 54 | 27 | 14 | 5 | (206) | 45.35*** |
| | 도시 | 31 | 35 | 25 | 10 | (1,258) | (0.18) |
| 비개방형 입구 | 아니오 | 35 | 34 | 23 | 9 | (1,091) | 10.68* |
| | 예 | 27 | 35 | 26 | 13 | (331) | (0.09) |
| 아파트 | 아니오 | 42 | 31 | 20 | 8 | (712) | 40.37*** |
| | 예 | 26 | 36 | 26 | 11 | (721) | (0.17) |
| 지대 | 제1사분위수 | 45 | 29 | 18 | 7 | (432) | |
| | 제2사분위수 | 27 | 31 | 26 | 16 | (372) | 66.47*** |
| | 제3사분위수 | 26 | 40 | 24 | 10 | (354) | (0.12) |
| | 제4사분위수 | 35 | 34 | 25 | 6 | (306) | |

a: Pearson $X^2$(Cramer's V), * p＜.05; ** p＜.01; *** p＜.001

크래머(Cramer)의 V 통계량에 따르면, 연령, 경제활동 참여, 도시 및 아파트 거주 여부, 지대가 가장 설명력이 있는 요소로 나타났다. 연령이 가장 낮은 집단은 연령이 높은 집단에 비해 조사하기 어려운 응답자 집단에 속할 확률이 두 배 이상 높았다(14% vs. 6%). 경제활동을 하고 있지 않은 사람들 중 약 40%는 방문횟수의 1사분위수인 1~2회에 속한다. 이에 비해 경제활동을 하는 사람들은 방문횟수가 1~2회에 속하는 경우가 약 30% 정도였다. 또한 아파트에 거주하는 사람과 그렇지 않은 사람의 차이는 16%p였다. 이외에도 지가를 기준으로 부유한 지역에 사는 사람들은 가난한 지역에 사는 사람들에 비해 면접원이 1~2회 내로 방문하여 조사를 완료할 확률이 10%p 정도 낮은 것으로 드러났다.

마지막으로 〈표 3-5〉는 방문횟수를 예측하기 위한 0점 절단 회귀분석(zero-truncated regression)의 결과이다.

〈표 3-5〉 방문횟수에 대한 0점 절단 음이항 회귀분포

| | 방문횟수 | Coef. |
|---|---|---|
| 연령 | 18~24세 | 0.43*** |
| | 25~34세 | 0.37*** |
| | 35~44세 | 0.22* |
| | 45~54세 | 0.23** |
| | 55~64세 | 0.19* |
| 성별 | 여성 | −0.04 |
| 혼인상태 | 기혼 | 0.00 |
| 경제활동참여 | 경제활동참여 | 0.13** |
| 건강상태 | 건강상태 | −0.02 |
| 가구소득 | 제2분위수 | 0.02 |
| | 제3분위수 | 0.06 |
| | 제4분위수 | 0.09 |
| | 제5분위수 | 0.15 |

〈표 3-5〉 계속

| | 방문횟수 | Coef. |
|---|---|---|
| 교육수준 | 교육년수 | -0.00 |
| 가구원 수 | 2명 | -0.05 |
| | 3명 | -0.11 |
| | 4명 이상 | -0.11 |
| 안전인식 | 안전 | 0.01 |
| 신뢰의식 | 신뢰 | -0.01 |
| 거주 | 도시거주 | 0.33*** |
| 아파트 | 아파트 | 0.13** |
| 비개방형 입구 | 비개방형 입구 | 0.05 |
| 지역 | 경기도 | 0.06 |
| | 강원도 | -0.08 |
| | 충청도 | 0.22** |
| | 경상도 | 0.25*** |
| | 전라도 | 0.00 |
| | 제주 | 0.05 |
| 조사원 | 연령 | 0.01** |
| | 성별(여성=1) | -0.01 |
| | _상수 | 0.41* |

* $p<.05$, ** $p<.01$, *** $p<.001$

이원 분석에서와 마찬가지로, 연령이 낮을수록, 또는 경제활동에 참여하고 도시지역에 살고, 아파트에 거주하는 사람들일 경우 응답을 얻기 위해 더 많이 방문해야 하는 것으로 나타났다. 조사대상자 방문횟수에서는 연령이 가장 낮은 집단이 65세 이상 연령 집단의 1.54배(=exp(0.43))이다. 반면, 성별, 혼인상태, 건강상태, 소득, 교육, 가구원 수, 지역의 안전수준 인식, 신뢰, 비개방형 입구는 방문횟수와 통계적으로 유의미한 관계를 보이지 않았다.

## 5. 맺는말

본 연구는 접촉불가와 응답거부를 포함한 무응답 행위를 KGSS 자료로 검토해보았다. 본 연구에서도, 서구 국가에서와 마찬가지로, 응답을 받지 못하거나 받기 어려운 것에는 환경적 요인과 개인적 특성 모두가 영향을 미친다는 사실을 확인하였다.

분석결과를 요약하면 다음과 같다. 첫째, 가구단위의 응답거부 비율이 조사대상 당사자의 응답거부 비율보다 높았다. 가구단위 응답거부 비율은 전체 2,500표본 중 13.1%에 이르는데, 이 경우는 조사대상자를 직접 만나지 못했을 가능성을 내포한다. 따라서 이 13.1%에 가구원에 대한 접근이 이루어지지 않은 6.1%를 더하면 총 조사대상자 중 19.2%가 응답자 접촉에서 어려움이 있다고 할 수 있다. 둘째, 응답거부에 영향을 미치는 요인은 도시거주, 낮은 연령, 남성 조사원, 높은 지가 등이다. 셋째, 면접원이 조사대상자를 접촉하는 데 어려움을 가중시키는 요인으로는 비개방형 입구와 높은 지가 등이 있다. 넷째, 조사원이 조사대상자를 접촉하는 데 걸리는 시간 혹은 횟수는 응답자가 도시에 살수록, 어릴수록, 경제활동을 하고 있을수록, 비개방형 입구가 있는 곳에 살고 있을수록 길고, 많은 것으로 나타났다.

본 연구는 현장조사전략(field strategy)에 대해 다음과 같은 함의를 갖는다. 여학생 조사원이 남학생 조사원보다 거절당할 확률이 낮다는 점을 감안해 대상 가구에 접근해 볼 수 있을 것이다. 미국종합사회조사(General Social Survey, GSS)에서는 조사원의 80%가 여성인데, 이는 KGSS의 65%보다 높은 수치이다. 중국종합사회조사(Chinese General Social Survey, CGSS) 조사원도 학생인데, 여기에서도 무응답행위가 조사원의 성별과 관련이 있다. 따라서 응답자가 거부감을 덜 드러내는 여성 조사원의 비율을 현재보다 늘릴 필요가 있다. 여기에 더하여 조사설계와 조사전략을 조정할 필요도 있다. 예를 들어 조사하기 어려운 응답자로부터 응답을 얻기 위해 조사기간 마지막 단계에서 전문 조사원을 고용하는 방법을 생각해 볼 수 있다. 지대가 가장 높은 지역과 같이 응답을 받지 못하거나 받기 어려운 조사대상자가 많은 지역을 전문 조사원에게 할당하고 학생 조사원에게는 상대적으로 그러한 경우가 적은 지역을 할당할 수도 있을 것이다. 실제로 2010년 KGSS 조사에서도 마지막 단계에서 소수의 전문 조사원에게 몇몇 조사완료율이 낮은 지역 조사를 의뢰하였다. 그 결과 응답자 접촉률과 조사완료율에서 주목할 만한 성과를 얻었다.

향후연구와 관련해서도 몇 가지 함의를 생각해 볼 수 있다. 첫째, 본 연구가 사용한 2010년 KGSS 수집과정데이터(paradata)는 무응답 연구에 필요한 충분한 정보를 담고 있지 않다. 이를 위해 다수준 통합 데이터베이스 접근법(Multi-level Integrated Database Approach)(Smith and Kim, 2013)도 생각해 볼 수 있다. 즉 이용 가능한 여러 데이터를 연결하여 무응답을 이해하려는 시도가 필요하다. 둘째, 다양한 접근법과 더불어 체계적이고 자세한 기록이 필요하다. 일례로, 본 연구에서 사용한 방문횟수 정보로는 접촉가능성과 조사협조 수준을 독립적으로 분석하기 어려웠다. 방문횟수의 증가가 접촉하기 어려워서인지, 조사대상자(또는 가구)가 비협조적이어서인지 분명하지 않다. 앞으로는 접촉형태를 좀 더 상세히 구분해 기록하여야 할 것이다.[4] 셋째, 자료의 양적 팽창과 조사형태의 다양화가 질적 수준을 높여주었는지 의문시되는 시점에서(한신갑, 2012), 본 연구의 결과를, 한편으로는 다른 조사에서 도출된 결과와 비교하는 작업이, 또 한편으로는 KGSS 다른 연도 조사에서의 무응답 요인과 비교하는 작업이 진행되어야 한다. 마지막으로, 조사과정을 정확히 기록하는 것만이 무응답 연구를 가능케 하고 조사비용 현실화를 가져올 수 있다는 점(김지범·오미혜·강정한, 2010)을 다시 한 번 강조하고자 한다.

---

4. 유럽사회조사(European Social Survey, ESS)의 조사접근형태를 설명하는 스툽 외(Stoop et al., 2010: 70-74)를 참조.

# 제4장

# 혼합식 조사와 웹패널의 (옅은) 빛과 (짙은) 그늘

한신갑

사회구성원들이 무엇을 생각하고 어떻게 행동하는지를 관찰하고 정리할 수 있게 하는 도구로서의 사회조사는 전후(戰後) 사회과학의 근간 중 하나다. 사회과학 내에서의 다양한 방법론적 입장에도 불구하고, 사회조사 자료가 갖는 기초적 역할에 대해서는 넓은 공감대가 형성되어 있고, 그 공감대의 바탕에는 조사자료가 갖는 '대표성', '체계성', '효율성'에 대한 신뢰가 깔려 있다.[1] 뒤집어 말하면 조사자료는 이러한 기초적 역할을 감당할 수 있도록 대표성, 체계성, 효율성을 갖춰야 한다는 당위적인 기대가 있는 것이다. 하지만 현재 한국의 조사현실은 이런 기대와는 상당한 거리가 있는 것도 사실이다. 지난 수십 년간의 양적 성장에도 불구하고 그에 상응하는 질적 성숙은 아직 이루어지지 않고 있다는 것이 한국의 사회조사 자료를 다루는 많은 사람들에게 공통된 의견이다(차종천, 2005; 김상욱 외, 2011; 김석호, 2011). 사회 환경이나 기술 환경 등이 바뀜에 따라 자연스럽게 나타나는

1. 여기서의 '효율성'은 '싸게, 빨리, 많이'의 의미가 아니라, 1억에 달하는 미국의 유권자들을 대상으로 400명의 표본을 가지고 오차범위 5% 안에서 선거결과를 예측한다는 의미에서의 효율성이다.

여러 가지 변화와 그에 따른 문제점들이 조사환경에 대한 심각한 위협으로 다가오는 것은 바로 이런 양적 성장과 질적 성숙 간의 불균형이 더 악화될 수도 있다는 우려 때문이다(Dillman, Smyth and Christian, 2009). 사회조사가 학술연구뿐만 아니라 정책수립 및 집행과정에 기초자료를 제공하는 공공재(公共財), 중간재(中間財), 사회간접재(社會間接財)로서의 역할을 한다는 점을 진지하게 받아들인다면, '대표성, 체계성, 효율성'이라는 사회조사의 필요조건에 대한 이런 논의는 단순히 기술적, 방법론적 문제에 그치지 않고, 더욱 큰 사회적 함의를 갖는다(Anderson and Fienberg, 1999; National Research Council, 2007).

이 글에서는 이런 변화들 중 최근 사용빈도가 높아지고 있고, 특히 선거 관련 여론조사와 시장조사에서 조사업계의 표준으로 급속히 자리 잡아 가고 있는 두 가지 기법에 대해 그 문제점을 표본추출과 표집과정을 중심으로 논의해 보고자 한다. 먼저, 두 가지 기법 중 하나는 '혼합식 조사(MMS: mixed-mode survey, 또는 multi-mode survey)'다. 혼합식 조사는 조사대상에 대한 접근성의 악화 등 사회적 환경의 변화로 생겨나는 문제점들에 효과적으로 대처할 수 있는 대안을 찾아야 한다는 필요의 측면과 기술적 환경 변화와 함께 사용할 수 있는 자료수집의 도구들이 다양해졌다는 가능의 측면이 맞물리면서 점차 사용이 늘어나고 있는데, 특히 무응답 문제에 대한 '현실적'이고 '경제적'인 해결책의 하나로 도입되고 있다. 같은 맥락에서, 때로는 독자적으로 때로는 혼합식 조사의 한 부분으로 자리 잡아 가고 있는 것이 '(자원자) 웹패널(volunteer web panel)'이다.

구체적인 내용은 다르지만 각각에서 나름의 존재이유를 찾을 수 있는 만큼, 이들에 대한 논의는 현재 한국의 조사환경이라는 맥락에서 어떻게 이들이 구현되고 있는가에 초점을 두고 이루어져야 할 것이다. 다음 절에서 다루는 것이 이런 전체적 맥락에 대한 논의이다. 사회조사의 생태계라는 관점에서 현재의 상황을 살펴보고, 가장 쉽게 눈에 띄는 비용에 대한 근시안적 대증요법이 대표성, 체계성, 효율성이라는 사회조사의 기본적 요건과는 상반되는 결과를 낼 수 있다는 점을 지적한다. 본론에 해당하는 2절에서는 현재 쓰이고 있는 혼합식 조사와 웹패널을 비롯한 온라인/인터넷 조사의 구성과 절차, 문제점 등을 다룬다. 특히 이런 문제점들을 보정하기 위해 개발된 방법들이 얼마나, 또 어떻게, '모집단을 대표할 수 있는 표본의 추출이 가능한가?' 하는 가장 기본적인 질문에 답할 수 있는지를 논의하고, 이 문제가 제대로 다루어지지 않았을 때 발생할 수 있는 편향을 모의실험을 통해 살펴본다. 마지막 절에서는 앞서의 논의를 정리하고, 이 글에서 살펴본 새로운 방법들을 도입, 사용하는 데 취해야 할 구체적이고 실질적인 방안들을 선발주자의 경험에서 찾아본다. 그리고 그 실천을 위해 재정립이 요구되는 사고의 기본적 틀에 대한 제언으로 글을 맺는다.

## 1. 진단: 증상·병인

### 1) 서울, 2011년, ○사

지난해 한 중견 조사회사(이하 '○사'로 지칭)의 제안 설명을 들으면서 상당히 혼란스러웠던 경험이 있다. 제안의 내용 자체는 낯익은 것이었지만, 듣는 사람에게 혼란을 준 것은 '어차피 제대로는 못한다', '원칙은 원칙일 뿐이다', '이 정도면 된다', '다들 이렇게 한다'는 식의 제안의 기조였다. 기존의 방법들로는 '어차피' 표본 대표성을 얻을 수 없으니까 온라인을 포함한 자기 회사 방식의 혼합식 조사로 하자는 것이었고, 그 혼합식 조사에서도 사전, 사후의 절차들을 '제대로' 챙긴다는 것은 시간과 비용 면에서 비현실적이므로, 온라인의 경우 자기 회사의 웹패널을 쓰자는 것이었다. 현실적이어야 한다는 것에 기본적인 수긍을 할 수는 있지만, 그렇게 그려 낸 그림이 '실제'와 다르다면 어떻게 해야 하나? 더 나아가 그 그림이 실제와 맞는지 아닌지를 확인조차 할 수 없다면 어떻게 해야 하나?

〈그림 4-1〉 ○사의 표집방법

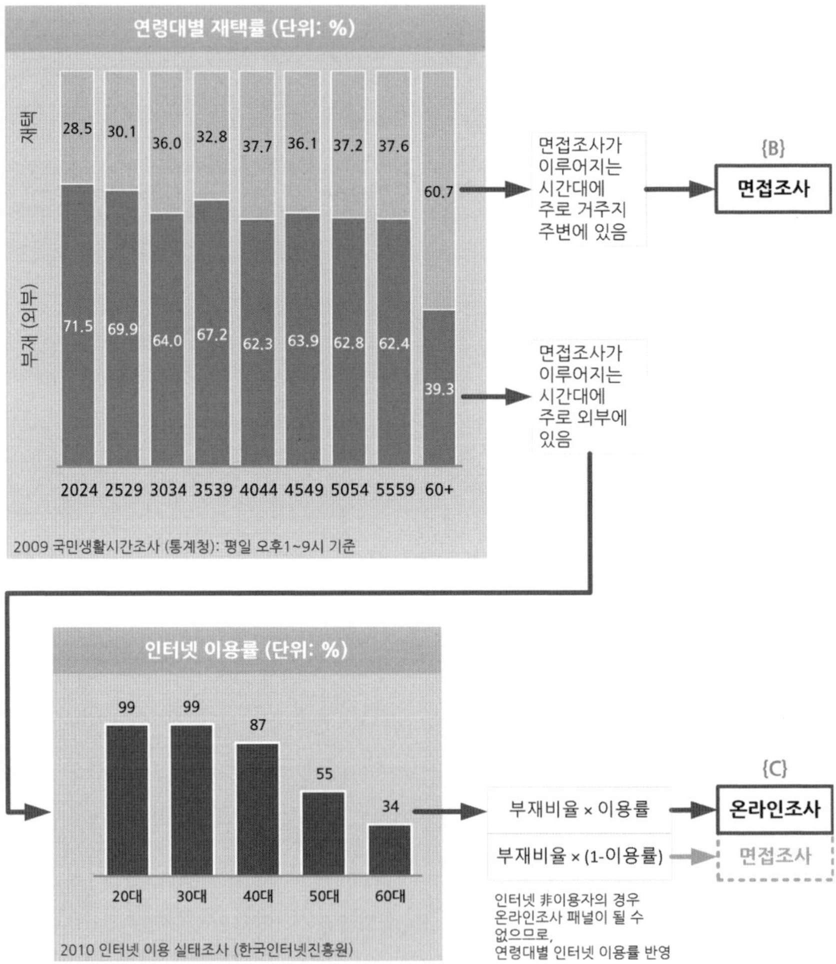

○사가 제안한 표집의 방법을 정리한 것이 〈그림 4-1〉이다. 다소 복잡해 보이지만 결국은 '재택', 즉 방문이 가능한 사람들은 면접으로, 그렇지 않은 경우는 온라인으로 조사하는 혼합식 방법이다.[2] 특히 결과적으로 표본의 과반수 이상을 만들어 내는 온라인 조사의 경우, ○사가 구성해 유지하고 있는 웹패널을 사용한다는 것이었다. 〈그림 4-1〉의 표집설계에서 상정하는 틀은 전체 모집단을 재택여부와 인터넷 이용여부로 나눈 〈표 4-1〉의 2×2 교차표로 정리해 볼 수 있다. 물론 표집의 대상이 되는 이론적 모집단은 {a, B, C, d}이다. 그러나 이 중 ○사가 실제로 표집하는 대상이 무엇인지는 분명치 않다. 원칙적으로는 두 방법 중 어느 것으로도 잡아낼 수 없는 {d}를 제외한 {a, B, C}이어야 한다. 하지만 현재 일반적으로 알려진 인터넷 사용자의 특성 분포를 고려하면서(이윤석 · 이지영 · 이경택, 2008; 임경은, 2009), 〈그림 4-1〉의 화살표를 짚어 가면, 실제 다다르는 곳은 면접조사를 통해 표집되는 {B}와 온라인조사를 통해 표집되는 {C}이다. 이 둘을 합친 {B, C}가 어떤 문제를 갖는지는 〈표 4-1〉의 하단에서처럼 구분 기준 중 하나를 좀 더 실질적인 예로 바꿔 놓고 보면 분명히 드러난다. 이 경우 {B, C}가 잡아내는 것은 인터넷을 이용하는 남성들({C})과 그렇지 않은 여성들({B})이고, 이 둘만으로 전체 인구를 대표하게 된다. 이런 방법이 대표성을 가질 수 있는 유일한 경우는 두 구분의 축 사이에 아무런 상관관계가 없을 때뿐이다.

더군다나 이 중 {C}에 해당하는 부분은 인터넷 이용이 가능한 실제의 모집단을 대상으로 하는 것이 아니라 ○사의 자원자 웹패널({C'})로 그 대상을 대체해 표집하는 것이다. 결국 표집대상은 {a, B, C}가 아닌 {B, C'}가 된다. 이 둘이 같아지려면, 엄밀하게는, {a}=∅, {C}={C'}라는 두 조건이 충족되어야 한다. 둘 모두 아무런 이론적, 경험적 근거 없이 쉽게 받아들일 수 있는 가정들이 아니다. 최대한 현실적인 고려를 하더라도 두 가지는 검토되어야

2. ○사는 이 방법을 '이중 표집틀 혼합식 조사(dual-frame MMS)'라고 부른다.

〈표 4-1〉 재택 및 인터넷 이용여부에 의한 표집대상 구분

| | | 인터넷 이용 | |
|---|---|---|---|
| | | 예 | 아니오 |
| 재택 | 예 | a | B |
| | 아니오 | C | d |

| | | 인터넷 이용 | |
|---|---|---|---|
| | | 예 | 아니오 |
| 성별 | 여성 | a | B |
| | 남성 | C | d |

한다. 하나는 전체 인구, 즉 모집단이 재택여부와 인터넷 이용여부라는 두 축을 기준으로 어떻게 분포되어 있는지를 알아야만 {a}의 크기를 추정할 수 있다는 점이고, 또 하나는, {C'}를 {C}의 확률표본으로 볼 수 없는 이상, {C}와 대비한 {C'}의 분포도 알아야 한다는 점이다.

그날의 제안 설명에서 이런 내용들은 언급되지 않았다.[3] 대신 자신들이 제안한 방법의 효용성을 보여 주는 근거로 제시한 것은 〈표 4-2〉에 정리한 두 개의 선거결과였다.[4] 어떻게 보면 현재 한국 조사현실의 총체적 위기상황에 대한 '예시1'처럼 보이는 이 자료를 통해 ○사가 보여 주려고 했던 것은 자신들의 조사가 다른 회사의 결과에 비해 상대적으로 오차가 작았다는 점이다. 하지만 과연 이 결과가 조사과정상의 여러 문제점들을 상쇄할 수 있을 만큼 튼튼한 것일까? 두 선거 중 한 군데에서만 예측에 성공했다는

3. 또 〈그림 4-1〉에 의하면 ○사가 웹패널을 표집에 사용하는 틀은 확률표집이 아닌 할당표집인 것으로 보인다. 할당표집의 문제점에 대해서는 구혜란·김석호(2011)를 참조하라. 이와 관련하여 또 하나 언급되지 않은 것은 그림의 오른쪽 하단에 나오는 [부재비율 × (1－이용률) → 면접조사]라는 부분으로, 〈표 4-1〉에서는 {d}에 해당하는 부분이다.

4. 다른 비교자료들은 모두 RDD 전화조사를 통해 이루어졌다.

〈표 4-2〉 ○사의 선거결과 예측

□□도 도지사 선거

| | 후보 가 (%) | 후보 나 (%) | 오차 (%) |
|---|---|---|---|
| 실제 | 47.7 | 52.3 | |
| K방송사 | 57.0 | 43.0 | -9.3 |
| A신문사 | 61.6 | 38.4 | -13.9 |
| E사 (MMS) | 52.2 | 47.8 | -4.5 |

△△△선거구 국회의원 선거

| | 후보 다 (%) | 후보 라 (%) | 오차 (%) |
|---|---|---|---|
| 실제 | 48.6 | 51.4 | |
| K방송사 | 49.4 | 50.6 | -0.8 |
| A신문사 | 57.2 | 42.8 | -8.6 |
| J신문사 | 47.9 | 52.1 | 0.7 |
| E사 (MMS) | 48.8 | 51.2 | -0.2 |

(2011년 4월 27일 재보궐선거)

것, 오차의 크기나 방향성이 불안정하다는 것 등을 차치한다 하더라도, 앞에서 언급한 문제점들을 고려할 때 이 결과만을 가지고 ○사의 조사방법과 표집틀이 현실을 제대로 반영하는지를 판단하는 근거로 삼을 수 있을까? 이런 우려에 더욱 무게가 실리는 것은 이것이 ○사에서만 발견되는 제한된 현상이 아니고 현재 국내에서 이루어지고 있는 조사들 전반에 나타나는 일반적인 것이기 때문이다(이흥철, 2002).

### 2) 사회조사의 생태계

사회조사의 수요자 쪽에서 원론적으로 기대하는 것은 분석하고자 하는 '모집단 전체를 대상으로 한 무작위 확률표본 추출'이라고 쉽게 규정할 수 있다. 반면에 실제로 공급되는 자료의 성격을 규정하기는 쉽지 않다. 조사자료의 생산과정에 여러 요인이 복합적으로 연관되어 있기 때문이다. 이 복합적 연관성을 잘 나타내는 개념이 '사회조사의 생태계'다. 통신기술을 중심으로 하는 기술 환경, 각종 조사의 수요를 결정하는 시장 환경, 관련법과 제도를 포함하는 사회 환경 등 다양한 외재적 요인과 조사의 이론/방법론의 개발과 적용이라는 내재적 요인이 합쳐져 사회조사의 생태계라는 틀이 만들어지고, 사회조사를 생산하는 공급자와 소비하는 수요자는 그 틀 안에서 각자 자신의 위치를 찾는다. 이 생태계는 끊임없이 변하기 마련이고, 그런 변화는 당연히 사회조사의 양과 질에 영향을 미친다(de Leeuw, 2005; de Leeuw and Hox, 2011).

이 관점에서 한국의 사회조사 생태계를 볼 때 가장 먼저 눈에 띄는 것은 양적인 면에서 엄청난 성장을 해 왔다는 것이다. 한국사회과학자료원(KOSSDA)이 2012년 3월 현재 소장하고 있는 자료들의 조사 연도 분포(〈그림 4-2-가〉)를 통해 이 추세를 살펴보면, 1960년대부터 현재까지 50년에 걸친 기간 동안 조사의 수는 기하급수적인 증가세를 보인다는 것, 특히 1980년대와 1990년대를 거치면서 급속하게 그 생산규모가 커졌다는 것을 확인할 수 있다.[5] 이 성장의 외연과 함께 또 하나 주목해야 할 것은 조사방법에

5. 〈그림 4-2〉를 한국 사회조사의 전반에 나타나는 추세로 읽기 위해서는 두 가지 사항을 고려해야 한다. 그 하나는 2006년 한국사회과학자료원(또는 1983년 그 전신인 한국사회조사데이터아카이브)이 설립되기 이전의 자료들을 소장하는 과정에서의 시간경과로 인한 제약(예, 자료유실)과 그로 인한 편향이다. 즉 초기의 자료들일수록 수집가능성이 낮다는 점이다. 또 하나는 이 소장목록에 포함된 자료들은 주로 사회과학과 그 연관분야의 것들로 그 외 분야의 조사자료들은 포함하지 않는다는 점이다. 이 두 가지를 고려하더라도 〈그림 4-2〉의 대체적 추세는 변

〈그림 4-2〉 한국의 사회조사, 1960~2010

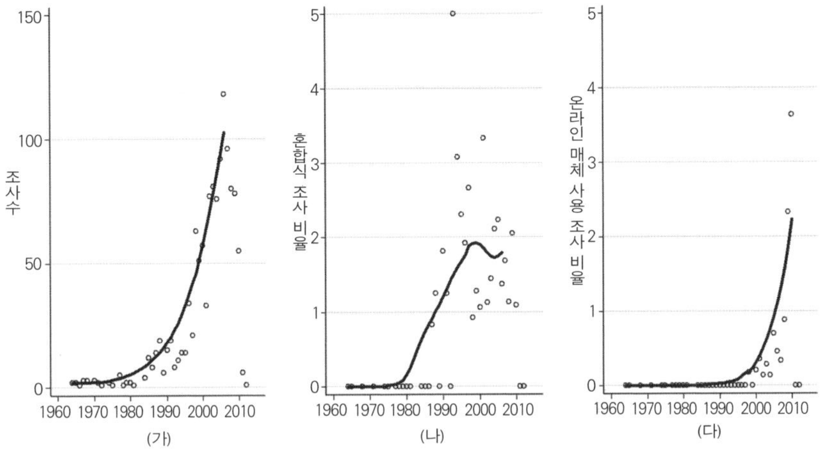


자료: 2012년 3월 현재 한국사회과학자료원(KOSSDA)이 소장하고 있는 총 1,194건의 조사자료를 대상으로 함.

서의 변화다. 〈그림 4-2-나〉와 〈그림 4-2-다〉에서 보이듯, 1980년대 중반부터 우편, 전화 등의 매체를 면접과 함께 사용하는 혼합식 조사방법의 비중이 크게 높아졌고, 2000년대에 들어오면서는 이메일이나 인터넷 등 온라인 매체를 단독으로 또는 혼합식 방법의 일환으로 사용하는 조사의 수가 빠르게 늘어가고 있음을 볼 수 있다.

〈표 4-3〉은 지난 75년간 서구에서 경험한 사회조사 생태계의 변화들을 정리해 보여 준다(Dillman, Smyth and Christian, 2009: 2). 기간이 상대적으로 짧고, 따라서 변화의 속도가 조금 더 빠르기는 했지만, 그 흐름의 방향은 한국에서도 대체로 같았음을 볼 수 있다(차종천, 2005; 김상욱 외, 2011). 이 기간 중 저자들이 특히 주목하는 것은 '격동의 시기(turbulent times)'라고 부르는 1990년대 이후의 상황이다. ①에서 ⑥까지의 어느 면을 보든 현재의 상황

---

함이 없을 것으로 본다.

〈표 4-3〉 응답자의 조사과정 참여와 통제의 시대적 변화

| 조사의 측면 | 1960년대까지 | 1970년대와 1980년대 | 1990년대부터 현재까지 |
|---|---|---|---|
| ① 접촉의 직접성 | 높음: 응답자 가구를 직접 방문해 대면접촉 | 중간: 전화연결을 통한 원격 접촉 | 낮음: 기기와 프로그램을 통한 접촉 |
| ② 조사에 대한 신뢰기반 | 높음: 조사자의 현장 실재에 의한 다양한 강화작용 | 중간: 음성의 현재감과 대응성에 의한 강화작용 | 낮음: 허위나 잠재적 유해성 등에 대한 우려 |
| ③ 개별 접촉시간 | 높음: 조사자가 응답자를 방문, 일대일로 정보 수집 | 중간: 일대일이지만 접촉에 드는 노력은 최소화 | 낮음: 개별 접촉시간은 최소 또는 전무 |
| ④ 개별 접촉밀도 | 높음: 응답자 소재 확인과 면접을 통해 유지 | 중간: 순차적으로 통화 시도 | 낮음: 대량 이메일 |
| ⑤ 응답자의 접근 통제 | 낮음: 가구 접근 용이 | 중간: 미등재 번호, 자동응답기, 수신 모니터링 등 | 높음: 발신자 확인, 수신차단, 이메일 필터 등 |
| ⑥ 응답자의 참여 여부 선택 | 낮음: 대면접촉 중단 필요 | 중간: 전화통화 종료 용이 | 높음: 사전 동의과정 필요, 참여거부 사회적 인정 |

출처: Dillman, Smyth and Christian(2009: 2). Figure 1.1.

이 낙관적이지 않은 것은 분명하다. 핵가족화와 가족해체, 여성취업률 증가, 주거형태의 변화와 같은 사회적·인구학적 추세에서부터 휴대전화(mobile phone), 도어락(doorlock) 등 일상생활에 쓰이는 기기의 보급에 이르기까지 다양한 요인들이 가져온 조사환경의 변화가 응답자들에 대한 접근을 점점 더 어렵게 만들었고(⑤,⑥),[6] 따라서 실제 조사과정에서 접촉의

6. 이 같은 추세들이 사회조사에 얼마나 큰 영향을 주는지의 한 예로 통계청의 "장래가구추계: 2010년~2035년"(2012b)을 살펴보자. 이 자료에 따르면, 2010년 1인 가구수는 415만 3천 가구로, 전체가구 수의 23.9%에 해당한다. 이 비율은 2012년 현재 25.3%로 가구원수별 가구구성비에서 가장 큰 비중을 차지하고 있을 것으로 추정되고, 2035년에는 전체의 34.3%로 삼분

깊이를 잃게 되었으며(③,④), 그에 대한 대책('궁여지책')으로, 문제점이 있음에도 불구하고 새로운 매체와 기법을 사용하고 있다는 것이(①,②) 이 표에서 내리는 진단이다(Groves and Couper, 1998; Smith, 2010).

이런 관점에서 〈표 4-3〉에서 구분한 세 시기를 비교해 보면 가장 중요한 변화는 조사의 비용과 효율의 변화이다. 즉, 이 둘 사이의 긴장관계와 그 해소방법의 탐색이 지난 75년간 서구에서 관찰된, 그리고 우리가 지난 50년간 경험한, 사회조사 생태계의 변화를 추동(推動)해 온 주된 내적 요인이었던 것으로 보인다. 초기의 저비용-고효율 환경이 점차 고비용-저효율로 바뀜에 따라 비용은 낮추고 효율은 높이기 위한 새로운 도구와 기법들을 끊임없이 탐색해 온 과정으로 이 표의 내용을 이해할 수 있기 때문이다(de Leeuw and de Heer, 2002; Groves et al., 2009).

그 과정에서 개발되어 현재 쓰이고 있는 다양한 조사방법들을 비용을 기준으로 살펴보면 '온라인 < 우편 < 전화 < 면접'순으로 정리할 수 있다. 국가와 상황에 따라, 또 조사의 유형에 따라, 구체적 액수에는 차이가 있지만, 대체로 온라인조사에 드는 비용은 면접조사의 십분의 일, 또는 그보다 더 적은 것으로 알려져 있다(de Leeuw, 2005). 이 비용구조가 사회조사 생태계에 어떤 영향을 줄지는 자명하다. 생태계의 먹이사슬에서 비용은 바로 '먹이'에 해당하기 때문이다.

이렇게 한쪽으로 기운 비용구조로 인한 '쏠림현상'을 막아 내기에는 역부족이지만, 마지막 남은 유일한 견제의 방편은 효율의 문제를 다시 제기하는 것이다. 효율은 비용과 산출의 대비이다. 따라서 산출, 즉 조사의 양과 질이 유지되지 않으면 비용을 낮추는 것만으로 효율을 높일 수는 없다는 것을 환기시키는 것이다. ○사의 경우에서 보이는 것처럼, 최근에 도입되

---

의 일 선을 넘을 것이라는 전망이다. 이런 증가추세는 사회조사에 큰 문제점을 던진다. 이들이 가구방문이라는 전통적인 방법으로 가장 포착하기 힘들었던 집단이기 때문이고, 또 웹패널로 대체하기에도 어려움이 있기 때문이다.

〈그림 4-3〉 조사회사 광고의 예

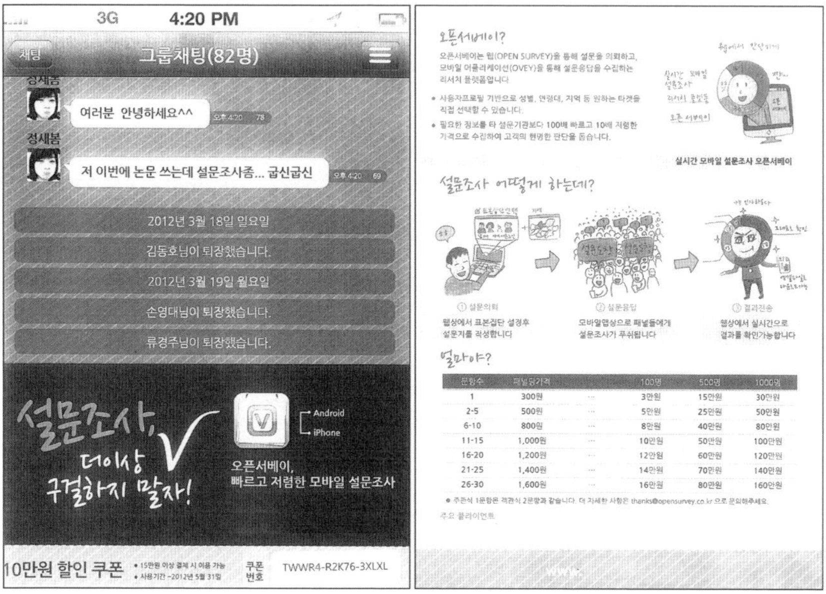


고 있는 방법들은 표본의 크기나 응답률 등 양적인 측면의 산출을 확보하는 데 일차적 주안점을 두고 있고, 그 부분에서 상당한 성과를 거두고 있는 것으로 보인다. 심지어 어떤 조사회사는, 〈그림 4-3〉에서 보이는 것처럼, "100배 빠르고 10배 저렴한 가격으로" 필요한 정보를 수집할 수 있다고까지 한다.

문제의 핵심은 자료의 질이다. "자료의 질에 대한 고려 없이 비용만을 논하는 것은 아무런 의미도 없다"던 데닝(Deming, 1960)의 경고가 아니더라도, 〈그림 4-3〉에서처럼 100배 빠르고, 10배 싸게 만든 자료가 조사대상에 대하여 제대로 된 정보를 주지 못한다면, 그 자료를 만드는 과정에서의 효율은 무슨 의미가 있을까? 이런 관점에서 볼 때, 현재의 추세에서 가장 심각한 문제는 보통 '표본'이라고 할 때 기본적으로 가정하는 '모집단 전체를 대상으로 한 무작위 확률표본 추출'이라는 원칙과 이상에서 아무런 고민이나 방향감각 없이 이탈해 가고 있다는 것이다. '어차피 제대로는 못한다', '원칙은 원칙일 뿐이다', '이 정도면 된다', '다들 이렇게 한다'는 식의 '현실 논리'는 결국 만들어 내는 자료의 질이 어떻든, 싸게, 빨리, 많이만 만들면 된다는 논리로 이어지고, 그것을 효율성이라고 부른다면 그 효율성은 대표성과 체계성을 갖추지 못한 '부실공사'의 효율성이다. 사회조사에 거는 당위적인 기대, 사회조사의 기초적 역할에 대한 공감대는 이 기본적인 가정에 근거하고 있다. 그리고 그 기초가, 또 그 기초에 대한 신뢰가 흔들리면 조사 생태계 전체가 위협받게 된다.

## 2. 처방: 효능·효과

### 1) 혼합식 조사

현재 이런 조사환경의 변화에 대한 대응은 주로 기술적인 방법을 통한 것이고, 그중 가장 대표적인 것이 혼합식 조사다. 앞에서 다룬 사회조사 생태계의 변화가 전통적인 방식의 조사를 어렵게 하고 있다는 문제의식에서 출발해, 한편으로는 '온라인 < 우편 < 전화 < 면접'의 비용구조, 또 한편으로는 표집범위오차(coverage error), 표집오차(sampling error), 무응답오차(non-response error), 측정오차(measurement error) 등 자료의 질을 결정하는 다양한 요인들을 고려하면서, 다양한 조사방법들의 장단점과 상대적 효율성에 대한 검토에 바탕을 두고 이들을 상호보완할 수 있도록 합친다는 전략이다. 원론대로라면 상당한 매력을 가지는 전략이고(Roberts, 2007; Revilla, 2010), 특히 표집범위나 무응답과 관련된 문제들의 상당 부분을 혼합을 통해 '경제적으로' 해소할 수 있을 것이라는 기대가 이 방법이 널리, 그리고 빠르게 보급된 중요한 이유가 되었다(de Leeuw, 2005; Dillman, Smyth and Christian, 2009; Martin, 2011).[7]

미국의 통계청에서 실시하고 있는 미국커뮤니티조사(American Community Survey, ACS)가 혼합식 조사의 가장 성공적인 예로, 매년 실시되는 표본크기 이백만 규모의 전국조사에서 우편, 전화, 면접의 세 가지 방법을 순차적으로 적용하여 〈표 4-4〉에서 보이듯이 95%가 넘는 응답률을 얻어내고 있다.[8] ACS에서는 우선 가장 비용이 저렴한 우편을 통해 표집대상의 절반이 넘는 응답자에 대한 자료를 얻고, 그다음 전화접촉을 통해 응답률을 추가

〈표 4-4〉 ACS의 표본 크기와 자료의 질

| 년도 | Housing Units | | | Group Quarters Population | | |
|---|---|---|---|---|---|---|
| | Sample Size* | Response Rates (%) | Coverage Rates (%) | Sample Size* | Response Rates (%) | Coverage Rates (%) |
| 2010 | 1,917,799 | 97.5 | 99.1 | 144,948 | 97.6 | 81.0 |
| 2009 | 1,917,748 | 98.0 | 98.9 | 146,716 | 98.0 | 79.1 |
| 2008 | 1,931,955 | 97.9 | 98.7 | 145,974 | 98.0 | 80.8 |
| 2007 | 1,937,659 | 97.7 | 98.5 | 142,468 | 97.8 | 79.6 |
| 2006 | 1,968,362 | 97.5 | 98.7 | 145,311 | 97.4 | 76.2 |
| 2005 | 1,924,527 | 97.3 | 98.5 | N/A | N/A | N/A |
| 2004 | 568,966 | 93.1 | 97.9 | N/A | N/A | N/A |
| 2003 | 572,447 | 96.7 | 97.9 | N/A | N/A | N/A |
| 2002 | 512,768 | 97.7 | 97.2 | N/A | N/A | N/A |
| 2001 | 601,875 | 96.7 | 97.6 | N/A | N/A | N/A |
| 2000 | 587,519 | 95.1 | 99.6 | N/A | N/A | N/A |

주) * Number of final interviews.

7. 혼합식 조사가 보급, 확산되면서 국내에서도 이에 대한 관심이 기대 반, 우려 반의 형태로 나타나고 있다. 2011년 한국조사연구학회 춘계학술대회에서 "다매체시대 여론조사 발전의 가능성"이란 제목으로, 또 추계학술대회에서 "뉴미디어를 이용한 여론조사 방법의 패러다임 변화"라는 제목으로 조직된 기획세션들이 이런 관심을 반영한다.

8. www.census.gov/acs/www/. 특히 방법론 부분의 '표본 크기와 자료의 질'에 대한 항목을 보라.

로 끌어올린 후, 마지막으로 가장 비싼 방법인 방문면접을 통해 95% 이상의 최종응답률을 확보한다(Griffin and Obenski, 2002). 비용의 측면을 감안하면서도 자료의 질을 수준 높게 유지할 수 있는 최적의 배합을 찾은 경우다. 하지만 많은 경우, 이 균형은 '제대로 하기'보다는 '싸게 하기' 쪽으로 기운다. 또 자료의 질을 고려할 때도 위에서 언급한 자료의 질을 결정하는 네 가지 요인 모두에 대해 고르게 관심이 주어지기보다는 기술적 해결이 쉬운 무응답오차를 줄이는 데 집중적으로, 때로는 독점적으로 주어진다.

이런 균형과 비중의 문제가 아니더라도 혼합식 조사는 혼합의 과정 자체에서 오는 자료의 온전성, 또는 일체성의 문제를 갖는다. 두 가지 이상의 조사방식을 통해 만들어진 자료를 하나로 묶어 쓰기 위해서는 합쳐지는 자료들이 등가(equivalent), 또는 비교가능(comparable)하다는 것을 전제할 수 있어야 한다. 즉 조사방식의 차이가 그 방식들을 통해 만들어진 자료에도 영향을 주어 편향으로 남아 있어서는 안 된다는 것이다. 이런 차이를 '방식효과(mode effect)'라고 부르는데, 방식효과의 생성기제는 크게 두 가지로 정리된다. 하나는 조사방식에 따라 표집대상의 정의와 범위가 달라져 응답자들이 선별적으로 뽑히는 데서 생기는 차이이다. 예를 들면, 모바일 폰을 통한 조사와 유선전화를 통한 조사에서 노년층과 청년층의 접촉가능성은 매체에 따라 현격한 차이가 나는데, 이 둘을 하나의 자료로 묶어 낼 때 생기는 문제점에 대한 것이다(Link et al., 2007). 또 하나는 조사방식에 따라 응답의 내용이 달라지는 데서 생기는 차이로, 잘 알려진 예가 민감한 사생활이나 개인 정보에 대한 설문문항에서 면접과 인터넷 조사 간에 뚜렷한 차이가 있다는 것이다(Revilla, 2010; Vannieuwenhuyze, Loosveldt and Molenberghs, 2010; Martin and Lynn, 2011). 조사방식이 조사의 과정과 그 결과로서의 자료에 영향을 주는 만큼, 각기 다른 방식에 의해 만들어진 자료들이 차이를 보인다는 것 자체는 예상할 수 있는 일이다. 이렇게 차이가 나는 자료들을 혼합했을 때 방식효과로 인해 생기는 차이와 실질적인 효과로 인해 나타나는 차이가 서로 섞여 구분해 낼 수 없게 된다는 데서 문제가 생긴다. 아래에서 더 다루겠지만 이 방식효과의 문제에 대해서는 현재 많은 연구가 진행되고 있고, 다양한 기술적 대안들이 제시되고 있다.

### 2) 온라인/인터넷 조사와 웹패널

2000년 한국에서 조사연구학회가 만들어지면서 창간된 『조사연구』의 제1권 제1호에 권두논문으로 실린 글은 이계오의 "통계 조사의 현황과 전망"이었다. 그 글에서 저자는 앞으로 인터넷 조사가 전화조사를 '대체'할 것이라고 전망하면서, 그 이유로 낮은 조사비용, 짧은 소요기간 등 인터넷 조사의 월등한 효율성을 들고 있다. 이 '효율성'에 인터넷이라는 새로운 기술에 대한 막연한 호기심과 과장된 기대가 섞이면서 인터넷 조사는 급속히 확산되었고, 앞으로도 그 활용은 더욱 늘어날 것이 분명하다(Couper, 2000; Dillman, Smyth and Christian, 2009). 하지만, "일반적인 모집단을 대표할 수 있는 표본추출의 틀을 얻을 수 없는 경우가 많다"는 이계오(2000: 9)의 지적에서처럼, 이러한 비용 면에서의 낙관적 전망은 그것이 갖는 방법상의, 특히 자료의 질 측면에서의, 문제점과 함께 고려되어야 한다(Sparrow and Curtice, 2004; de Leeuw, 2005).

문제의 핵심은 인터넷, 온라인이라는 매체의 선택에 따라 표집의 기본적인 틀이 바뀐다는 것이다.[9] 우선 표집의 목표모집단 자체가 이 매체를 통해 접촉이 가능한가의 여부로 규정되어 '편의표집'의 성격을 갖게 되고, 이런 접촉대상 중 누가, 어떻게 참여하느냐에 따라 '자발표본'이 되기도 한다(조동기, 2000; Taylor, 2000). 그 결과 표본의 대표성에 문제가 생기는데, 이렇게 표집확률이 알려져 있지 않거나 통제되지 않은 비확률표집의 경우 확률에

9. 앞에서 언급한 방식효과의 두 번째 측면에서도 인터넷을 통한 조사는 인터페이스(interface)의 특성에서 기인하는 여러 가지 차이점들을 보인다(Krug, 2005).

근거한 통계이론을 적용할 수 없게 되고, 따라서 유의확률이나 오차범위 등 통상적인 검증절차를 사용할 수 없게 된다. 인터넷 조사의 질에 대해 긍정적인 평가를 내리는 경우에도, 아직은 마케팅 관련 조사나 제한된 특정 집단을 목표로 하는 조사 등에서 보인 효과가 인터넷 사용의 일반화와 더불어 확대 적용될 수 있을 것이라는(박무익, 2000), 또 대표성 문제에 대한 방법론적 해결책이 조만간 개발될 것이라는 '전망'에 기초하고 있는 것이 대부분이다(조성겸 · 강남준, 2003; Roster et al., 2004). 하지만 이런 전망의 실현을 위해서는 여러 가지 검토와 사전 정지작업이 필요한 것으로 보인다(예, 조성겸 · 주영수 · 조은희, 2005; 이윤석 · 이지영 · 이경택, 2008).

특히 이 조사방법을 최근 많은 조사 회사들이 확보해 운영하고 있는 자원자 패널과 결합시켜 사용할 때, 이런 문제점들은 더욱 첨예하게 드러난다(이홍철, 2002; 허명회 · 조성겸, 2010). 예를 들면, ○사의 경우, 50만 명이 넘는 큰 규모의 패널을 확보해 운영하고 있는데, 이 자원자들의 속성과 그 분포, 또 그것이 목표모집단과 어떤 식으로 얼마나 상응하는지 등을 결정하는 요인과 절차들에 대해 상세하게 공개하지 않고 있다.[10]

인터넷, 또는 온라인 조사라는 틀 안에서도 확률표집을 포함한 여러 조사형태가 가능하다. 쿠퍼(Couper, 2000)는 〈표 4-5〉와 같이 이들을 크게 확률표집에 근거한 것과 그렇지 않은 것으로 나누는데, 최근 도입되고 있는 방법들은 대부분 후자(왼쪽 열)에 속하는 것들로 대표성의 측면에서 문제가 가장 심각한 것들이기도 하다. 가령, 주어진 정보만으로는 정확히 판단

10. 2011년 5월 기준. ○사는 제안설명 자료에서 자신들의 패널현황을 소개하면서 "철저한 패널 관리를 통한 높은 반응률을 기반으로 어떠한 조사라도 신속/정확히 수행할" 수 있다고 한다. 더 구체적으로, "패널 전원에 대해 본인/실명 확인 절차를 거쳐 신뢰성을 확보한 패널을 구성"하고, "자신들만의 지속적이고 다양한 패널 관리기법 개발을 통해 패널들의 로열티를 확보"하고 있으며, "다년간 쌓은 관리기법과 패널 DB를 통해" 조사결과의 신뢰성을 확보하고 있다고 말하고 있다. 이 분야에서 세계적으로 가장 널리 알려진 Harris Poll Online의 경우에도 2000년 8월 기준으로 650만 명이라는 엄청난 규모의 패널을 확보하고 있지만 그 구성에 대해서는 상세한 정보를 공개하지 않고 있다(www.harrispollonline.com).

〈표 4-5〉 온라인 조사의 형태

| 확률에 근거하지 않은 방법 | 확률에 근거한 방법 |
|---|---|
| 1. Polls as entertainment<br>2. Unrestricted self-selected surveys<br>3. Volunteer opt-in panels | 4. Intercept surveys<br>5. List-based samples<br>6. Web option in mixed-mode surveys<br>7. Pre-recruited panels of Internet users<br>8. Pre-recruited panels of full population |

출처: Couper(2000: 477), Table 2.

할 수 없지만, 〈그림 4-3〉에서 본 방법은 이 중 2번에 가까운 것으로 보인다. ○사가 쓰고 있는 방법은 7번에 가까운 것으로 보이지만, 〈그림 4-4〉에서 보이는 자원자 패널의 구성절차가 제대로 알려지지 않는다면 3번으로도 보일 수 있다. 당연한 것이지만, 2번이나 3번처럼 확률에 근거하지 않은 방법에 의해 얻어진 표본은 확률 이론을 이용하여 모수를 추정할 수 없고, 따라서 표본을 근거로 모집단의 속성을 일반화하거나 추론하는 것이 불가능하다. 그리고 이런 대표성의 문제는 표본의 크기를 늘린다고 해결되는 것이 아니다. 즉, 패널의 규모와 자료의 대표성 간의 상관관계가 단순선형이 아닌 만큼, 패널의 규모를 두 배로 늘린다고 자료의 질이 두 배로 좋아지지는 않는다. 오히려 같은 방법, 같은 절차로 패널의 규모를 늘리면, 편향은 그대로 유지되고, 심지어 더 강화되어 나타날 가능성도 있다.

자원자패널은 〈그림 4-4〉와 같은 절차를 거쳐 만들어진다(Lee, 2006). 각각의 단계도 중요하지만 이 모든 절차들이 하나의 사슬로 엮여 있어서, 이 중 하나의 고리라도 약해지면 사슬 전체가 그만큼 약해지게 된다. 특히 ③의 웹패널(web survey panel)이 구성되기까지의 두 초기 단계가 결정적인데, 이 과정들에 대한 정확한 정보와 이해 없이 ⑤가 ①을 대표할 것이라고 가정하는 것은 위험한 일이다. ①에서 ②로 넘어가는 단계에서 확인되어야 할 것은 표집범위의 문제이다. 즉, 웹을 사용하는, 온라인을 통해 접촉이 가능한 인구가 전체 목표모집단에서 어느 정도를 차지하는지, 그리고 그

〈그림 4-4〉 자원자 웹패널의 구성과 절차

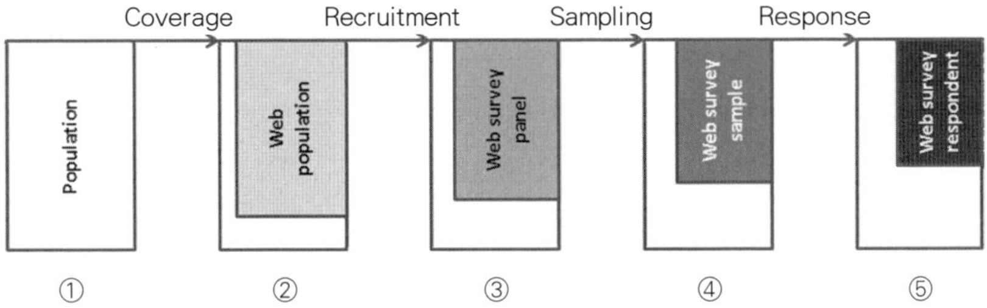


출처: Lee(2006: 330), Figure 1.

인구가 모집단 안에서 특별한 편향성 없이 분포되어 있어서 이 방법을 사용하더라도 대표성을 갖는 표집이 가능한지의 문제이다. 인터넷의 보급이 늘면서 일반적 적용의 가능성이 점차 확대되기는 하겠지만(박무익, 2000), 이 매체를 통한 접촉 가능여부가 조사자료에 아무런 편향을 미칠 수 없게 되는 완전한 보편화의 단계에 이르기 전까지는 대표성이라는 근본적인 문제가 남아 있게 된다.

그다음 문제는 ②의 대상 중 누가 어떻게 참여해 ③을 구성하느냐 하는 것이다. 일반적인 자발표본의 문제에 더해 패널 모집과정에서의 다른 잠재적 편향까지 겹쳐지면(예, "Do surveys, get free money", "money4surveys.com"에서 보는 것처럼 금전적 요인이 응답자 유치의 수단이 되면), 표본 대표성의 문제는 더욱 심각해진다.[11] 따라서 이런 과정과 절차에 대한 정보는 수요자 측에서는 반드시 요구해야 하고, 또 공급자 측에서는 당연히 제공해야 한다(Baker et al., 2010). 이 투명성의 문제는 그저 도덕적 차원의 것이 아니라, 확률표집이 아닌 방법으로 만들어진 표본에서 얻은 결과들을 이해하고 해

11. 또 하나 문제되는 부분이 ④에서 ⑤로 넘어가는 단계이다. 패널 참여자 중 조사에 적극적으로 참여하는 사람들('활성조사자')과 거의 참여하지 않는 사람들('비활성조사자')은 뚜렷하게 구분된다. 하지만 패널 참여자들에 대한 개인정보를 가지고도 왜 누구는 조사에 자주 참여하고, 누구는 참여하지 않는지, 또 그러한 차이가 어떤 문제를 야기하는지에 대한 설명은 내놓지 못하고 있다.

석·적용할 수 있도록 하기 위해 남아 있는 유일한 수단이기 때문이다.

### 3) 기술적 보정의 가능성과 한계

이런 방법들이 현재 국내외 조사업계에 빠른 속도로 전파되고 있는 만큼 위에서 제기한 여러 문제점들에 대한, 특히 '모집단을 대표할 수 있는 표본의 추출이 가능한가?' 하는 가장 기본적인 질문에 대한 검토가 더욱 중요해진다. 지금까지의 연구들은 주로 이런 방법들을 사용했을 때 생길 수 있는 편향에 대한 방법론적·기술적 보정에 집중하고 있는데, 크게 두 방향으로 이루어지고 있다. 하나는 결합추정방식이다. 두 가지 이상의 방법으로 조사를 진행한 후, 이 결과들을 결합하여 서로를 보완하고 수정하는 것이다.[12] 또 하나는 성향가중치(propensity score)를 이용한 보정방법이다. 특정한 조사방식에 의해 조사될 성향을 조정변수들로 모형화해 가중치를 구하는 것이다. 중요한 것은 이 중 어느 방법을 쓰더라도 보정을 위해서는 준거가 있어야 하고, 그 보정의 근거는 모집단의 분포가 되어야 한다는 것이다. 따라서 이런 준거가 부실하면 사후조정은 어느 방법을 쓰든 효과적일 수 없다(Couper, 2000; Lee, 2006; 이계오·장덕현, 2009; 조성겸·박아현·허명회, 2011).

특히 후자의 성향가중치를 이용한 보정방법은 최근에 많은 주목을 받고 있는데, 나이와 성별, 거주지역 등 기본적인 인구통계학적 속성의 분포를 기준으로 이루어지던 종래의 가중치 부여방법에 대한 문제제기에 따라 제안된 방법이다(Rosenbaum and Rubin, 1983; Rubin, 1997; D'Agostino and Rubin, 2000). 조사방법이 무작위 확률에 근거해 결정된다면 성향가중에 사용되는

---

12. 결합 후의 보정, 특히 방식효과로 인한 편향의 보정을 위해서는 마찬가지로 준거가 있어야 하고, 그 준거를 얻기 위해서는 작은 규모라 하더라도 체계적·확률적으로 표집된 조사가 주어져야 한다. 이를 방식실험(mode experiment)이라고 부른다(de Leeuw, 2005; de Leeuw and Hox, 2011).

변수들과 조사방법은 조건부 독립의 관계일 것이다. 하지만 앞에서 다룬 혼합식 조사나 온라인/인터넷 조사, 특히 자원자 웹패널의 경우, 그런 원칙적인 관계가 성립할 가능성은 크지 않다. 그 결과 생겨나는 편향을 보정해 전체적인 균형을 맞추기 위해서는 그 편향이 어떻게 만들어지는가에 대한 이해가 필요한데, 성향가중모형을 이용한 보정에서는 이를 관찰된 자료로부터 추론하는 방법을 쓴다(Rosenbaum and Rubin, 1983; Valliant and Dever, 2011).

대부분 기초적인 인구통계학적 변수들과 더불어 응답자의 특성을 설명할 수 있고 예측변수와의 공변량이 높은 변수들을 성향가중을 위한 변수로 선택하는데, 이 보정방법의 기본적인 틀은 일련의 조정변수들이 주어졌을 때 응답자가 특정한 한 방식에 의해 조사될 가능성, 즉 조건부 확률을 모형화해 가중치를 구하는 것이다. 성향가중치를 이용한 보정이 조사자료의 편향을 완전히 제거하지는 못하지만 어느 정도 줄이는 효과가 있다는 데는 의견이 모아지고 있지만, 그에 따르는 문제점에 대한 논의도 있다.[13]

앞에서 언급했듯이 이 경우에도 준거표본은 필수적이다. 경우에 따라 이론적 표집틀을 같이하는 외부 자료에서 (유사)준거치를 구해 준거표본을 대체하기도 하지만,[14] 어떤 경우에도 보정을 위한 가중치의 값은 실제표본과 준거표본의 상대적 비율을 통해서만 얻어질 수 있다(Lee, 2006: 334; 허명회·조성겸, 2010; 조성겸·박아현·허명회, 2011). 따라서 이 방법을 쓰는 경우, 보정의 성공여부는 일차적으로 준거자료의 질에 의해 결정된다. 조정을 위한 변수들의 선정, 즉 성향가중모형의 타당성과 적합성 등은 이 일차적 요건이 충족된 다음에 고려해야 할 사항들이다(Couper, 2000).

---

13. 예를 들면, 이성희(Lee, 2006)는 추정치의 분산 증가에 대해 주의를 요구하고 있다. 또 하나는 성향가중치를 사용해 조정된 변수들을 실제 분석에서, 특히 평균값이나 비율 등의 단순추정치를 넘어서는 분석모형에서 어떻게 사용할 것인가 하는 것이다(Gelman, 2007a; 2007b).
14. 이 경우에도 통계청 등의 자료로부터 전체적인 분포를 원용해 올 수는 있지만 해당 조사의 표집틀과 일치하도록 조정하는 추가적 작업이 필요하다.

다시 정리하자면, 조사비용도 줄이면서 표집범위오차와 무응답오차까지 줄일 수 있다는 기대가 이런 다양한 시도들을 추동하고 있고, 또 어느 정도의 성과를 내고 있는 것도 사실이다. 하지만 어떤 방법을 쓰든 그 방법의 적부를 고려하는 데 가장 중요한 것은 모집단과 표본이 연결되는 틀의 구조, 즉 표집의 범위, 기제와 과정이다. 이 틀의 기본구조가 제대로 짜여 있지 않으면, 또 표집의 범위, 기제와 과정에 대해 제대로 파악하고 있지 않으면, 보정방법을 어떻게 쓸 것인가와 보정결과를 어떻게 읽을 것인가 하는 문제에 대한 혼란을 피할 수 없다.

### 4) 모의실험 결과

현재 이런 방법들을 사용하는 조사는 〈표 4-2〉에서 본 ○사의 선거조사처럼 평균값이나 비율 등의 단순추정치를 얻기 위한 것들인 경우가 대부분이다. 여기서는 위에서 다룬 문제점들이 구체적으로 어떻게 드러나는지를 보기 위해, 선거조사의 경우를 사례로 삼아 간단한 모의실험(simulation)을 해 보았다.

우선 통계청의 전국인구추계에 따라 2011년 시점의 연령별 분포에 맞춘 인구 10만 명 규모의 가상선거구를 만들었다.[15] 현행법상 투표권의 기준인 만19세를 고려하여 이 중 가상유권자 7만 7,432명을 추출하고, 이들에게 ○사가 사용한 자료(〈그림 4-1〉)의 연령별 확률에 따라 재택여부와 인터넷 이용여부 값을 부여했다.[16] 이렇게 구성된 가상유권자 인구의 접근가능성에 따른 분포는 〈표 4-6〉과 같다. 문제는 이 중 어느 부분이 표집의 대상이 되는가 하는 것이다. 표집대상이 달라짐에 따라 각각의 표본이 모집단의

15. http://sgis.nso.go.kr/pyramid/view_country.asp

16. 예를 들면, 20세부터 24세까지의 인구는 이항분포(binomial distribution)를 따라 28.5%의 확률로 '재택'이 되도록 해당 변수의 값이 주어졌다.

〈표 4-6〉 재택 및 인터넷 이용 여부에 따른 가상유권자 인구의 분포와 표집의 목표 모집단

| | | 인터넷 이용 | | 합계 |
|---|---|---|---|---|
| | | 예 | 아니오 | |
| 재택 | 예 | 21,288 | 9,601 | 30,889 |
| | 아니오 | 36,665 | 9,878 | 46,543 |
| 합계 | | 57,953 | 19,479 | 77,432 |

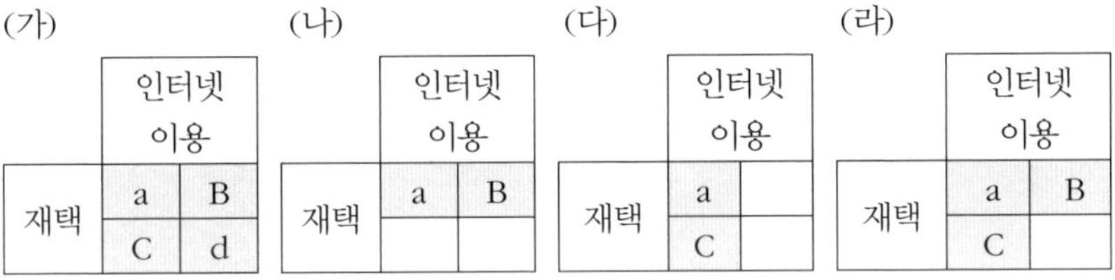


주) 하단의 (가)부터 (라)까지 표기된 영문기호는 〈표 4-1〉에 맞추어 주어짐.

분포를 어떻게 반영하는지를 보기 위해 표의 하단에 보이는 것과 같이 (가)에서 (라)까지 네 가지의 가능성을 상정하고, 각각에서 규모를 1,000으로 하는 확률표집을 100회씩 독립적으로 실행했다. 관찰기준변수는 정규분포를 따르되, ○사가 자신의 조사설계에서 가장 핵심적인 기준으로 삼은 연령과 상관계수 0.6 정도의 관계를 갖도록 조작되었다.

〈그림 4-5〉는 〈표 4-6〉과 같이 서로 다른 대상으로부터 표본을 추출했을 때 관찰기준변수에 대한 추정치가 어떻게 달라지는가를 보여 준다. 이 그림의 (가)행에 배치된 그림들은 제대로 된 표집이 가져야 할 모든 속성들을 보여 주고 있다. 특히 편향과 관련하여 이론적으로 기대할 수 있는 분포를 보인다.[17] 하지만 (나)와 (다)행의 경우 분포에서 상반되는 방향으로 편향을 보이고 있다. 예를 들어, 관찰기준변수가 정치적 지향(진보:보수)을 모

17. 물론 면접으로도 온라인으로도 접촉이 되지 않는 오른쪽 하단의 인구는 실제 표집범위에 포함되지 않겠지만 그 비중을 최소화시킨다는 전제하에 (가)행에서 보는 것과 같은 이상적인 준거 표본을 상정해 볼 수 있다.

〈그림 4-5〉 표집틀에 따른 관찰기준변수의 분포(%)

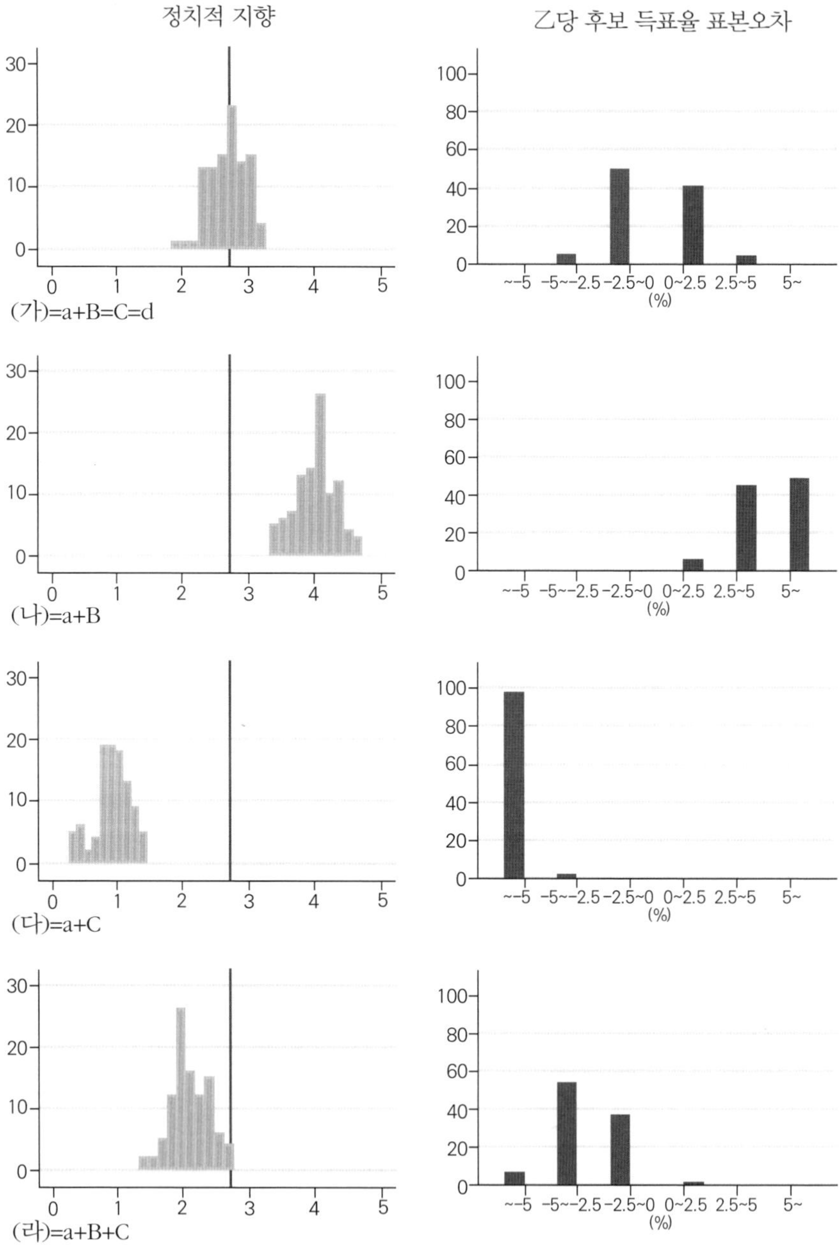

형화한다고 상정하면, (나)의 재택을 통해 표집된 인구가 보수 쪽으로 더 기우는 데 반해, (다)의 인터넷을 통해서 표집된 인구는 진보 쪽으로 확연히 더 기울고 있다(이계오·장덕현, 2009).

모집단에서 얻어지는 관찰기준변수(정치적 지향)의 최소값과 최대값이 각각 -3.018과 4.972로 넓은 폭의 분포를 보이고 있는 만큼, 0.2 정도의 차이는 용납할 수 있는 것 아니냐는 주장도 있을 수 있다. 하지만 표본오차를 구해 보면 이 추정치가 가지는 문제는 더욱 선명하게 드러난다. 정치적 지향에 따라 후보 선택과 투표가 이루어진다는 가정하에, 각각의 표본에서 얻어진 정치적 지향의 값을 투표결과로 환산해 볼 수 있다. 즉, 관찰기준변수의 값이 0보다 작으면 갑(왼쪽)당 후보에, 0보다 크면 을(오른쪽)당 후보에 투표하는 것으로 이분처리(dichotomize)해 을당 후보의 득표율을 계산하고, 그 득표율의 오차를 구해 각 행들을 비교해 보자.

〈그림 4-5〉의 오른쪽 열(列)에 배치된 그림들은 각 표집에서 얻은 을당 후보 득표율 추정치의 오차를 선거여론조사에서 통상적으로 사용하는 표본오차인 ±2.5%와 ±5%를 사용해 여섯 개의 구간으로 나누어 보여 준다. 이 구간들의 중간에 위치한 -2.5~0%와 0~2.5% 두 구간의 상대빈도가 표본이 모집단을 큰 오차 없이 대표하는 경우의 비율이라면, 왼쪽과 오른쪽 끝에 위치한 두 개의 구간은 표본오차가 5%를 넘게 과소, 또는 과대평가된 경우이다. (나)행도 그렇지만 특히 (다)행의 표집틀을 사용할 경우, 이런 잘못된 추정의 가능성은 위험한 수준에 다다른다. (나)와 (다)행의 합집합에 해당하는 (라)행의 경우 편향은 많이 줄어든다. 그러나 인터넷으로는 접촉이 가능하지만 재택방문을 통한 면접은 할 수 없었던 인구의 비중 때문에 여전히 왼쪽으로, 즉 을당 후보 득표율의 과소평가 쪽으로 기울 수밖에 없다.[18]

---

18. 〈표 4-1〉과 〈표 4-6〉에서 {C}에 해당하는 이 인구는 전체모집단의 47.4%이고, (라)행의 표집대상 인구의 절반이 넘는 54.3%를 차지한다. {C}의 모집단 관찰기준변수 평균값(0.044)과 인터넷 접촉은 되지 않지만 재택인 {B}의 평균값(0.878)은 극명한 대조를 보인다.

여기서 한 가지 유념해야 할 것은 이 모의실험에서의 표집은 현실과는 상당한 거리가 있는 교과서적인 것이었다는 점이다. 즉, 표집범위가 정해지면 온전한 목표모집단을 대상으로 확률에 의해 표집하는 이론적인 절차를 그대로 밟은 경우였다. 또 평균값과 득표율 등 단순추정치만을 사용한 경우였다. 사용된 변수들의 모집단 내에서의 분포가 사전에 알려진 이런 경우에는 각각의 표집에 편향이 있더라도 성향가중치 등을 사용한 보정을 통해 정확한 추정치를 얻어 낼 수 있다. 하지만 표집방법이 이런 전제를 만족시키지 못할 때, 얻어진 추정치를 얼마나 신뢰해야 하고 또 어떻게 사용해야 하는지에 대해서는 다분히 비체계적이고 자의적인 기준 이상은 찾아볼 수 없다. 따라서 앞에서 ○사 측이 보여 준 선거예측 결과는 유권자의 연령 분포, 연령에 따른 투표경향, 지역구의 성격과 정당, 후보 등이 '운좋게', '확률에 의해' 맞아떨어졌던 것이고, 그것을 근거로 다른 경우와 다른 상황으로 확대적용하기에는 어려운 것이었다.[19]

## 3. 예후(豫後): 용법·용량

### 1) 사용상의 주의사항

이처럼 사회조사의 현재 상황에 대한 논의들은 한편으로는 비용을 포함한 현실논리에 대한 수긍이, 또 한편으로는 몇몇 성공사례에 대한 확대추

---

19. 2000년 미국 대선에서 해리스 인터랙티브 사(Harris Interactive社)가 보여 주었던 예측결과를 가지고 확률표본보다 "더 정확한" 비확률표본의 가능성을 말하는 경우도 있다. 이론적으로는 설명하지 못하더라도 "임상결과가 좋으면 시술"할 수 있다는 논리가 설득력을 가질 수도 있지만(조성겸·강남준, 2003), 그 경우에도 일관된 임상결과가 지속적으로 축적될 때에 생각해 볼 수 있는 설득력이다. 해리스 인터랙티브 사의 경우도 이후의 선거에서는 그런 결과를 내지 못하고 있다.

론과 기술적 해결책의 가능성에 대한 기대가 섞인 상태에서 이루어지고 있다. 그리고 대부분은 혼합식 조사나 웹패널 같은 새로운 방법의 도입을 긍정적으로, 최소한 불가피한 것으로 보고 있다. 이 글의 논지 역시 새로운 방법들의 도입과 사용을 무조건 반대하는 것은 아니다. 자료의 질을 평가함에서 예산이나 시간 등 조사환경의 현실적 제약들을 무시하자는 것도 아니다(박무익, 2000; de Leeuw, 2005; 구혜란·김석호, 2011). 그보다는 이 방법들의 토대를 이론적·방법론적으로 다시 한번 검토하고 현재의 혼선이나 오류를 바로잡으면서 앞으로는 어떻게 되어야 할지에 대해 생각해 보자는 것이다. 즉 지금의 관행에 너무 쉽게, 너무 빨리 익숙해지지 않도록, 현재를 불편하게 느끼도록 하는 데 이 글의 주된 목적이 있다.

그런 맥락에서 이 글에서 제기하고자 했던 한 가지는, 현실적 제약들에 대한 인식에서 출발한다 하더라도 '제대로 된 표집'이 반드시 비현실적인 목표만은 아니라는 것이고, 특히 혼합식 조사나 온라인 조사에 대해 지금과는 다른 의미에서 더 능동적이고, 적극적인 태도를 취해야 할 것이라는 점이다. 첫째로, 혼합식 조사와 관련해서는 이미 좋은 선례들이 나와 있다. 앞에서 다룬 ACS의 경우가 그 하나로, 조사의 전 과정에 걸쳐 자세한 내용이 공개되어 있다(Martin et al., 2007; Groves and Vitrano, 2011). 또 그 필요성을 인식하고 도입은 하되, 표집에 포함되어야 할 대상들이 조사절차에서 모두 포함될 수 있는 방안을 찾기 위해 각 회원국에서 다양한 실험을 계속하고 있는 유럽사회조사(European Social Survey, ESS)의 경우도 있다(Stoop et al., 2010). 둘째로, 온라인 매체가 가지는 다양한 가능성을 활용하면서도 대표성을 포함한 표집의 원칙들과 접합시킬 수 있는 방법을 꾸준히 모색해야 할 것이다(Couper, 2000; 임경은, 2009). 웹패널의 사용과 관련해서는 이미 상세하고 체계적인 지침이 나와 있다. 이 중 특히 시선을 끄는 것은 미국여론조사학회(AAPOR)의 연구백서(Baker et al., 2010)에 부록으로 실린 미국조사연구기관협의회(CASRO)의 '인터넷 관련 윤리강령과 기준수칙'과 유럽

여론 및 시장조사협회(ESOMAR)의 '온라인 표본조사 수요자가 물어야 할 스물여섯 가지'이다.

특히 전자에는 인터넷 조사의 패널 구성과 관련하여 반드시 챙겨야 할 최소한의 기본정보로 아래의 사항들을 열거하고, 수요자의 요청이 있을 경우 조사회사들은 반드시 이를 제공해야 한다고 규정하고 있다.

- 패널 구성에 관한 정보(패널의 규모, 대상 모집단, 그리고 활동 중인 패널 성원의 범위 규정 등 포함)
- 패널 성원의 유치 방법
- 패널 성원의 활동 상황
- 패널 성원의 보상과 관련된 사항
- 패널 성원의 인증 절차
- 패널의 품질 유지 방안
- 패널과 조사표본의 전체적 분포(응답률, 패널 성원의 참여유형, 표집 시간대의 구성 등 포함)
- 기타 조사와 관련된 정보(이메일을 통한 참여 공지, 표본추출에 사용한 선별기준, 현장실사 일자 등 포함)

### 2) 제언

아무런 문제도 없는 순도 100%의 완벽한 조사나 자료가 비현실적인 희망사항일 뿐이라고 해서, '어차피 제대로는 못한다', '원칙은 원칙일 뿐이다', '이 정도면 된다', '다들 이렇게 한다'로 곧바로 방향을 트는 것은 마치 "어차피 완벽한 무균환경은 없으니까 차라리 수채통에서 수술을 하자"는 말과 같은 논리적 오류이다(Geertz, 1973: 30). 이상을 너무 멀고 어렵게 보면 현실에서 너무 쉽게 많은 것을 포기하게 된다. 이 글에서 검토하고자 했던 것은 '최대한'이 아니라 '최소한'의 문제들이다. 자료가 만들어지는 과정에 대한 최소한의 근거는 주어져야 그것을 언제 어디서 어떻게 얼마만큼 쓸 수 있는지를 가늠할 수 있고, 문제에 당면했을 때 그 이유를 유추해 해결의 방도를 찾아볼 수 있다(김석호, 2011). 이런 기초적인 근거가 없을 때 자료의 사용자와 소비자에게 주어지는 것은, 믿지 못하면서 마지못해 받아들이거나 안타깝지만 버릴 수밖에 없는 양비(兩非)의 억지 선택이다. 사회를 폭넓고 체계적으로 관찰할 수 있게 해주는 도구로서 기초적인 연구 자료와 각종 정책의 수립과 평가에 필요한 기준을 제공한다는 사회조사의 역할에 대한 기대와 그런 역할을 수행하기 위해 필요한 '대표성', '체계성', '효율성'에 대한 신뢰를 잃으면 사회조사의 존재이유는 없어지고, 사회조사의 생태계는 붕괴된다.

확률표집과 대표성의 중요성에 대한 공감대가 있고, 조사과정의 체계성을 중시해 그것을 추구하고자 하는 의지가 있고, 또 이런 기준과 지침까지 나와 있는 상황에서 제대로 된 조사가 이루어지지 않는 현실의 제약은 도대체 무엇인가? 그 질문에 대해 항상 첫 번째로 나오는 대답은 앞서 사회조사 생태계의 먹이사슬에서 '먹이'에 해당한다고 했던 비용이다. 하지만 무조건적인 효율과 편의만이 목표가 아니라면, 이 비용의 문제는 상대적인 것이고, 따라서 무엇을 비교의 기준으로 삼느냐에 따라 답이 달라질 수 있다는 점에 유의해야 한다.

즉 연구의 기획단계에서부터 조사의 비용과 자료의 질에 대한 기본적인 시각을 새로 정립해야 한다. 사회조사 생태계의 기본 구조를 규정하는 조사의 비용과 표본의 질 간의 상관관계는 보통 〈그림 4-6〉과 같은 형태로 상정된다. 이 그림에서 주목할 것은 둘 사이의 관계가 단순선형이 아니라는 점이다. '한계효용체감'의 경우처럼, 비용이 늘어나면 표본의 질이 높아지기는 하지만, 추가비용의 효용은 기하급수적으로 감소한다. 조사 기획단계에서 얼마만큼의 비용을 들여 어느 정도의 질을 확보할지를 결정하기가

〈그림 4-6〉 조사비용과 표본의 질 간의 상관관계

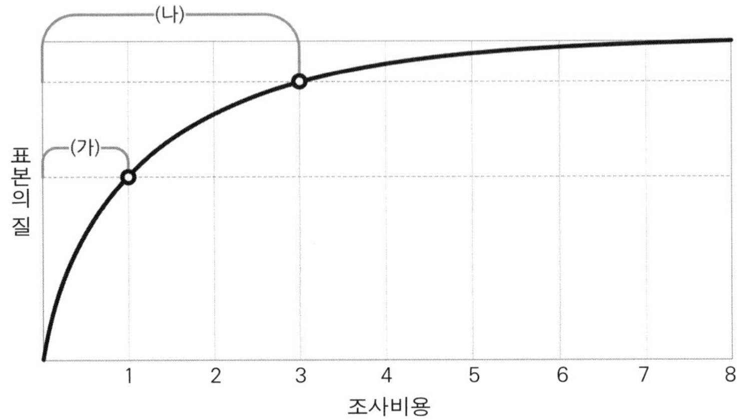


어려운 이유가 바로 이것이다. 그리고 이런 상황에서 (나)보다는 (가)를 선택하는 것이 단기적으로는 합리적으로 보일 수 있다(박무익, 2000).

현재 한국의 현실은 (나)처럼 세 배의 비용을 들여 질 높은 조사 하나를 하는 것보다, (가)처럼 싼 조사를 세 개, 또는 세 번 하는 쪽으로 기운다. 그 한 예가 최근 유행처럼 번지고 있는 정부출연 연구기관들의 패널자료 구축이다. 〈표 4-7〉은 2007년 현재 정부출연 연구기관에 의해 실시되고 있는 대표적인 패널조사들을 정리한 것이다(이희길, 2009). 이 자료에 따르면 이들 조사에 사용된 예산은 총 112억 원에 달한다. 이 표에 포함되지 않은 다른 자료들(예, 지자체출연 연구기관의 패널조사 등)을 논외로 하더라도, 지금 국내에서 이런 조사와 자료 구축에 투입되는 재원은 결코 작은 규모라고 할 수 없다. 현재 우리가 안고 있는 자료의 질 문제가 비용 때문에 생기는 문제라면, 그것은 비용 총액의 문제가 아니라 비용 분배의 문제인 것으로 보인다. 좋은 자료의 구축이라는 논리와는 다른 조사외적 논리에 의해 분배가 이루어지고 있기 때문에 (나)보다 (가)를 선호하게 되는 것이다. 따라서 단발성 조사를 지양하고, 통합적 자료 구축을 통해 중첩과 남발의 문제만 해결하

〈표 4-7〉 정부출연 연구기관의 패널사업 실시현황

| 개시연도 | 주관기관 | 조사명 | 2007년 예산 (단위: 백만 원) |
|---|---|---|---|
| 1998 | 한국노동연구원 | 한국노동패널 | 850 |
| 2001 | 한국고용정보원 | 청년패널 | 779 |
| 2002 | 한국노동연구원 | 사업체패널 | 500 |
| 2003 | 한국청소년정책연구원 | 청소년패널 | 439 |
| 2004 | 한국직업능력개발원 | 한국교육고용패널 | 800 |
| 2004 | 한국교육개발원 | 한국교육종단연구 | 250 |
| 2004 | 한국직업능력개발원 | 인적자본기업패널 | 450 |
| 2005 | 한국노동연구원 | 고령화연구패널 | 769 |
| 2005 | 국민연금관리공단 | 노후보장패널 | 700 |
| 2006 | 한국고용정보원 | 대졸자직업이동패널 | 1,761 |
| 2006 | 한국여성정책연구원 | 여성가족패널 | 770 |
| 2006 | 한국보건사회연구원 | 복지패널 | 1,452 |
| 2007 | 한국여성정책연구원 | 여성인력패널 | 238 |
| 2007 | 한국장애인고용촉진공단 | 장애인고용패널 | 570 |
| 2007 | 육아정책개발센터 | 아동패널 | 50 |
| 2007 | 한국보건사회연구원 | 의료패널 | 500 |
| 2007 | 한국보건사회연구원 | 인구패널 | 280 |
| 합계 | | | 11,158 |

출처: 이희길(2009: 20, 59).

더라도 재원의 효용을 크게 늘릴 수 있을 것으로 보인다.

비용에 대한 근시안적 관점에서 벗어나 장기적 관점에서 조사자료의 공공재적 성격을 고려한다면, 또 이 글의 첫머리에서 논의했던 사회조사의 기초적 역할을 생각한다면, 조사자료를 일회성 소비재가 아닌 중간재로, 또는 사회간접재로 볼 필요가 있고, 비용의 문제를 고려하는 방식도 그런 방향에서 다시 짜야 할 것이다. 이런 발상의 전환은 사회조사의 역할과 그에 대한 기대와 신뢰라는 큰 틀 안에서 더욱 적극적인 방식의 운동으로 이어져야 한다. 현재 진행되고 있는 방법론적·기술적 해법에 대한 다양한 연구들이 사회조사 생태계의 위기라는 '증상'에 대한 제한적 치료에 초점을 맞추고 있다면, 이제는 근본적 '병인(病因)'의 문제로도 눈을 돌려야 한다. 그리고 그 병인을 자료 자체에서 찾게 된다면, 사회조사의 생산과 소비에 관련된 모든 당사자들은 왜 (가)가 아니라 (나)를 선택해야 하는지에 대해 더 고민해야 할 것이고, 그 선택에 대해 더 고집스러워져야 할 것이다.

제II부

# 응답의 정확성

# 제5장

# 생활시간 연구를 위한 측정도구 비교

정재기

## 1. 생활시간 연구의 측정도구

지난 수십 년간 생활시간조사는 일반인들의 시간활용 형태에 대해 의미 있는 정보를 제공해 왔다. 생활시간자료의 축적은 최근의 거시적 사회변화가 일상생활에 미친 영향을 확인할 수 있게 해 주었다(Andorka, 1987; Robinson and Godbey, 1997). 유연한 노동시간의 확산(Smith, 1997), 정보기술의 변화(DiMaggio et al., 2001), 여성의 노동시장 참여 증가 등과 같은 근본적인 사회변화 양상들은 사람들이 시간을 활용하는 방식을 바꾸어 놓았다.

한편 이러한 변화는 생활시간조사 방법에도 새로운 도전을 야기한다. 전통적 노동시간 일정으로부터의 이탈과 전통적 성별분업의 약화는 다양한 사회인구학적 속성에 따른 생활시간 패턴의 이질성을 증대시켰을 것이다. 로빈슨과 그의 동료(Robinson, Chenu and Alvarez, 2002)는 이러한 변화로 사람들이 자기가 시간을 어떻게 보냈는지 기억하기가 점점 어려워졌다고 주장한다. 자기기입식보고에 의존한 조사 설문의 타당성이 점점 더 의문시되고, 생활시간을 연구하기 위한 특별한 도구들에 대한 관심이 증대될 수밖에 없는 구조적 상황인 것이다.

이 장의 목적은 시간일지(Time Diary)와 경험표집법(Experience Sampling Method)이라는 생활시간 연구를 위한 두 측정도구를 비교하는 것이다. 시간일지가 생활시간 연구에서 광범위하게 사용되고 타당성과 신뢰도 역시 잘 확립되어 있지만, 경험표집법의 장점 역시 존중되어야 한다. 왜냐하면 경험표집법은 일상의 특정 순간의 정보를 그때그때 확보하기 때문에 기억 편향(recall bias)을 최소화할 수 있기 때문이다. 물론 이들 두 도구로 측정한 행동시간 추정치가 유사하다는 연구가 있지만, 도구별 응답패턴 차이는 거의 알려져 있지 않다.

본 연구는 두 도구를 통한 조사에 모두 참여한 응답자들의 응답패턴을 분석해 각 측정도구의 상대적 장단점을 구체적으로 평가하고자 한다. 다음 절에서 두 도구에 대해 설명하고 각각의 장단점을 논의한 후, 경험표집법의 응답률과 두 도구의 일치율(두 도구가 동일한 활동을 보고할 확률)에 영향을 미치는 요소를 검토할 것이다. 분석결과는 시간일지로 측정한 시간사용 추정치가 덜 편향되어 있음을 시사한다. 다른 분석에서는 두 도구가 다른 행동을 보고한 사례를 좀 더 세밀하게 점검할 것이다. 이를 통해 시간일지보다 경험표집법이 더 생생한 일상생활 정보를 제공한다는 것을 확인하고 근거를 제시할 것이다. 결론에서는 생활시간 연구를 진행할 때 연구주제 및 대상에 따라 연구자가 두 도구를 선택할 수 있음을 논의할 것이다.

### 1) 시간일지법과 경험표집법

시간일지법은 생활시간을 연구하는 가장 잘 알려진 방법이며, 국제적으로도 널리 사용되고 있다. 응답자들은 일정한 시간 간격으로 나누어져 있는 일지에 24시간 동안 자신이 한 행동을 적는다. 연구에 따라 어제 일정을 보고하는 경우도 있으며, 때로는 당일 아침부터의 행동을 기록할 수도 있다. 이러한 연구들은 다방면에서 의미 있는 연구를 가능하게 하였다. 대표적으로 로빈슨과 갓베이(Robinson and Godbey, 1997)는, 사람들이 비록 시간 압력을 더 많이 느끼고 있지만 실제로 미국인의 평균노동시간은 감소했으며, 여가로 보내는 시간도 텔레비전의 도입과 함께 증가했다는 것을 보여 준다. 또 이러한 방법을 통해 우리는 맞벌이 부부의 증가에도 불구하고 남녀 간 가사노동시간 차이가 여전히 크다는 것을 확인할 수 있었다(Hill, 1985; Bianchi et al., 2000). 한국에서도 한국방송(KBS)과 통계청(2000; 2005)에 의해 전국자료가 수집되고 다양한 측면에서 연구가 진행되고 있다. 이러한 연구들은 국민 전체의 일상생활을 시간활용 측면에서 파악하고(오만석 외, 2005), 특히 그동안 상대적으로 등한시되었던 노년층 일상에 대한 이해를 증진시켰다(김지범 · 정재기, 2003). 그뿐 아니라 부부의 고용상태에 따른 시간활용의 변이(안정옥, 2006)나 부모의 사회경제적 지위에 따른 청소년의 컴퓨터 활용형태 차이(정재기, 2007)를 연구하는 등 좀 더 분석적인 연구 또한 축적되고 있다.

칙센트미하이와 그의 동료들(Csikszentmihalyi and Larson, 1984; Csikszentmihalyi and Csikszentmihalyi, 1988)에 의해 발전되고 사용되어 온 경험표집법은 행위자들이 구체적으로 어디에서 무엇을 하고, 그 상황을 주관적으로 어떻게 경험하는지를 분석하려는 방법이다. 경험표집법을 사용한 조사에 참여한 응답자들은 호출기나 프로그램되어 있는 손목시계 혹은 이동전화를 소지하고, 하루에 깨어 있는 동안 무작위로 신호가 울리면 자신의 행동과 기분을 미리 지급된 응답지에 기입한다. 즉 경험표집법은 일정 시점에서 단순히 무엇을 했는지만 기록하는 것이 아니라 그 순간의 맥락적 상황과 감정 정보를 수집한다. 경험표집법은 성인의 텔레비전 시청시간(Kubey and Csikszentmihalyi, 1990), 청소년의 과제, 사교, 혼자 있는 시간(Csikszentmihalyi, Rathunde and Whalen, 1993; Csikszentmihalyi and Schneider, 2000) 등을 분석하는 데 사용되어 왔다.

## 2) 두 도구의 장단점

경험표집법은 기억편향—과거의 사건을 회상할 때 때때로 나타나는 체계적인 기억 왜곡—으로부터 상대적으로 자유롭다(Bernard et al., 1984). 경험표집법을 사용한 많은 연구에서 응답의 절반 이상은 호출과 동시에 기입되고 약 90%의 응답은 호출기가 울린 지 18분 내에 응답된 것으로 보고되고 있다(Hormuth, 1986). 이런 점에서 우리는 경험표집법이 시간일지보다 행위 시점을 더 분명하게 제시할 수 있으리라 예상한다.

시간일지 연구자들은 시간일지에 근거한 측정치가 기억편향으로 왜곡되는 정도가 심각하지는 않다고 주장해 왔다(Kalton, 1985; Robinson, 1985). 그러나 서드만과 브래드번(Sudman and Bradburn, 1973)에 의하면, 기억편향은 행위의 현저성(salience of activity)에 의해 영향 받는다. 간단히 말하면 어떤 사건이 현저하게 인상적일수록 더 오래 정확히 기억된다는 것이다. 이러한 논의와 일관되게, 주로 회상에 근거한 시간일지법은 대체로 행위의 현저성이 낮은 행동들—지속시간이 짧은 행동이나 "그냥 가만히 있음" 등의 행동—을 과소 추정하는 경향이 있다(Csikszentmihalyi and Larson, 1987).

또 사건들에 대한 정보는 부착된 언어적 표지(lexical labels)로 저장되기 때문에(D'Andrade, 1984) 기억 과정에서 일정한 추상화가 요구된다. 따라서 어느 정도 회상에 근거한 시간일지에서는 그 순간에 응답하도록 되어 있는 경험표집법보다 더 추상화된 범주로 응답이 기록될 가능성이 높을 것으로 추측할 수 있다(예: 설거지 vs. 가사노동).

경험표집법의 상대적 약점 역시 존재한다. 경험표집법은 그 순간 무엇을 하고 있는지를 질문할 뿐 행위의 지속기간, 혹은 전후 행동에 대해서는 묻지 않는다. 따라서 행동의 지속기간이나 행동들 간 연계(sequence) 등은 시간일지에 의해 보다 잘 연구될 수 있다. 또 다른 중요한 문제는 역시 응답률이다. 경험표집방법 대부분의 응답률은 85% 미만이다(Hormuth, 1986). 다시 말해 응답자들은 호출기가 다섯 번 울릴 때 평균 한 번 정도는 응답하지 않는다는 것이다. 경험표집법의 성격 자체가 이러한 문제를 야기한다고 볼 수 있다. 호무스(Hormuth, 1986)가 지적했다시피, 응답자들은 호출기가 울리는 순간 응답해야 하기 때문에 응답 행위가 그들이 종사하던 행동을 방해할 수 있다. 이런 점에서 응답률은 응답자가 하는 행동이나 장소에 따라 영향 받을 수 있고, 따라서 이처럼 차별적인 응답률을 보정하지 않으면 경험표집법에 의거한 행동 추정치가 편향되어 있을 수 있다(Allison, 2002; Jeong, 2005). 두 도구의 장단점에 대한 지금까지의 논의를 요약하면, 경험표집법은 행동을 구체적이고도 정확하게 기술할 수 있게 하지만 무응답률이 높아질 약점이 존재한다. 이에 반해 시간일지의 경우, 그 타당성과 신뢰성이 일반적으로 인정되고 있지만, 특정 사건과 행동을 기억해 내는 과정에서 시점이 부정확하거나 행위가 추상화되어 기록될 문제 등을 안고 있다.

## 2. 측정도구에 따른 응답률과 일치율

로빈슨(Robinson, 1985)은 시간일지의 타당성을 입증하기 위한 일련의 실험에서, 시간일지로 얻은 평균행동시간을 경험표집법에서 얻은 측정치와 비교하였다. 그는 두 수치를 비교해 경험표집법이 집 밖에서 이루어지는 행동을 체계적으로 과소 추정한다는 것을 발견하고, 그 원인을 응답자들이 집 밖에서는 호출기를 가지고 다니지 않기 때문이라고 추론했다. 이에 반해 호무스(Hormuth, 1986)는 장소보다는 호출 당시 응답자가 하고 있던 행동이 본질적인 것이라고 지적한다. 예를 들어 수영할 때에는 응답률이 낮을 수밖에 없다는 것이 그의 주장이다. 또 신호를 들었다 하더라도 매우 지속적인 관심을 요하는 행동에 종사하고 있다면, 응답할 가능성이 낮아진다는 것이다.

호무스와 로빈슨 주장의 차이는 경험표집법의 무응답 원인을 장소에서 찾느냐, 종사하고 있는 행동의 성격에서 찾느냐의 문제로 정리될 수 있다. 호무스의 주장에 따른다면, 공공장소에 있을 때보다 일상적인 직장생활을 할 때 호출에 응답할 가능성이 높을 것으로 추측할 수 있다. 그의 주장에 따라 본 연구는 다음과 같은 가설을 설정한다.

### 1) 연구가설

가설 1: 경험표집법의 응답률은 집과 직장이 아닌 공공장소에 있을 때는 낮겠지만, 직장에서는 낮지 않을 것이다.

한편 호출 당시 종사하는 행동의 지속기간은 경험표집법의 응답률과 부정적으로 관련될 것이라고 예상할 수 있다. 종사하고 있는 행동의 특성 때문에 신호에 즉시 응답할 수 없다면, 그 행동의 지속시간이 길면 길수록 응답자들은 중간에 신호가 울렸다는 사실을 망각할 위험이 커질 것이다. 또 신호가 울린 때로부터 오랜 시간 후에 응답지에 기입할 수 있는 상황이 된다면, 응답자는 호출 당시의 행동과 심리적 상태를 애써 회상해야 하기 때문에 응답하지 않을 가능성이 커질 수 있다. 다시 말해 어떤 행동의 지속기간이 길면 길수록 망각 가능성과 응답부담의 증가로 무응답이 증가할 것이다.

가설 2: 행동의 지속기간이 길수록 그 행동을 할 때의 경험표집법의 응답률은 낮을 것이다.

한편 행동의 지속기간은 경험표집법의 응답률뿐 아니라 두 측정도구가 동일한 대답을 할 확률(이하 일치율)에도 영향을 미칠 수 있다. 지금까지의 연구는 두 측정도구로 얻은 행동 추정치가 유사하다는 것을 보여 주고 있다. 예를 들어 응답자들의 평균 노동시간이나 텔레비전 시청시간에서 두 도구로 얻은 측정치가 그리 다르지 않았다는 것이다. 그러나 각 도구별 개별기록 일치여부는 연구된 적이 없다.[1]

특별한 선행연구가 부재한 상태에서 우리는 조심스럽게 행위의 지속기간이 두 도구의 일치율에 영향을 미칠 것으로 예상할 수 있다. 경험표집법에서 기억편향이 최소화되어 있다는 전제하에 논의를 전개해 보자. 행위의 지속기간이 길수록 그 행위는 응답자에게 더 현저히 기억될 가능성이 높으며, 따라서 응답자가 시간일지에 자신의 행동을 정확히 기입할 가능성도 커질 것이다.

한편, 두 도구 간 응답일치 가능성에 행위 지속기간이 영향을 미치는 다른 기제도 존재한다. 응답자들은 어떤 행위를 시작한 시간이나 끝나는 시간을 정확히 기억하지 못할 수도 있다. 예를 들어 행위자들이 행위 시작시간을 기억할 때 생길 수 있는 오차가 20분이라고 가정하자. 만약 그 행위가 30분 지속되었다면, 그 행동을 하고 있는 중에 울린 신호의 33%(=1/3)에만 시간일지조사와 같은 행동으로 기록될 것이다. 만약 행위의 지속기간이 60분이라면 경험표집법 기록과 시간일지 기록이 일치할 확률이 67%(=2/3)로 증가한다. 따라서 행위 지속기간이 길수록 행동시점 회상에 따른 불일치 확률이 줄어들 것이다.

지금까지의 논의는 행위 지속기간이 길수록 행위의 현저성이 커져 기억편향이 감소하게 되며, 시점의 정확성과 관련된 오류 가능성도 줄 것이라는 점을 시사한다. 이러한 추론에 근거하여 본 연구는 다음과 같은 가설을 설정한다.

---

1. 상대적으로 유사한 연구는 시간일지에서 누구와 같이 있는가의 여부를 부부 간에 비교한 것이다(Juster and Stafford, 1985). 이 비교에서 배우자와 함께 있다고 대답한 응답의 80% 정도가 그 배우자의 기록과 일치하였다. 예를 들어 남편이 아내와 같이 있다고 하였을 경우, 아내의 시간일지 중 80%는 자기도 남편과 같이 있다고 하였다는 것이다.

가설 3: 행동의 지속기간이 길수록, 응답 일치율은 높아질 것이다.

행위에 대한 묘사의 구체성과 관련하여, 우리는 경험표집법이 앞서 논의된 기억편향이나 사건의 추상화 과정을 거치지 않기 때문에 더 자세하고 생생한 설명을 제공할 것이라 예상할 수 있다. 예를 들어 주부가 세탁과 음식준비 활동을 특정시간대에 병행하였을 때, 그 주부는 시간일지에는 가사노동이라는 좀 더 추상적인 범주로 대답하는 데 반해 경험표집법에서는 두 가지 활동 중 하나를 적을 수 있을 것이다. 또 직장업무를 시간일지에서는 유급노동이란 범주로 응답할 때, 경험표집법에서는 '상사와의 회의' 혹은 '워드 프로세싱' 등 더 구체적인 응답범주로 응답할 가능성이 높을 것이다. 따라서 본 연구는 다음과 같은 가설을 설정한다.

가설 4: 경험표집법은 동일한 사례의 행동을 보고하는 데 더 많은 기록부호(activity codes)를 요구할 것이다.

### 2) 자료와 방법

이 연구는 부모, 자녀, 직장을 연구하는 시카고대학 알프레드 슬로안 센터(Alfred P. Sloan Working Family center)가 수행한 500가족 연구의 일환으로 이루어졌다. 500가족 연구는 1999년과 2000년에 걸쳐 미국 전역 8개 도시에 있는 응답자로부터 서베이, 심층면접, 경험표집법 등의 다양한 도구로 필요한 정보를 수집하였다. 이 조사 응답자들은 대부분 백인이었으며, 평균적으로 전체 미국 가정보다 경제적으로 부유하며, 교육수준도 높았다[더 자세한 설명은 후그스트라(Hoogstra, 2005) 참조].

이 조사에서 경험표집법에 참여한 부모와 자녀는 하루에 8번씩 1주일간 총 56회의 호출에 응답하도록 요청받았다. 경험표집법에 참여한 응답자 중

47명은 경험표집법에 참여하는 1주일 중 하루는 시간일지를 기록하는 연구에도 참여하였다. 응답자들은 자기기입식으로 시간일지를 기록하거나 전화로 응답하였다. 전화조사에 응한 응답자들은 어제 일을 회상하였으며, 하루일과를 마친 후에 그날의 일을 시간일지에 기록하기를 자기기입식 설문지를 통해 요구받았다. 이렇게 수집된 총 47개의 시간일지 중 3개는 5개 이하의 행동을 담고 있어 분석에서 제외하였다. 따라서 일지 44개가 분석되었으며, 이 중 30개는 전화로 조사된 것이다.

두 측정도구로부터의 응답이 독립적이지 않을 수도 있다. 왜냐하면 응답자가 시간일지를 적을 때 경험표집법 응답지를 참조할 수 있기 때문이다. 그러나 단 한 명만이 두 도구에서 완전히 일치하는 응답을 보여 주었다는 점에서 그러한 가능성은 상당히 낮다고 할 수 있다. 설령 그랬더라도 그것은 본 연구결과의 논지를 오히려 강화해 줄 수 있다. 만약 응답자가 시간일지를 작성할 때 경험표집법 응답을 참조하였다면, 시간일지법의 상대적인 약점과 관련된 가설 4와 관련해 본 연구의 검증이 더 보수적인 검증이 될 것이기 때문이다. 다시 말해 만약 소수 응답자가 시간일지를 작성하는 시점에서 경험표집법에서 제시한 응답지를 참조하였다면 가설 4가 지지될 가능성은 오히려 줄어든다.

모든 조사가 완벽하게 진행되었다면 우리는 352(=8*44)의 기록을 갖고 있어야 한다. 그러나 응답자 두 명이 일곱 차례 대답하였고 어떤 응답자는 호출이 없을 때 기입하기도 해 전체 기록은 354개였다. 응답자들은 354개의 신호 중 70.3%에 응답하였다.[2] 이 중 21개의 시점에서 시간일지 행동을 파악할 수 없었다. 일부 응답부재 때문에 응답률 분석에서는 총 311개의 사례가, 일치율 분석에서는 총 226개의 사례가 사용되었다.

분석의 초점은 행동 유형, 행동의 지속기간, 행동이 일어난 장소이다. 응

---

2. 전체 연구의 응답률은 66.7%였다(Jeong, 2005).

답된 행동은 두 개의 다른 부호화 규칙(coding schemes)을 따라 부호화되었다. 우선 시간일지 연구에서 보편적인 모델로 사용되는 로빈슨의 부호체계에 따라 행동을 부호화한 후(Robinson and Godbey, 1997), 500가족 연구가 사용한 매우 구체적인 세 자리 부호체계(예: 시트콤 시청)로도 일정 번호를 부여하였다.[3]

행동 지속시간은 캐나다의 시간조사(Harvey, 1999)를 통해 구하였다. 하비는 특정 행동이 몇 번 보고되었는지, 그리고 총 몇 시간이나 보고되었는지를 보고한다. 이때 총 시간을 행동빈도수로 나누어 특정행동의 평균 지속기간을 구하였다. 행동 장소는 애초 경험표집법 자료에는 매우 자세한 범주로 기록되어 있었으나, 분석을 위해, '집/직장/그 외 장소'로 범주화하였다. 이하 분석에서 행동 지속시간과 장소는 시간일지의 행동과 장소를 기준으로 한다.[4]

응답률 분석에서는 응답자가 주어진 신호에 응답했느냐가 종속변수이지만, 일치율에서는 두 측정도구가 같은 부호로 기록된 행동을 보고했는지가 된다. 이러한 종속변수의 성격을 감안하여 로지스틱회귀분석(logistic regression)을 시행하였다. 이때 한 응답자가 다수 사례를 제공하는 자료성격을 감안하여 STATA의 클러스터(cluster) 옵션을 사용해 표준오차를 조정

---

3. 약간의 변이는 있지만, 시간일지연구는 하루를 자기관리(식사, 세면, 수면 등), 유급 노동, 가정관리(가사노동, 자녀 및 가족수발), 자유시간(사회적 교제, 텔레비전 및 미디어 이용, 종교활동 및 운동 등)의 네 범주로 나누어 분석한다. 대부분의 분석결과는 구체적인 행동을 약 90여 개로 정리한 부호화에 의해 이루어진다. 500가족 연구에서는 대체로 로빈슨의 두 자리 부호화에 근거하면서도 더 구체적인 부호체계를 사용하였다. 예를 들어 일반적인 유급노동이 10일 때, 상사와의 회의는 101, 문서작업은 103 등으로 부호화한 것이다.

4. 장소에서는 두 도구의 일치율이 거의 100%에 가까웠기 때문에 큰 문제가 되지 않으며, 응답률 분석에서는 경험표집법의 장소에 관한 정보가 부재한 상황이기 때문에 다른 대안이 없었다. 문제는 일치율의 경우에 어떤 도구에서 보고된 행동을 기준으로 행동의 지속시간을 삽입하는가가 쟁점이 될 수 있었다. 본 연구에서는 시간일지를 기본으로 하였는데, 그 이유는 첫째, 분석결과 자체에 커다란 차이가 없었고, 둘째, 가설의 전제논리가 시간일지를 기본으로 하는 것이 바람직하다고 생각되었기 때문이다.

하였다.[5]

## 3. 응답률과 일치율에 영향을 주는 요인들

### 1) 경험표집법의 응답률

우선 경험표집법의 응답률에 영향을 미치는 요인을 살펴보았다. 시간일지 정보가 유효할 때 경험표집법의 응답률은 72.15%였다. 이 응답률을 응답 장소별로 나누어 보면 집에서는 75%, 직장에서는 86.2%였다. 그러나 그 밖의 공공장소에서는 59.8%에 불과하였다. 이러한 장소효과와 시간일지에서 보고된 행동의 지속기간효과를 함께 고려한 것이 〈표 5-1〉이다.

〈표 5-1〉은 장소가 응답률에 유의미한 영향을 미치고 있음을 보여 준다. '집'과 '직장'의 통계적으로 유의미한 양의 부호는 호무스가 제시한 결과와 일치한다. 오히려 '집'보다 더 높은 '직장' 효과는 낮은 응답률이 집에 호출기를 두고 오기 때문은 아니라는 것을 보여 준다. 오히려 행동을 방해받지 않고 호출에 응답할 수 있느냐가 더 중요한 요인이라는 점을 의미한다고 해석할 수 있다.

5. 일반적인 표준오차는 각 사례가 다른 사례로부터 독립적이라는 가정하에 구해진다. 그러나 예를 들어 한 가구의 모든 성원이 조사되었다면, 그들의 특정한 사안에 대한 응답은 독립적이지 않으며 유사할 가능성이 높다. 이러한 특정가구 내 각 성원 간의 응답률 변이를 우리는 집단 내 상관(intraclass correlation)이라고 한다. 본 연구의 경우는 시간일지와 경험표집법의 응답지에 응답하고자(응답률) 혹은 정확하게 응답하고자 하는 개인의 성향을 의미하는 것이다. 이것은 Huber/White/Sandwich 방법을 통해 이루어진다. 더 자세한 문헌으로는 윌리엄스(Williams, 2000)를 참고할 것.

〈표 5-1〉 경험표집법의 응답률에 관한 이항회귀분석의 결과

| 종속변수: 경험표집법의 응답여부 | 계수 (표준오차) |
|---|---|
| · 평균지속시간 | -.575(.205)** |
| · 장소: 직장[a] | 1.89 (.625)** |
| · 장소: 집[a] | 1.00 (.282)*** |

a: 준거집단: 공공장소
* p<.05, ** p<.01, *** p<.001

지속기간이 응답률에 미치는 효과는 음수였으며 통계적으로 유의미하였다. 따라서 종사 행동의 지속기간이 길수록 경험표집법에 응답할 가능성이 낮아질 것이라는 가설 2가 지지된다. 이러한 결과는 호출이 당시 행동을 방해했는지 여부가 경험표집법 응답률을 결정하는 가장 중요한 요인임을 보여 준다.

### 2) 경험표집법과 시간일지법의 일치율

〈표 5-2〉는 두 측정도구가 같은 부호로 기록될 수 있는 행동을 보고했는가를 의미하는 일치율에 관한 분석결과이다.

우선 전체표본을 대상으로 한 첫 번째 열의 계수는 행위의 평균지속기간이 길수록 일치율이 유의미하게 높아진다는 것을 보여 주고 있다. 이러한 결과는 '유급노동'이 주로 행해지는 직장에서는 두 도구에 기록된 행동이 일치할 확률이 높을 것임을 나타내지만 그것은 노동의 평균 지속기간이 (잠을 제외하고는) 가장 길기 때문에 나타날 수 있는 허위적 상관에 의한 것일 수도 있다. 따라서 두 번째 열에서는 직장에서의 응답을 제외한 사례들만을 대상으로 한 분석결과를 제시하였다. 그러나 여기에서도 지속기간의 효과는 여전히 유의미하였다. 계수 크기가 변화한 것은 행동이 구체적인 시간에 덜 민감하기 때문일 것으로 추론한다.

〈표 5-2〉 시간일지법과 경험표집법의 행동일치여부에 관한 이항회귀분석의 결과

| 종속변수: 두 도구 간의 행동일치여부 | 전체표본 | 직장제외표본 |
|---|---|---|
| · 평균지속시간 | 1.08(.29)*** | 0.96(.31)** |
| · 장소: 직장[a] | -.12(.64) | |
| · 장소: 집[a] | -.87(.43)* | -.79(.42) |

a: 준거집단: 공공장소
* $p<.05$, ** $p<.01$, *** $p<.001$

### 3) 묘사의 구체성

〈표 5-2〉는 시간일지에 사용되는 두 자리 부호체계로 행동을 부호화한 결과에 기반한 것이다. 앞서 언급한 대로 500가족 연구에서 사용한 세 자리 부호체계에 따라 행동을 분류해 보았다. 이 분류체계는 일반적 범주뿐만 아니라 좀 더 구체적인 활동까지 포괄한다. 예를 들어 드라마 시청이나 스포츠중계 시청은 두 자리 부호체계에 따르면 모두 텔레비전 시청으로 부호화되지만 세 자리 부호체계에서는 별개 행동으로 구분된다. 또 응답자가 '직장에서 회의 중'이라고 응답했을 때, 두 자리 부호체계는 그 행동을 유급노동으로 부호화하지만 세 자리 부호체계는 그 행동에 독자적인 부호를 부여한다.

시간일지가 인지과정의 추상화에 기반한다는 점에서 좀 더 일반적인 범주를 사용할 것이라는 가설 4를 확인하기 위해, 이러한 세 자리 범주에 기반하여 각 도구에 제시된 행동을 부호화한 후 나타난 범주 수를 확인해 보았다.

〈표 5-3〉은, 보고된 226개 행동사례를 부호화하기 위해, 시간일지는 65개 부호가 필요하였으나 경험표집법에서는 90개 부호가 사용되었음을 보여 주고 있다. 이러한 응답패턴을 더 자세히 분석하기 위해 앞서 시간일지와 경험표집법에서 두 자리 부호체계로 동일하게 부호화된 사례만을 분석

〈표 5-3〉 226개의 사례를 분석하기 위하여 필요한 세 자리 부호의 수

| 시간일지 | 경험표집법 |
|---|---|
| 65 | 90 |

해 보았다. 총 41개 사례가 일치한 '유급노동'의 예를 들어보면, 시간일지의 경우 두 자리 부호체계에 의해 '시장노동'으로 범주화된 행동의 절반 정도(19개)가 세 자리 범주에서도 '일(work)'로 범주화되었던 반면, 경험표집법에서는 오직 두 사례만이 '일(work)'로 범주화되었다. 또 시간일지 기록 대부분은 '텔레비전 시청'으로 부호화되었으나 경험표집법 응답의 절반 이상은 시청 프로그램까지 제시되어 있었다. 이러한 결과는 생활표집법에서의 행동 묘사가 더 구체적이고 정확할 것이라는 가설 4를 지지하는 것이다.

## 4. 비일치 사례들

지금까지는 장소와 행동이 경험표집법의 응답률과 일치율에 미치는 영향을 살펴보았다. 이제부터는 서로 일치하지 않는 사례들을 분석해 두 측정도구의 장단점을 더 자세히 살펴볼 것이다. 〈부록 5-1〉은 비일치 사례의 응답을 모두 제시하고 있다.

본 연구에서는 이러한 비일치 사례들을 시점, 행위 현저성, 짧은 지속기간, 맥락의 상실 등 네 유형과, 이러한 네 유형으로 설명하기 힘든 잔여범주 등 총 5개의 범주로 유형화하였다. 이를 분류하는 결정기제와 해당 사례수가 〈그림 5-1〉에 제시되어 있다.

경험표집법에서 보고된 활동이 시간일지에서 경험표집법에 응답한 시점 전후 30분 내에 위치하고 있을 때는 '시점' 유형으로 구분하였다. 비일치 사례 21개가 해당되는데, 이는 시간일지 응답과정에서 행위자들이 행위시

〈그림 5-1〉 비일치 사례의 판단기제

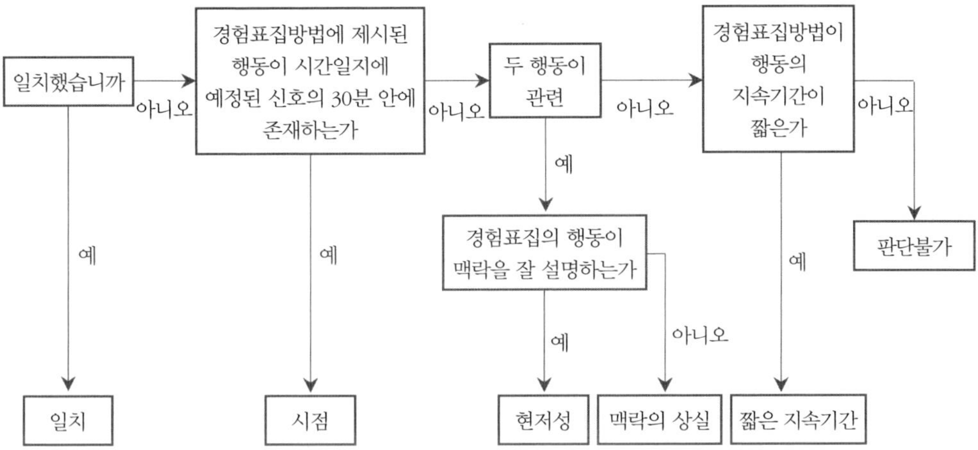


점을 반드시 정확하게 응답하고 있지는 않다는 것을 보여 주는 것으로 해석할 수 있다.

비일치 사례 중 ① 짧은 지속기간을 가진 행동이 경험표집법에 기록되어 있고, ② 이 행동을 하면서 응답자가 시간일지에 기록된 행동을 할 수 있고, ③ 경험표집법에 제시된 행동이 시간일지에서 제시되어 있지 않다면, '짧은 지속 기간' 사례로 구분한다. 이 유형에 속하는 사례는 다섯 개로, 경험표집법에 제시되어 있는 행동으로는 '손톱 다듬기(polishing nails)'와 '생각 중(thinking)' 등이 있다.

행위의 현저성은 특정한 인지적 과정과 관련된다. 두 도구 모두에 관련 행동이 기록되어 있지만 경험표집법에 기록된 행동이 더 구체적이며 지속기간이 더 짧다. 이 유형은 경험표집법의 응답이 시간일지에 나타나지 않는다는 점에서 '시점'과 다르며, 두 행위가 밀접히 관련되어 있다는 점에서 '짧은 지속기간' 유형과 다르다. 이러한 사례는 대부분 개인관리와 관련된다. 몇몇 예를 제시하면, '선크림 바르기(경험표집법)'와 '옷 입기(시간일지법)', '샤워 후 드라이'와 '샤워', '샤워'와 '옷 입기', 그리고 '가사일 상의' 대 '세탁' 등의 사례이다. 경험표집법에 제시된 행동은 아마도 지속기간이 짧아 시간일지에는 기록되지 않은 것으로 보인다. 하지만 여기서 중요한 점은 시간일지에서 '옷 입기'로 보고된 활동이 씻고, 말리고, 선크림을 바르는 일련의 과정을 표상하고 있다는 것이다. 이러한 예는 시간일지에서 제시된 행동이 특정한 시간 동안 행해진 다양한 행동들을 효과적으로 요약하는 일반적인 행동일 가능성이 높다는 것을 의미한다. 예를 들어 시간일지에서 가사노동이라고 기입된 시간은 실제 노동시간뿐 아니라 가사노동과 관련해 배우자와 상의하는 시간을 포함하고 있을 수 있다.

비일치 사례의 마지막 유형은 '맥락의 상실'이다. 이것은 세 번째 유형과 매우 비슷하지만 경험표집법의 약점을 보여 주는 것이다. 때때로 경험표집법 응답자들은 행위를 지나치게 상세히 기술하는데, 이 때문에 행동이 이루어지는 맥락을 이해할 수 없게 된다. 일례로 한 응답자가 경험표집법에서는 '볼링'이라고 응답한 행위가 시간일지에서는 생일파티의 한 행사로 기록된 것을 알 수 있었다. 시간일지의 경우 행위의 연계가 명확하기 때문에 행동의 의도를 정확히 알 수 있으나 경험표집법에서는 그 행동의 구체적인 맥락을 놓칠 수 있음을 보여 주는 사례이다.

물론 이러한 네 가지 유형으로 모든 비일치 사례가 설명되는 것은 아니다. 비응답 사례의 과반 이상은 쉽게 유형화하기 힘든 것이어서 판단불가로 명명하였다. 그러나 앞의 네 가지 유형의 비일치 사례는 다시 한 번 두 도구의 장단점을 확인시켜 준다. 우선 시간일지의 응답자가 행위시점을 언제나 정확히 파악하는 것은 아니다. 둘째, 지난 일을 회상하는 것은 어느 정도의 추상화나 특정 행동에의 주목을 요구한다. 때때로 이러한 추상화 과정이 그 행동을 적절히 보여 줄 수도 있으나 그렇지 않을 수도 있다. 이에 반해 경험표집법은 행동의 전후 사정에 대한 정보를 충분히 제공하지 않아 그 행동의 더 넓은 맥락을 이해하지 못하게 할 수도 있다.

## 5. 맺는말

본 연구는 생활시간연구를 위한 측정도구로서 가장 흔하게 사용되는 시간일지법과 대안적인 방법으로 사용되고 있는 경험표집법을 비교하였다. 유사한 시도를 한 기존 연구와는 달리 본 연구는 전체적인 측정치가 아닌, 개별기록의 일치여부와 개별기록의 구체성에 관심을 가졌다. 연구결과와 그 함의는 다음과 같이 정리될 수 있다.

첫째, 경험표집방법의 문제점인 응답률의 경우, 직장에서 가장 높고 집과 직장이 아닌 곳에서 가장 낮았다. 이 결과는 호출기 소지여부보다는 호출 당시 행동이 얼마나 방해받는가가 경험표집법 응답률에 중요한 영향을 미친다는 것을 의미한다. 이러한 점에서 특정 행동이 호출기의 신호에 의해 크게 영향받지 않는 상황이라면, 경험표집법이 생활시간 연구방법으로 더 설득력을 가질 수 있을 것이다.

둘째, 행위의 평균 지속시간은 응답률에는 부정적인 영향을, 일치율에는 긍정적인 영향을 미쳤다. 여기에는 시점, 행위의 현저성 등의 여러 요소가 영향을 미치는 것으로 판단된다.

셋째, 기억편향이 최소화되는 경험표집법의 행동묘사가 시간일지보다 훨씬 구체적이었고 상세하였다. 이것은 시간일지에서는 회상과정에서 과거의 일들이 행위의 현저성에 기반해 추상적인 범주로 묘사되기 때문인 것으로 이해된다. 구체적 사례들은 경험표집법이 직장에서의 구체적인 활동을 더 생생하게 묘사하고 있다는 것을 보여 준다.

이와 연관하여, 본문에서 분석된 행동의 평균 지속시간에서 유급노동의 평균 지속시간은 166.2분이었다. 문자 그대로 해석하자면 근로자들은 두 시간 동안 거의 쉬지 않고 노동에 종사한다는 것인데, 이는 시간일지 연구의 권위자인 로빈슨 스스로도 인정하고 있듯이 상당히 비현실적인 것이다. 이러한 문제를 극복하기 위해, 로빈슨과 동료들(Robinson, Chenu and

Alvarez, 2002)은 일주일치의 노동일정을 기재하는 도구인 '작업눈금(work-grid)'을 제공하고 유급노동에 종사한 시간에 작업눈금에 줄을 쳐 주기를 부탁하였다. 그러면서 그들은 점심시간 등 유급노동과 관련되지 않은 활동은 배제해 주기를 명시적으로 요구하였다. 그러나 새로운 도구로 얻은 유급노동시간 추정치는 같은 표본으로부터 획득한 시간일지 추정치보다 높았다. 다시 말해 시간일지의 틀 속에서 노동시간으로부터 비(유급)노동적인 요소를 배제하고자 한 그들의 시도는 성공적이지 않았던 것이다. 이러한 결과는 시간일지가 노동시간에 침투되고 있는 다양한 비노동적인 요소를 가려내는 데 실패하고 있다는 것을 의미한다(Robinson, Chenu and Alvarez, 2002). 이러한 시간일지의 한계는 상대적으로 높은 직장 응답률과 함께 직장인의 시간 사용에 대한 대안적인 연구방법으로서 경험표집방법의 입지를 강화하는 것이다. 일례로 500가족 연구에서 경험표집법으로 획득된 7,500여 개의 사례에 기반한 예비적 분석결과, 조사대상자들이 일에 전념하는 시간은 직장에 있는 시간 중 68% 정도인 것으로 나타났다. 또 같은 자료로 섹스턴(Sexton, 2005)은 일과 관련된 활동의 구체적 성격이 응답자들의 다양한 심리적 상태에 미치는 영향을 체계적으로 분석한 바 있다. 앞서 언급한 대로, 시간일지에서처럼 대부분의 유급노동에 대한 기술이 일반적인 '유급노동'이란 응답으로 이루어진다면, 위와 같은 연구는 행해질 수 없을 것이다. 언급된 기존연구들은 직장에서의 활동 및 이와 연관된 다양한 심리적·사회적 기제를 연구하는 데 경험표집법이 시간일지의 유효한 대안으로 사용될 수 있음을 시사한다.

한편 경험표집법은 가사노동시간과 관련해서도 적절한 도구가 될 수 있다. 경험표집자료를 이용한 리와 화이트(Lee and Waite, 2005)는 미국의 맞벌이 부부들이 일주일에 평균 2~3시간 정도 가사노동에 대해 생각하고 있다는 것을 보여 준다. 맞벌이 부부의 증가, 전통적 성 역할 규범으로부터의 이탈 등으로 인해 가사노동이 점차 '주부에 의해 행해지는 것'이 아니라 '부부간에 조정되고 계획되어야 하는 것'으로 변하고 있는 현실에서, 가사노동에 대한 생각 역시 가사노동시간을 추정하는 데 고려되어야 할 요인으로 인식되고 있다(Mederer, 1993). 이러한 맥락에서, 특정 활동에 관한 생각이나 대화 등에 투여되는 시간을 추정할 수 있는 경험표집법의 장점이 더욱 부각될 수 있을 것이다.

경험표집법을 이용한 한국의 연구 대부분은 특정 환경이 행위자에게 미치는 심리적 영향을 점검하거나(이승훈·현명호, 2004; 이승훈, 2007), 특정집단—주부, 청소년, 대학생—의 소규모 표본을 대상으로 하여 그들의 일상을 점검하는 데 쓰이고 있다(최인수 외, 2003; 김기옥 외, 2005; 김기옥, 2006). 이들 연구는 대체로 응답자들의 심리적 상태에 주목하고 있어 활동이나 장소 등은 배경 요소로 분석되고 있다. 이러한 점을 인정하면서도, 본 연구의 논의는 경험표집법을 사용한 연구에서 활동이나 장소 등을 분석할 때 기존연구처럼 응답률 문제가 완전히 배제되어서는 안 된다는 것을 제안한다. 또 특정 계층보다는 가사노동이나 유급노동 등 특정 활동을 사회적·심리적 요인과 함께 심층적으로 분석할 때 경험표집법의 장점이 더욱 부각될 수 있을 것이라고 강조한다.

그러나 경험표집방법이 응답자에게 줄 수 있는 심리적·시간적 부담요인은 본문에서 분석한 응답자의 무응답뿐만 아니라 조사 참여 자체 거부율에도 영향을 미칠 수 있다. 따라서 어떤 모집단을 대표할 수 있는 시간 측정치를 구하기 위해서는 시간일지가 더 적합한 방법이라고 생각할 수 있다. 앞서도 언급되었지만, 시간일지만이 행동의 지속기간이나 행동들 간 연계에 대한 정보를 제공한다는 점도 다시 한 번 강조되어야 할 것이다.

마지막으로 본 연구는 시간일지의 응답 정확성을 높이기 위한 노력이 매우 중요함을 보여 주고 있다. 비록 56.2%의 사례에서 두 도구의 응답이 일치하였고, 다른 15% 정도는 경험표집법에서 보고된 행동과의 연관 속에서 해명될 수 있었으나, 나머지 사례에서는 왜 이런 행동이 제시되었는지 설명할 수 없었다. 물론 두 측정도구 모두 오류 가능성에 열려 있으나 호출 시점에 바로 응답하는 경우가 많은 경험표집법의 응답을 더욱 신뢰할 수밖에 없다면, 이러한 낮은 일치율은 시간일지 보고의 정확성에 의문을 제기하는 것이다. 본 연구에서 분석된 시간일지의 응답상태가 매우 양호하다고 볼 수 없기 때문에,[6] 시간일지의 문제가 이를 사용한 모든 연구에 해당한다고 볼 수는 없다. 예를 들어 한국 통계청(2005)의 생활시간자료는, 시간일지의 질을 평가하는 가장 주된 수단인 일일 평균 활동 수(하루치 시간일지에 보고된 활동 수)가 17개로 다른 자료에 비해 상대적으로 높은 편이다. 그러나 회고적 방법을 사용하는 시간일지의 경우 응답자의 참여 동기를 높이는 다양한 노력을 통해 응답의 질을 제고할 필요가 있다는 것이 다시 한 번 강조되어야 할 것이다.

6. 하루에 보고된 행동 수 평균은 약 11.2개로 로빈슨(Robinson, 1985) 등의 연구에 비해 적었다.

〈부록표 5-1〉 비일치 사례와 유형

| 경험표집법 | 시간일지 | 비고 |
|---|---|---|
| 예배에서 목사님의 설교를 듣다 | 예배가다 | 시점1 |
| 산책 | 친구와의 대화 | 시점2 |
| 가사일을 배우자와 상의하다 | 청소(vacuuming) | 행위의 현저성1 |
| 아카데미 시상식을 보면서 빨래를 정리하다 | 세금신고 준비를 하다 | |
| 선크림을 바르면서 문서를 출력하다 | 착의(get dressed) | 행위의 현저성2 |
| 노트를 남기며 테이블을 정리하다 | 친구들과 이야기하다 | |
| 낮잠을 자려 하면서 남은 시간에 무엇을 할까 이야기하다 | 아이들의 정리를 돕다 | |
| 아카데미 시상식을 보면서 사과를 먹다 | 욕실정리 | |
| 아카데미 시상식을 보면서 빨래를 정리하다 | 설거지하다 | 시점3 |
| 목이 아파 검사를 받다 | 병원에 가는 길 | 시점4 |
| 스파게티를 먹다 | 이메일을 보내면서 컴퓨터 관련 일을 하다 | |
| 컴퓨터 관리 | TV를 시청하다 | 시점5 |
| 설문지 응답 | 강의 | 짧은 지속기간1 |
| 설문지를 챙김 | 커피와 주스를 마시다 | |
| 커피를 내리면서 아들의 골프 레슨의 조정을 위해 준비하다 | 프랑스어 수업 | |
| 샤워 후에 건조 중 | 샤워 | 시점6 |
| 발표를 듣고 있다 | 휴식 | |
| 딸을 데리러 가다 | 내일을 준비 | |
| 이메일을 보다 | 이동 중 | |
| 텔레비전 시청 | 퇴근 중 | |

| 경험표집법 | 시간일지 | 비고 |
|---|---|---|
| 샤워 | 착의(getting dressed) | 시점7 |
| 침실정리 | 텔레비전을 시청하다 | |
| 머리 감다 | 청소 | |
| 자려고 준비하다 | 텔레비전을 본다 | |
| 아들에게 | 저녁준비 | |
| 음식을 가족에게 내다 | 수업하고 돌아오는 길 | |
| 발표를 듣고 있다 | 휴식 | |
| 딸을 데리러 오다 | 내일을 준비 | |
| 이메일을 보다 | 이동 중 | |
| 텔레비전 시청 | 퇴근 중 | |
| 샤워 | 착의(getting dressed) | 시점7 |
| 이메일을 보다 | 이동 중 | |
| 발표를 듣고 있다 | 휴식 | |
| 딸을 데리러 오다 | 내일을 준비 | |
| 발표를 듣고 있다 | 휴식 | |
| 딸을 데리러 오다 | 내일을 준비 | |
| 이메일을 보다 | 이동 중 | |
| 텔레비전 시청 | 퇴근 중 | |
| 샤워 | 착의(getting dressed) | 시점7 |
| 침실정리 | 텔레비전을 시청하다 | |
| 머리 감다 | 청소 | |
| 자려고 준비한다 | 텔레비전을 본다 | |
| 아들에게 | 저녁준비 | |
| 음식을 가족에게 내다 | 수업하고 돌아오는 길 | |
| 이메일을 본다 | 이동 중 | |
| 텔레비전 시청 | 퇴근 중 | |
| 샤워 | 착의(getting dressed) | 시점7 |
| 침실정리 | 텔레비전을 시청하다 | |
| 머리감다 | 청소 | |
| 자려고 준비한다 | 텔레비전을 본다 | |
| 아들에게 | 저녁준비 | |

| 경험표집법 | 시간일지 | 비고 |
|---|---|---|
| 음식을 가족에게 내다 | 수업하고 돌아오는 길 | |
| 의상정돈 | 낮잠 | |
| 웹-서핑 | 남편과 대화 | |
| 아버지와 전화로 통화 중 | 내일 계획 세움 | |
| 볼링 | 직장 동료와 생일파티 중 | 맥락의 상실1 |
| 취침 중 | 침대에 있다 | |
| 요리 | 신문구독 | |
| 웹-서핑 | 이동 중 | |
| 침대에서 대화 중 | 침대에 있다 | 짧은 지속시간2 |
| 부엌정리 | 아들 과외 위해 이동 중 | 시점8 |
| 아들과 세탁하러 가는 준비 중 | 세탁소에 옷 맡김 | 시점9 |
| 응답 중 | 세탁소에 옷 맡김 | 짧은 지속시간3 |
| 환자의 말을 듣고 있다 | 직장에서 점심 | |
| 수표에 사인 중 | 이동 중 | |
| 남편과 친구들과 대화 중 | 식당에서 저녁 먹다 | 맥락의 상실2 |
| 아이를 껴안고 있다 | 남편과 텔레비전 시청 | |
| 곧 올 사람들을 기다리는 중 | 저녁준비 | |
| TV 듣고 있다 | 설거지 | |
| TV 듣고 있다 | 집에서 회사일 | |
| 주유 중 | 아이들을 데려다주다 | 시점10 |
| 손톱 다듬는 중 | 텔레비전 봄 | 짧은 지속시간4 |
| 스포츠클럽을 위한 기금모임으로 가는 중 | 경매와 저녁식사 | 시점11 |
| 테니스클럽으로부터 돌아오는 중 | 집에서 식사 | 시점12 |
| 보고서를 마무리하는 중 | 딸에게 데리러오라는 문자 옴 | 시점13 |
| 집에서 독서 | 가사노동 | |
| 설문지 응답 | 가사노동 | |
| 저녁준비 | 저녁식사 | 시점14 |
| 독서 | 딸과 함께 집안일 | 시점15 |
| 작업할당을 받는 중 | 작업하러 이동 중 | |
| 작업 중 | 커피 브레이크 | 시점16 |

| 경험표집법 | 시간일지 | 비고 |
|---|---|---|
| 일 | 점심식사 | |
| 운동 중 | 잠 | |
| 급한 전화를 받다 | 딸의 방전된 차에 시동 걸어줌 | |
| 꿈에 대해 생각하다 | 텔레비전을 보다 | 짧은 지속기간5 |
| 점심준비 | 사촌을 태우고 이동 중 | 시점17 |
| 영화 보는 중 | 개에 먹이 줌 | |
| 정원 정리 | 집 청소 | |
| TV보면서 스프 먹는 중 | 저녁준비 | |
| 간식 먹는다 | 일 | |
| 아침준비 | 아이를 학교에 데리러 가다 | |
| 직장에서 휴식 | 일 | 행위의 현저성4 |
| 가족과 대화 | 딸의 저녁 먹는 것을 도와주다 | |
| 독서 | 아이를 데리러 가다 | |
| 착의 | 아이에게 아침준비 | |
| 컴퓨터 끄면서 책상정리 | 퇴근 중 | 시점18 |
| 식사 | 설거지 중 | 시점19 |
| 달릴 준비를 하다 | 착의 | 행위의 현저성(경험표집법) |
| 딸의 점심 준비 | 착의 | |
| 카탈로그를 보다 | 딸과 놀다 | |
| 저녁식사 | 쉬면서 남편과 대화중 | |
| 침대에 있다 | 와이프와 이야기 중 | |
| 저녁식사 | 이동 | 시점20(driving toward home) |
| 이메일 | 집으로 이동 중 | 시점21(driving toward home) |
| 쇼핑몰에서 차로 가고 있다 | 쇼핑몰에서 몇 개의 일을 하다 | 행위의 현저성5 |
| 잡지를 보고 있다 | 쉰다 | |
| TV 시청 | 청소 | |
| 언니와 대화 중 | 소비자센터에 전화 중 | |
| 머리 말리는 중 | 출근 위해 준비 중 | |

| 경험표집법 | 시간일지 | 비고 |
|---|---|---|
| 세금 준비하면서 라디오 듣다 | 세탁과 청소 | |
| 이메일 체크 | 독서 | |
| 청구서 체크 중 | 설거지 | |
| 학교에서 돌아오는 중 | 식사 | |
| 아이에게 뭐 먹이다 | 점심준비 | |
| 딸을 안고 있다 | 커피 마시는 중 | |
| 딸을 도와줌 | 이동 | |
| 이동 | 이동 | 맥락의 상실3 |
| 음악 감상 | 사업동료와 대화중 | |
| 장을 봐서 집에 오는 중 | 딸을 데리러 오다 | |

# 제6장

# 국가별 응답성향과 정치적 신뢰 문항의 등가성

구혜란 · 이윤석 · 한신갑

## 1. 국제비교 연구에서 측정의 등가성

### 1) 측정의 등가성

최근 대규모 비교를 목적으로 한 국제조사자료가 늘고 있다. 유럽사회조사(European Social Survey, ESS), 국제사회조사(International Social Survey Program, ISSP), 유럽가치관연구조사(European Values Study, EVS), 세계가치관조사(World Values Survey, WVS)와 같은 자료로 많은 연구자가 연구 대상의 국가 간, 지역 간, 시대 간 차이를 분석하고 있다. 국제조사자료로 관찰하는 태도, 행동, 가치 등은 사회과학적 이론화 작업에 큰 도움이 된다. 학자들은 국가 간 차이를 연구하여 관심 대상의 생성 및 변화에 영향을 주는 요인을 찾을 수 있다. 또한 포착하기 어려운 자국의 사회변화를 국가 간 비교로 확인할 수 있다. 국제조사자료로는 일국 범주를 넘어서는 거대한 사회변화도 확인할 수 있다. 그렇기 때문에 뒤르켐이 '비교사회학은 사회학의 한 범주가 아닌 사회학 그 자체'라고 설파했는지 모른다(Durkheim, 1982[1895]:

157). 따라서 국제조사자료의 신뢰성은 사회학 이론 발전의 근간이다.

그러나 국제조사자료의 신뢰성에 대해 많은 문제가 제기되고 있다. 사실 한 국가에서 실시되는 조사도 많은 문제를 안고 있다(Groves et al., 2009). 적지 않은 조사대상자가 참여를 거부한다. 조사에 참여해도 의도적으로 또는 부주의로 생각이나 사실을 제대로 보고하지 않는다. 국제조사자료는 이들 문제에 더해 다른 과제도 안고 있다(Berry et al., 2011). 예를 들어 설문문항은 적절하게 번역되어야 한다. 그리고 참여국 모두 같은 방식으로 표본을 추출해야 하며, 나라마다 조사 참여율을 비슷하게 유지해야 한다. 모두가 같은 방식으로 조사해야 하며, 설문문항은 모든 참여 국가에서 같은 대상을 측정해야 한다.

이 중 각국에서 사용된 문항의 등가성(equivalence)을 우려하는 경우가 많다. 다른 나라 사람들은 당연히 사회적·문화적으로 다른 환경에서 성장하였다. 언어도 전혀 다르다. 따라서 같은 개념이나 사상을 다르게 받아들일 수 있다. 피우코와 동료들(Piurko, Schwartz and Davidov, 2011)은 유럽 국가들에서 정치적 좌파와 우파의 의미가 매우 다르다고 지적한다. 예를 들어 스웨덴 같은 자유주의적 국가와 체코 같은 과거 공산주의 국가에서 정치적 좌우의 의미는 어쩌면 정반대일지도 모른다. 다른 한편으로 국가 간 문화적 차이는 설문문항 척도에 대한 응답성향 차이를 낳기도 한다. 개인주의 성향이 강한 국가들에서 응답자는 극단적 견해를 분명하게 드러내는 경향이, 집단주의 성향이 강한 국가들에서는 극단적 응답을 피하려는 경향이 나타나기도 한다. 이 경우 척도를 어떻게 구성하는가에 따라 조사결과가 상당히 달라진다. 따라서 분석의 신뢰성을 확보하기 위해서는 국제자료가 얼마나 비교 가능한지 확인해야 한다(Jowell, 1998).

측정 등가성은 매우 다양한 의미로 해석된다. 존슨(Johnson, 1998)은 관련 연구를 검토해 등가성 정의가 50개라고 지적하였다. 그러나 연구자 대부분은, 다양한 응답자들에게 같은 대상을 같은 방식으로 측정하는 것으로 측정 등가성 개념을 이해한다(Meredith, 1993; Vandenberg, 2002; Chen, 2008; Millsap, 2011). 물론 응답결과가 같아야 한다는 것은 아니다. 관심 대상에서 같은 입장을 갖고 있다면, 서로 다른 사회적 배경을 갖고 있는 응답자일지라도 최종 응답에서 차이가 없어야 한다는 뜻이다.

측정의 등가성이 문제되는 경우는 크게 세 가지다(Van de Vijver, 1998). 첫째, 같은 개념이 국가마다 다르게 이해되는 경우다(Stegmueller, 2011). 예를 들어 복지국가 개념은 국민의 복지 유지 및 증진 의무를 국가가 져야 한다는 생각이 없는 나라에서는 낯설 수밖에 없다. 정치적 우파와 좌파를 이루는 구체적 내용이 나라마다 다를 수 있다는 말도 같은 의미이다(Piurko, Schwartz and Davidov, 2011). 둘째, 설문번역 과정에서 생각보다 많은 오해가 발생한다. 특히 설문을 각국어로 직역할 경우 응답자들이 원래 의도와 다르게 설문을 이해하고 응답할 수 있다. 예를 들어 ESS에서 이민자들이 저지른 범죄에 대한 태도를 묻는 문항이 있다. 그런데 덴마크 설문에서는 주로 교통 위반과 같은 가벼운 범죄를 뜻하는 단어가 사용되어 상대적으로 덴마크 국민이 이민자에 대해 관용적 태도를 갖고 있는 것으로 나타났다(Billiet, 2013). 그렇지만 현실은, 이민자들에 대해 매우 부정적인 태도를 보인 극우파 정당이 승리하는 등, 조사결과와 매우 달랐다. 셋째, 무응답이나 사회적 바람직성 편향(social desirability bias), 특정 응답성향 등으로 등가성 문제가 생길 수 있다(Couper and de Leeuw, 2002; Heeringa and O'Muircheartaigh, 2010). 아시아계 국민은 설문조사에서 되도록 극단 범주를 피하는 데 반해 히스패닉계 국민은 그러한 거부감이 별로 없다(Marin et al., 1992; Johnson and Van de Vijver, 2002). 이러한 응답성향 차이를 실제 집단 차이로 이해할 수 있는지를 두고 많은 논란이 있다(Saris, 1998).

측정의 등가성은 가치나 태도, 의견 등 주관적·추상적 대상뿐만 아니라(Kankaras and Moors, 2009; Davidov et al., 2014), 사회인구학적 위치와 같은 객관적·구체적 대상에도 적용되어야 한다(Braun and Scott, 1998; Warner and Hoffmeyer-Zlotnik, 2005). 그렇지만 아무래도 주관적 문항의 신뢰성이 문제되는 경우가 많기 때문에 경험 연구들은 주로 태도, 가치, 사고 등을 묻는 문항의 등가성을 다룬다. 일례로 연구자들은 앞에서 소개한 ESS, ISSP, WVS 등을 이용해 개인 성격(Rammstedt, Goldberg and Borg, 2010; Bartram, 2013), 복지정책 태도(Stegmueller, 2011), 환경 관련 태도(Boeve-de Pauw et al., 2012), 직업 만족도(Liu, Borg and Spector, 2004)를 측정하는 문항의 등가성을 연구하였다. 이들 연구 대부분은 측정 문항의 국가 간 등가성을 의심해 볼 여지가 있다고 결론 내린다.

### 2) 신뢰수준 측정의 등가성

신뢰(trust)는 현대 사회과학에서 핵심으로 떠오르고 있는 태도문항이다(Uslaner, 2002; Freitag and Buhlmann, 2009; Delhey et al., 2011). 신뢰는 대체로, 사람들이 좋은 의지를 가지고 행동하리라는, 또는 피해를 일으키지 않으리라는 기대감으로(Glanville and Paxton, 2007), 어떤 대상의 책임감, 진실, 능력에 대한 믿음으로 정의할 수 있다. 이런 신뢰는 일반적으로 나를 제외한 모든 대상에 대한 일반적 신뢰(generalized trust)와 특정 대상에 대한 신뢰(particularized trust)로 나뉜다(Oskarsson et al., 2009; Newton and Zmerli, 2011).

후자에서는 최근 정치적 신뢰(political trust)에 대한 연구가 크게 늘고 있다. 정치적 신뢰는 정치조직(organizations)이나 정치기관(institutions)의 진심이나 능력에 대한 믿음을 일컫는다(Ma and Yang, 2014). 정치적 신뢰수준 변화는 사회 전체에 매우 큰 함의를 갖는다. 우선 정치적 신뢰/불신수준이 사회구성원의 사회적 참여에 크게 영향을 준다. 정치적 불신이 크면, 사회적으로 참여해도 정치 행위자들이 별로 달라지지 않을 것이라 생각해 참여의지가 꺾인다(Stokes, 1962; Almond and Verba, 1963). 특히 정치적 신뢰수준은 민주주의의 기초인 투표와 깊은 관련이 있다. 개인의 정치적 신뢰 또는 불신은 집권정치세력의 통치 행위와 정책 방향에 대한 평가를 포괄한다(Hetherington, 1998; 1999). 따라서 이론적으로는 정치적 신뢰수준이 어떻게 변화하는지로 투표 행위를 예측해 볼 수 있다(Sigelman et al., 1992).

정치적 신뢰수준은 정부의 통치행위를 수용하는 정도와 관련이 있다(Tyler, 1990). 사회가 제대로 유지되려면 구성원들이 이기적 이익 추구를 지양하고 다양한 통제와 요구를 감수해야 한다. 예를 들어 국민 누구나 세금을 내야 한다. 일정 나이가 되면 잠시 사회생활을 접고 군대에 가야 한다. 공익을 위해 재산상의 손해를 감수해야 한다. 정치적 신뢰수준 하락에 따른 통치행위에 대한 저항 증가는 사회에 심각한 문제를 야기한다(Ayres and Braithwaite, 1992).

마지막으로 정치적 신뢰수준은 일반적인 사회적 신뢰 형성에 큰 부분을 차지한다. 다시 말해 정치적 신뢰수준은 사회적 신뢰수준을 고양한다(Putnam, 1993; 1995). 사회적 신뢰는 사회의 원활한 운영과 발전에 기본이 되는 요소다. 건강한 개인 간 상호관계는 생산적 경제와 협력적 사회 구현에 중요하다(Fukuyama, 1995). 그렇기 때문에 정치적 신뢰를 통해 사회적 신뢰가 증진될 수 있다면, 정치적 신뢰는 정치적 범주를 넘어서는 중요성을 갖게 된다. 경험 연구들은 정치적 신뢰수준의 의의를 보여 준다. 정권이 파벌 간 갈등을 공정하고 적절하게 통제할 것이라는 믿음은 중세 이탈리아 도시국가인 제노바 발전에 초석이 되었다(Grief, 1994). 현대 중국에서 지방정부에 대한 신뢰 정도는 지역 간 경제발전 차이에 큰 영향을 준다(Whiting, 1998).

정치적 신뢰수준에 대한 설명은 크게 제도적(institutional) 관점과 문화적(cultural) 관점으로 나뉜다. 제도적 관점은 정치 제도의 효율 또는 정치 기관의 성과를 강조한다(Levi and Stoker, 2000). 즉 정치적 신뢰는 정부 또는 정당 활동 평가에 기반한다는 것이다. 이 관점은 국민의 지지에 따라 권력을 잡고 집권 후에는 국민의 감시를 받는 정부가 투명하고 솜씨 있게 국정을 운영할 것이라는, 이른바 민주주의 정신을 강조한다. 건강한 정치체제에서 국민은 여러 경로로 정치 행위자들에게 영향을 미칠 수 있고 정치과정에 직접 참여할 수도 있다. 개인의 정치적 신뢰는 직간접적 참여를 통해 자연스럽게 형성된다(Hardin, 1993). 따라서 정치적 신뢰가 높아지려면 정치 기관의 활동이 불편부당해야 하며 정부 정책은 효과적이어야 한다(Rothstein, 2009). 또한 부패 수준이 낮고 복지체제가 발달하고 관료체제가 효율적일수록 정치적 정당성이 커진다(Kumlin and Rothstein, 2005).

반면 문화적 관점에 따르면 정치적 신뢰는 일상생활에서 관찰할 수 있는 문화적 규범에 뿌리를 둔다(Mishler and Rose, 2001). 개인은 지역, 직장, 취미 등 여러 영역과 범주에서 사회적 관계를 형성한다. 이처럼 다양한 관계를 경험하면서 개인은 조직, 단체, 사람들에 대해 사회적 신뢰/불신을 쌓게 되고, 이 사회적 신뢰수준이 정치적 대상에도 적용된다(Putnam, 1993; Inglehart, 1997). 문화적 관점은 정치 제도 및 조직에 대한 신뢰를 사회적 신뢰의 확장 또는 결과로 생각한다. 이러한 관점은 정치적 신뢰수준이 그리 쉽게 바뀌지 않는다는 전제에서 출발한다. 달리 표현하면 현재 정치적 신뢰수준의 가장 강력한 예측 변수는 과거 정치적 신뢰수준이다(Damico et al., 2000). 정부 정책 또는 입장과 같이 때에 따라 달라질 수 있는 변수에는 크게 영향 받지 않는다. 어릴 때부터 맺은 다양한 관계로부터 얻은 경험과 그 경험에 대한 인식에 따라 사회에 대한 신뢰수준이 형성된다. 그리고 이 사회적 신뢰라는 렌즈를 통해 정치 체제 및 행위자를 평가한다. 이런 입장에서 보면 사회적 신뢰는 정치적 신뢰의 원인이 된다(Putnam, 2001).

두 관점을 비교하기 위해 많은 경험 연구가 진행되었다. 대체로 서구 국가를 대상으로 한 연구들은 제도적 관점을 지지한다. 정치적 신뢰수준은 정부 또는 정당의 정치적 능력이나 정책적 효과와 깊은 상관관계가 있는 반면 사회적 신뢰와 같은 문화적 변수들과는 별 관계가 없었다(Braithwaite and Levi, 1998; Mishler and Rose, 2001; Newton, 2001). 여러 서구 선진국에서 관찰되는 정치적 신뢰수준의 하락도, 경제 쇠퇴, 정치스캔들, 치솟는 범죄 수준 등 정부의 통치 능력으로 설명될 수 있다(Chanley, Rudolph and Rahn, 2000; Bowler and Karp, 2004). 반면 아시아 지역 국가에서는 권위주의적 태도와 같은 문화적 성향이 정치적 신뢰수준에 매우 깊은 영향을 준다(Ma and Yang, 2014). 문화적 배경이 다른 국가 국민들은, 정부 정책 방향과 운영에 대해 크게 다른 평가를 내리지 않아도, 신뢰수준에서는 큰 차이를 보인다(Jang, Joo and Zhao, 2010; Cao, Lai and Zhao, 2012).

21세기부터는 여러 국제자료에 기초한 국가 간, 지역 간 비교 연구가 본격적으로 진행되었다(Mishler and Rose, 2001; Rothstein and Stolle, 2008). 이들 연구는 국가별로 정치적 신뢰수준이 매우 다르다고 보고한다(Listhaug and Wiberg, 1995). 아시아 국가보다 북미 또는 유럽 국가에서 대체로 정치적 신뢰수준이 낮다(Wang, 2005). 그렇지만 같은 아시아 지역에서도 대만, 일본, 한국 등은 정치적 신뢰수준이 낮은 반면 베트남, 말레이시아, 캄보디아 등은 정치적 신뢰수준이 높다(Ma and Yang, 2014). 학자들은 국가 간 차이를 정치적 능력이나 정당체제 차이로 설명한다(Miller and Listhaug, 1990; Mishler and Rose, 1997). 또는 문화적·역사적 배경 차이를 강조하기도 한다.

그렇지만 앞서 말한 것과 같이 국제조사자료의 측정 등가성에 대한 의문은 신뢰에 대한 기존 연구결과에도 적용될 수 있다. 연구자들은 보통 정부나 정당 등 정치적 대상에 대한 신뢰수준을 모두 더하거나 평균을 내는 일차원적 측정 방식을 채택한다(Damico et al., 2000; Mishler and Rose, 2001; Oskarsson, 2010). 다시 말해 리커트 척도를 사용한 문항들의 평균값 차이를 비교의 준거로 삼는다. 이런 방식은 기본적으로 조사참여자들이 문항의 실질 의미에 근거해 응답한다고 전제한다. 그렇지만 응답은 응답성향에 의해서도 영향을 받는다(Baumgartner and Steenkamp, 2001). 응답성향은 문항의 의미와 상관없이 나타나는 체계적인 응답패턴을 의미한다. 가장 대표적인 응답성향으로는 설문 내용과 무관하게 되도록 동의 또는 부정하려는 경향과 극단 또는 중간값을 선호하는 경향을 들 수 있다(Harzing, 2006). 응답성향의 차이는 여러 가지 문제를 낳는다. 첫째, 중간값 또는 극단값을 선호하는 경향은 응답 내용과 상관없이 응답결과를 왜곡할 수 있다. 이러한 결과는 국가 간 비교에서 잘못된 결론에 이르게 한다. 둘째, 응답성향은 여러 문항 결과를 축소 또는 과장하여 변수 간 관계 연구에서 잘못된 결론에 이르게 할 수 있다.

많은 경험 연구는 국가 간 응답성향이 다르다는 점을 보여 준다. 대체로 동아시아 응답자는 북미 응답자보다 중간값 선호 경향을 보인다(Chen, Lee and Stevenson, 1995). 아시아 응답자에 비해 오스트레일리아 응답자는 극단값을 더 자주 선택하는 성향을 보인다. 학자들은 이러한 차이를 집단주의적 성향의 차이로 이해한다(Harzing, 2006). 개인보다 집단을 강조하는 문화권 국가 응답자는 일반적으로 조화를 강조하고 갈등을 피하려는 성향이 있다. 이 때문에 설문 응답에서도 되도록 극단적 의견을 피하려 한다는 것이다. 반대로 개인주의적 성향이 강한 국가의 국민은 자신의 의견을 상대적으로 명확하게 밝히도록 사회화될 수 있다(Gao, Kao and Ting-Toomey, 1998). 이러한 문화적 특색 때문에 강한 부정 또는 긍정 표현이 더 많을 수 있다.

국가마다 응답성향이 다르다면 국가 간 신뢰수준을 비교할 때 측정의 등가성이 전제될 수 있는가를 먼저 살펴볼 필요가 있을 것이다. 응답자의 실질적인 신뢰정도와 별개로 응답자의 응답성향이 국가 간 신뢰수준에 영향을 준다면 결과 차이를 그대로 받아들이는 데 주저할 수밖에 없기 때문이다. 따라서 각국별 응답성향을 확인하고 이러한 응답성향이 정치적 신뢰수준에 체계적인 편향을 가져오는지 검증하는 과정이 필요하다.

## 2. 응답성향값과 효과 측정

### 1) 응답성향값 측정

검증을 위해 우리는 유럽가치관연구조사(European Values Study, EVS) 4차년도(2008년) 자료와 세계가치관조사(World Values Survey, WVS) 6차년도(2010년) 자료를 사용하였다. EVS는 유럽국가 간 가족, 일, 정치, 사회, 종교 등과 관련된 가치관을 비교 연구할 수 있도록 설계된 국제비교조사이다. WVS는 유럽에서 시작된 가치관조사가 유럽 이외 국가들로 확대된 조사이다. 두 자료를 선택한 이유는 조사목적과 조사문항이 유사하여 서로 다른 자료 사용으로 발생할 수 있는 측정오차를 줄일 수 있기 때문이다. 아울러 두 조사에 참여한 국가가 많아 다양한 사회경제적 맥락을 가진 국가들의 응답성향을 확인할 수 있다는 점도 고려되었다. EVS 4차년도 조사에는 47개 국가가 참여하였으며, WVS 6차년도 조사에는 55개 국가가 참여하였다. 분석은 EVS 4차년도 조사에 참여한 47개 국가와 WVS 6차년도 조사에 참여한 국가 중 아시아 7개국(한국, 중국, 일본, 대만, 싱가포르, 말레이시아, 필리핀), 북중남미 4개국(미국, 칠레, 멕시코, 페루), 호주를 포함한 12개 국가를 대상으로 하였다.[1]

국가별 응답성향 측정에서 중요한 요인은 비교 문항이다. 왜냐하면 응답성향값은 응답성향 이외에 문항이 측정하고자 하는 실질적 질문 내용과도 관련 있기 때문이다. 특히 이 연구에서처럼 같은 자료를 사용하지 않는 경우 측정문항에 따라 측정값이 달라질 가능성이 높다. 그린리프(Greenleaf, 1992)는 응답성향 측정을 위해 선택한 문항끼리는 상관관계가 낮아야 한다

1. WVS 6차년도 조사에 참여한 국가 모두를 분석에 포함하지 않은 이유는, EVS와 달리 WVS는 기본설문의 상당 부분을 조사하지 않거나 기본 설문과 동일한 형식으로 조사하지 않은 국가가 다수 포함되어 있기 때문이다.

고 말한다. 문항 간 상관관계가 높은 문항들을 포함할 경우 문항 내용의 다양성이 축소되어 측정오차가 커지기 때문이다. 그는 또한 관찰된 응답값 분포가 개별 응답선택지의 선택비중과 유사한 분포를 가져야 한다고 주장한다. 예를 들면 극단응답성향을 측정할 때 5점 척도 문항은 1에서 5까지 5개 응답선택지를 갖는다. 이때 극단값은 1과 5로 전체 응답선택지 중 2개에 해당하고, 전체 응답선택지 중 0.4(=2/5)의 비중을 차지하게 된다. 따라서 극단응답성향을 측정하는 문항은 응답대상자들이 실제 극단값을 선택한 분포가 0.4(40%)에 근접한 문항일 필요가 있다는 것이다. 이는 응답자가 극단값 선택비중이 높은 문항에서 극단값을 선택한 경우를 제외해, 실질적 의미를 갖는 응답자의 응답값 선택과 응답성향에 따른 선택을 더 분명하게 구분할 수 있게 해준다.

이 두 원칙을 따르기 위해 우리는 우선 각 자료별로 4점 척도 이상으로 질문한 문항을 선별하고 이들 문항의 응답분포를 확인하여, 응답분포가 응답성향의 개념적 특성을 반영하는 문항들을 추려내었다. 예를 들면 4점 척도 문항에서 극단값은 선택지 4개 중 2개(1에서 4점 척도 4개 중 1과 4)로 비중이 0.5가 되고, 5점 척도에서는(1에서 5점 5개 중 1과 5) 0.4가 된다. 우리는 극단값 또는 중간값을 선택한 비중이 응답선택지의 극단값 선택지와 중간값 선택지 비중의 ±0.1을 넘지 않는 문항(극단응답성향 측정문항은 4점 척도의 경우 0.4~0.6, 5점 척도의 경우 0.3~0.5, 중간응답성향 측정문항은 4점 척도인 경우 0.4~0.6, 5점 척도인 경우 0.1~0.3범위)들을 선택하였다. 다음으로 선택 문항 간 상관관계를 검토하여 상관계수가 ±0.3을 넘는 변수는 제거하였다. 이러한 과정을 거쳐 극단응답성향(extreme response style, ERS) 측정에서는 WVS와 EVS 각각 20개 문항이, 중간응답성향(moderate response style, MRS) 측정에서는 WVS 19개, EVS 18개 문항이 최종 선택되었다. 문항 간 상관계수 절대값 평균은 극단응답성향 측정 문항의 경우, WVS는 0.091(SD=0.07), EVS는 0.099(SD=0.05)이며 절대값 최대치는 각각 0.286, 0.298이다. 중간응답성향 측정에 사용한 문항 간 상관계수 절대값 평균은, WVS는 0.065 (SD=0.06), EVS는 0.05(SD=0.04)이며 절대값 최대치는 각각 0.299, 0.256 이다.

기관신뢰문항의 경우 두 자료 모두 18개 기관에 대해 4점 척도(1=매우 신뢰~4=전혀 신뢰하지 않음)로 물어보고 있는데, 이 중 두 자료에서 공통으로 질문한 12개 항목[2]을 대상으로 하였다.

ERS와 MRS 측정치는 각 응답성향값을 구하기 위해 선택된 문항 중 해당 응답값(극단응답, 또는 중간응답)을 선택한 문항수를 세고 이를 전체 문항수로 나누는 방법으로 계산하였다. 이 경우 ERS와 MRS는 모두 0에서 1의 값을 갖는다. 극단값은 4점 척도의 경우 응답값 1과 4를, 5점 척도인 경우 응답값 1과 5를, 10점 척도인 경우 응답값 1, 2, 9, 10을 선택한 경우를 세었다. 중간값은 4점 척도인 경우 응답값 2와 3을, 5점 척도인 경우 응답값 3을, 10점 척도인 경우 응답값 5와 6을 선택한 경우를 세었다.

### 2) 응답성향 효과 측정

국가 간 서로 다른 응답성향이 실제 기관신뢰문항 응답값에 영향을 주는지를 검증하기 위하여 우리는 기관신뢰문항 중 정부, 정당, 의회에 대한 신뢰문항을 정치기관에 대한 신뢰 척도문항(정치적 신뢰)으로 구성하고, 바움가르트너와 스틴캠프(Baumgartner and Steenkamp, 2001)의 검증방식을 활용하였다. 이들은 긍정응답성향(acquiescence response style), 부정응답성향(disacquiescence response style), 극단응답성향(extreme response style), 중간응답성향(midpoint responding), 그리고 비일관적 응답성향(noncontingent responding) 등 다섯 종류의 응답성향이 척도(scales)의 실제 관찰값과 척도

---

2. 종교기관, 군대, 언론, 노동조합, 경찰, 정당, 정부, 의회, 공무원, 대기업, 환경단체, UN 등 12개 기관.

들 간 상관관계에 편향을 초래한다는 것을 검증한 바 있다. 이들은 응답성향 중 ERS와 MRS의 효과와 관련해서는 척도중앙값으로부터 관찰된 평균값 편차(the deviation of the scale mean from the midpoint of the response scale, DMP)에 영향 받는다는 것을 보여 주었다. 일반적으로 특정 척도문항에 대해서 개인으로부터 얻어진 관찰값이 세 요인, 즉 실질적인 의미를 갖는 실재값(true score), 체계적인 측정오차(systematic measurement error), 무작위측정오차(random measurement error)로 인한 값이라고 할 때, 특정 국가 개인의 관찰값은 실재값에 개인의 응답성향 효과, 그리고 응답성향을 고려한 예측값과 응답값 간 오차를 더한 값으로 나타낼 수 있다. 이때 개인의 관찰값에 대한 각각의 응답성향의 효과는 각 응답성향 계수값의 부호에 따라 다르게 나타난다. 만일 계수가 +이면, 응답성향의 효과는 실재값을 올리는 방향으로 작동하지만 만일 계수가 -이면 응답성향의 효과는 실재값을 내리는 방향으로 작동한다. 그런데 바움가르트너와 스틴캠프에 의하면 개인의 응답성향으로 인한 편향 효과는 개인이 속한 국가의 DMP에 따라 달라진다는 것이다.[3]

DMP가 MRS와 ERS의 효과에 영향을 주는 방식은 다음과 같이 생각해 볼 수 있다. 우선 MRS의 경우, 만일 척도 평균이 척도중앙값(예를 들면 1~5점 척도일 경우 3)일 때는 MRS가 척도점수에 체계적인 영향을 주지 않을 것이다. 왜냐하면 실재값이 중앙값보다 작은 값을 가진 응답자에 대해서 MRS로 인한 편향은 +가 될 것이고, 중앙값보다 큰 값을 가진 응답자에 대

---

3. 척도에 대한 예측값이 서로 다른 응답성향과 선형관계에 있다고 가정할 때, 척도값에 대한 응답성향의 효과는 다음과 같은 식으로 표현할 수 있다. $y_{ij} = \beta_{0j} + \beta_{1j}MRS_{ij} + \beta_{2j}ERS_{ij} + r_{ij}$. MRS와 ERS가 갖는 척도값에 대한 효과의 방향과 크기가 DMP에 따라 다르게 나타난다면, 이를 나타내는 식은 다음과 같다. $\beta_{1j} = \gamma_{10} + \gamma_{11}DMP_j + u_{1j}$ ; $\beta_{2j} = \gamma_{20} + \gamma_{21}DMP_j + u_{2j}$. 뒤의 두 식을 앞의 식에 대입하면 다음과 같은 식을 얻을 수 있다. $y_{ij} = \gamma_{00} + \gamma_{10}MRS_{ij} + \gamma_{20}ERS_{ij} + \gamma_{01}DMP_j + \gamma_{11}MRS_i{*}DMP_j + \gamma_{21}ERS_i{*}DMP_j + u_{0j} + u_{1j}MRS_{ij} + u_{2j}ERS_{ij} + r_{ij}$. 결국 특정 국가에서 특정 개인의 척도값은 개인수준에서의 응답성향과 국가수준에서의 DMP의 효과, 그리고 국가수준에서의 DMP와 개인수준에서의 응답성향 간의 상호작용효과를 더한 값으로 나타낼 수 있다.

해서는 -가 되어서 결국 그 효과가 상쇄되어 버릴 것이기 때문이다. 그러나 만일 국가의 평균값이 중앙값보다 크다면, 실재값 대부분은 중앙값보다 클 것이고 개인 MRS는 실재값을 낮추는 방향으로 작용할 것이다. 반면 국가 평균값이 중앙값보다 작다면 실재값 대부분은 중앙값 아래에 위치할 것이고 개인 MRS는 실재값을 높이는 방향으로 작용할 것이다. ERS의 경우에는 그 반대로 나타난다. 만일 척도값 평균이 중앙값보다 크면 ERS는 실재값을 올리는 방향으로, 중앙값보다 작으면 실재값을 낮추는 방향으로 작용할 것이다. 이는 DMP가 +일 때 ERS의 효과는 +가 되고, DMP가 -일 때 ERS 효과는 -가 되는 반면, DMP가 +일 때 MRS의 효과는 -가 되고, DMP가 -일 때 MRS의 효과는 +가 되는 것을 의미한다. 결국 응답성향 효과의 검증은 국가별 DMP와 개인의 ERS 간 상호작용효과가 +이고, 국가별 DMP와 개인의 MRS 간 상호작용효과가 -값을 가지는가를 확인하는 것으로 이루어질 수 있다.

## 3. 응답성향 비교

위에서 제시한 방식으로 측정한 응답성향값을 토대로 개별 국가가 어떠한 응답성향을 가지고 있는지를 살펴보자(〈그림 6-1〉 참조).[4] 먼저 중간응답성향값을 보면, 리투아니아, 에스토니아, 라트비아, 싱가포르, 체코 등에서 중간응답성향이 강한 것으로 나타난다. 반면 노르웨이, 멕시코, 사이프러스, 코소보, 덴마크, 터키 등은 중간응답성향이 약하다. 흥미로운 것은 중간응답성향이 상대적으로 강한 20개 국가 중에서 14개 국가가 사회주의를 경험한 국가들이라는 점이다. 또한 싱가포르, 한국, 대만 등 아시아 국가도

4. 상세한 MRS와 ERS 값은 〈부록표 6-1〉을 참고할 것.

〈그림 6-1〉 국가별 응답성향

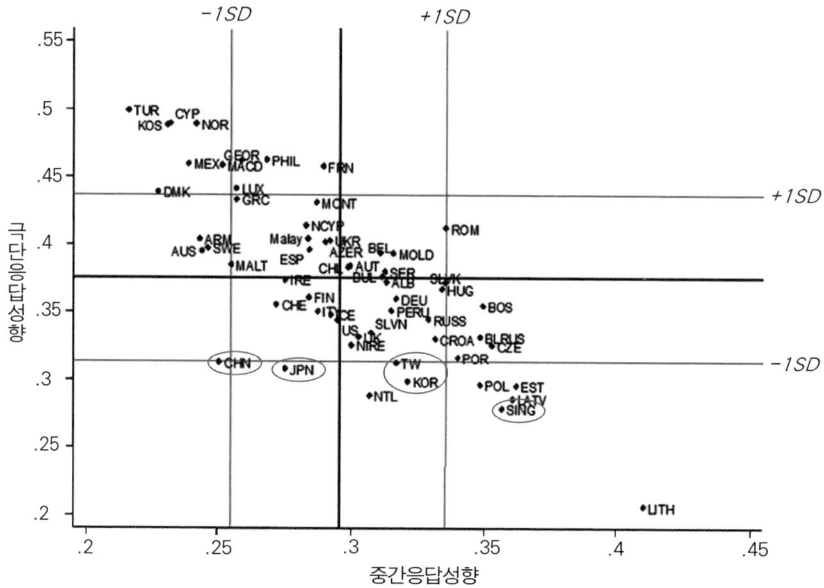


상위 20개 국가에 포함되어 있다. 아시아권 국가들 중에서 중간응답성향이 강한 것으로 알려진 일본은 MRS값이 0.275로(59개 국가 중 42번째) MRS 평균 0.296보다 다소 낮은 수준이며, 중국은 MRS값이 0.251로 중간응답성향이 약한 편에 속한다.

극단응답성향값을 비교해 보면, 터키가 0.499로 가장 높고, 사이프러스, 노르웨이, 코소보, 필리핀 등이 강한 극단응답성향을 보이는 것으로 나타난다. 반면 중간응답성향이 강했던 리투아니아, 싱가포르, 라트비아, 에스토니아 등은 극단응답성향이 약한 것으로 나타난다. 이러한 경향은 중간응답성향과 극단응답성향 간에 강한 부적 상관관계(상관계수=-0.767, 〈그림 6-2〉 참조)를 갖는다는 점으로도 확인할 수 있다. 주목할 만한 것은 싱가포르, 한국, 일본, 대만, 중국 등 동아시아국가들에서 극단응답성향이 모두

약하게 나타난다는 것이다. 이는 일본이나 중국과 같이 중간응답성향이 약한 것으로 나타난 동아시아국가들도 극단응답은 잘 선택하지 않는 경향이 있음을 보여 준다.

개별 국가가 보여 주는 응답성향이 척도문항 내용과 상관없이 일관되게 관찰되는가는 국제비교조사결과를 활용하여 척도값을 비교할 때 국가별 응답성향을 고려하여 측정된 값을 조정하는 것이 필요한지 여부를 판가름하는 데 중요한 문제이다. 만일 측정하고자 하는 척도값에 국가별 응답성향이 영향을 준다면 이를 고려하지 않고 분석한 결과는 그만큼 신뢰하기 어렵기 때문이다. 그렇다면 위에서 살펴본 국가 응답성향이 기관신뢰문항에서도 유사하게 나타날 것인가?

WVS와 EVS에서 공통적으로 질문한 12개 기관신뢰문항을 대상으로 응답성향값을 구하여 비교해 보면(〈부록표 6-1〉 참조), 두 중간응답성향값 간 상관계수 평균은 0.194(SD=0.0545, 최대값 0.209, 최소값 0.073)로 높지 않다. 또한 두 극단응답성향값 간 상관계수 평균은 0.284(SD=0.0733, 최대값 0.432, 최소값 0.095)로 중간응답성향값 간 상관관계보다는 높지만 역시 그 강도가 강한 편은 아니다. 국가수준에서 응답성향값들의 국가평균 간 상관관계를 살펴보아도 중간응답성향과 신뢰문항에 대한 중간응답성향 간 상관관계는 0.192로 약한 편이고, 극단응답성향 간 상관관계는 0.453으로, 역시 중간응답성향 간 상관관계보다는 높지만 값 자체는 중간 수준이다(〈그림 6-2〉 참조).

〈그림 6-3〉을 보면 일반적 중간응답성향과 신뢰문항에 대한 중간응답성향 간 상관관계가 상대적으로 강한 국가들은 대만, 중국, 루마니아, 코소보, 라트비아, 터키 등이며, 극단응답성향 간 상관관계가 강한 국가들은 벨라루스, 스위스, 터키, 몰도바, 오스트리아, 대만 등임을 알 수 있다. 또한 앞서 중간응답성향이 강했던 리투아니아, 에스토니아, 싱가포르, 한국, 대만 등은 신뢰문항에서도 중간응답성향이 강하게 나타나지만 라트비아, 체코

등은 신뢰문항에서는 중간응답성향이 약하게 나타나는 것을 확인할 수 있다. 반면 극단응답성향을 보인 노르웨이, 덴마크, 호주, 스웨덴 등은 신뢰문항에서는 중간응답성향이 강하게 나타난다. 극단응답성향을 보인 국가들은 대체로 신뢰문항에서도 극단응답성향을 나타내는 경향을 보이지만 예외 사례도 있다. 예를 들어 덴마크, 스웨덴, 노르웨이, 벨기에 등 비교적 신뢰수준이 높은 국가로 알려져 있는 국가들은 일반적으로 극단응답성향을 보이지만 신뢰문항에서는 극단응답성향이 분명하게 드러나지 않는다. 그렇다면 개인이나 국가의 응답성향은 신뢰문항에서는 뚜렷한 편향을 초래하지는 않는 것인가? 또는 응답성향효과는 문항이 어떤 내용을 측정하는가에 따라 다르게 나타나는가? 거기에 어떤 패턴은 없는 것인가?

〈그림 6-2〉 일반응답성향과 기관신뢰문항 응답성향과의 관계

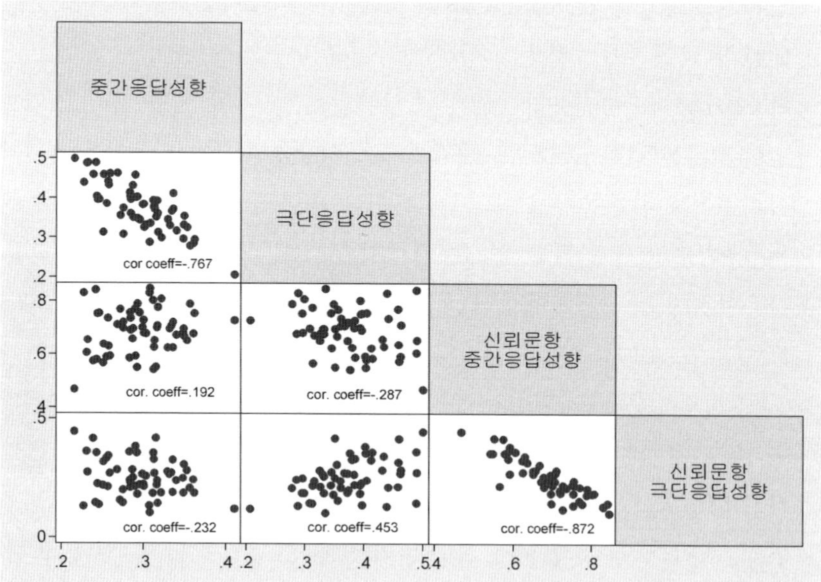

〈그림 6-3〉 국가별 MRS 및 ERS와 신뢰문항 응답성향 간 상관관계

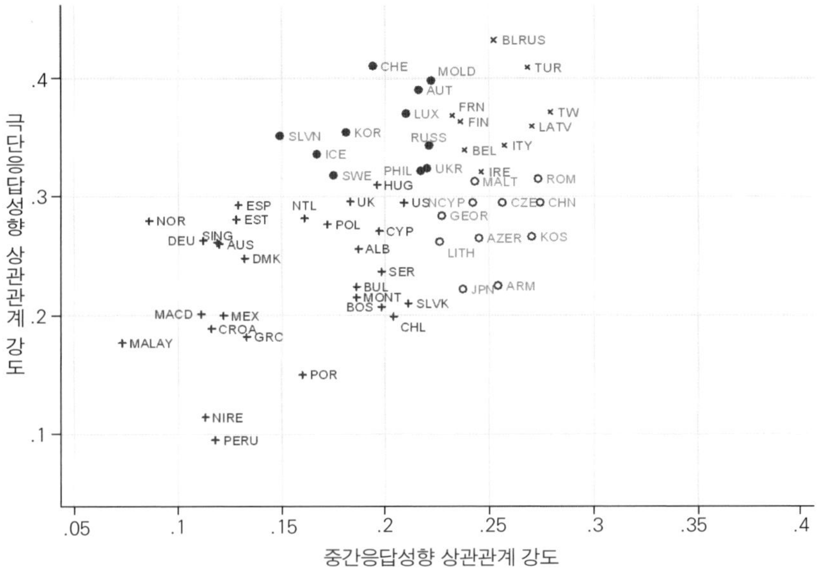


주) X: 두 종류 응답성향 상관관계 강도가 모두 높은 국가
●: 극단응답성향 상관관계 강도만 높은 국가
○: 중간응답성향 상관관계 강도만 높은 국가
+ : 두 종류 응답성향 상관관계 강도가 모두 낮은 국가

## 4. 응답성향의 효과

이를 확인하기 위하여 우리는 정부, 정당, 국회에 대한 신뢰를 묻는 문항을 묶어 정치 기관에 대한 신뢰수준을 측정하는 척도문항[5]을 구성하고 이에 대해 중간응답성향과 극단응답성향이 어떠한 편향을 가져오는지를 살펴보았다. 앞서 언급한 바와 같이 바움가르텐과 스틴캠프에 의하면 MRS와 ERS는 척도점수에 체계적인 편향을 초래하며, 그 효과는 국가수준에서의

5. 세 문항의 크론바하 알파값은 .838임.

DMP, 즉 국가평균값과 척도의 중앙값과의 차이에 따라 다르게 나타난다. 우리는 이들의 논의와 분석방법에 근거하여 정치기관신뢰에 대한 MRS와 ERS의 국가별 편향 유무와 특징을 검증하는 다수준분석을 수행하였고, 그 결과를 〈표 6-1〉에 정리하였다.

〈표 6-1〉의 모델 1은 정치기관 신뢰수준과 이에 대한 MRS 및 ERS의 영향이 국가 간에 차이가 있는지를 보여 준다. 모델 1의 분산요인을 보면 절편의 분산과 MRS 및 ERS 기울기의 값들이 모두 유의미하게 나온다. 이는 정

〈표 6-1〉 정치기관 신뢰에 대한 응답성향 효과: 다수준분석 결과

| Level and Variables | Model 1 | | Model 2 | |
|---|---|---|---|---|
| | Estimate(SE) | Sig. | Estimate(SE) | Sig. |
| Level 1 | | | | |
| Intercept | 2.821(.0419) | .000 | 2.500(.0031) | .000 |
| MRS | .185(.0444) | .000 | .390(.0477) | .000 |
| ERS | .090(.0350) | .013 | .020(.0455) | .665 |
| Level 2 | | | | |
| DMP | | | 1.000(.0068) | .000 |
| Cross-level interaction | | | | |
| MRS*DMP | | | -.639(.1034) | .000 |
| ERS*DMP | | | .223(.0993) | .028 |
| Variance components | | | | |
| Within-country (L1) variance | .4492(.0022) | .000 | .44888 | |
| Intercept (L2) variance | .1035(.0191) | .000 | .00000 | |
| Slope (L2, MRS) variance | .0887(.0210) | .000 | .04128 | |
| Slope (L2, ERS) variance | .0551(.0131) | .000 | .04511 | |

주) Model 1: random intercept and random slope model with the level-1 predictors, MRS and ERS; Model 2: random intercept and random slope model with the level-2 predictor, DMP, 모델이 수렴하도록 절편의 오차항을 0으로 둠; MRS: 중간응답성향; ERS: 극단응답성향(분석에 사용된 두 응답성향값은 group-mean centering한 값임); DMP: 국가평균값 - 척도중앙값(=2.5); L1: Level 1; L2: Level 2.

치기관 신뢰수준이 국가별로 유의미하게 다르며, 이에 대한 MRS와 ERS 효과도 국가별로 차이 난다는 것을 의미한다.

모델 2는 그러한 차이가 국가수준의 변수 DMP, 즉 정치기관신뢰 국가평균값과 정치기관신뢰 척도중앙값 간 차이에 의해 어떻게 달라지는가를 검증한 것이다. 모델 2의 수준 간 상호작용항을 보면 두 응답성향과 DMP와의 상호작용이 $p < .05$ 수준에서 유의미하게 나온다. 또한 앞에서 예상한 바와 같이 MRS와 DMP 상호작용계수의 부호는 −이고, ERS와 DMP 상호작용계수의 부호는 +로 나타난다. 즉 정치기관 신뢰에 대한 국가평균값이 중앙값보다 클수록 MRS는 정치기관 신뢰수준을 끌어내리는 반면, 국가평균값이 중앙값보다 작을수록 MRS는 정치기관 신뢰수준을 부풀리는 효과가 있음을 알 수 있다. 반대로 ERS의 경우에는 국가평균값이 중앙값보다 클수록 정치기관 신뢰수준을 부풀리는 쪽으로, 국가평균값이 중앙값보다 작을수록 정치기관 신뢰수준을 끌어내리는 쪽으로 작용한다는 것을 확인할 수 있다.[6]

MRS 및 ERS와 DMP의 상호작용관계를 그래프로 그려 보면 이를 좀 더 분명히 확인할 수 있다. 〈그림 6-4〉는 DMP를 범주화하여 정치기관 신뢰수준과 응답성향 간의 회귀선을 그어 본 것이다. 〈그림 6-4〉의 1)을 보면 DMP가 −일 때 MRS는 신뢰수준을 끌어올리지만 DMP가 +일 때 MRS는 신뢰수준을 끌어내리는 쪽으로 영향을 준다는 것이 드러난다. 〈그림 6-4〉의 2)를 보면 반대로 DMP가 −일 때 ERS는 신뢰수준을 끌어내리지만, DMP가 +일 때 ERS는 신뢰수준을 부풀리는 쪽으로 영향을 준다. DMP가 0일 때, 즉 국가평균값이 척도의 중앙값과 같을 때는 MRS나 ERS의 영향이 크지 않다.

---

6. DMP는 정치기관 신뢰수준에 대한 MRS 효과의 변량 54%를, ERS 효과의 변량 18%를 설명하는 것으로 나타난다.

〈그림 6-4〉 중간응답성향 및 극단응답성향과 정치기관 신뢰 간 관계

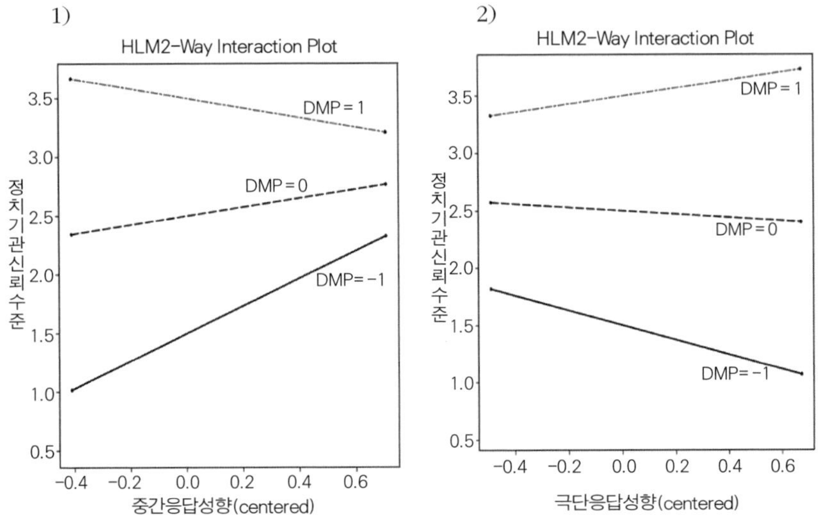


## 5. 맺는말

우리는 지금까지 국가별로 특정한 응답성향이 있는지, 그리고 그러한 차이가 신뢰수준을 묻는 문항에서도 일관되게 관찰되는지를 살펴보았다. 아울러 다수준분석을 이용하여 응답성향이 어떤 방식으로 정치기관 신뢰척도에 영향을 주는지를 확인해 보았다. 앞의 결과는 문항내용과 상관없이 특정한 응답성향을 강하게 보이는 경향이 있는 국가들이 있음을 보여 준다. 또한 ERS 및 MRS와 정치적 신뢰수준과의 관계에서 국가평균값과 척도 중앙값의 차이는 응답성향의 편향효과를 조절하는(moderating) 유의미한 요인이라는 점도 보여 준다.

이러한 결과에서 우리는 두 가지 함의를 얻을 수 있다. 하나는 응답성향이 각국의 정치적 신뢰수준 값에 무시할 수 없는 체계적 편향을 초래한다

는 것이다. 이는 국가 간 정치신뢰수준을 비교할 때 응답성향에 따른 편향효과를 신중하게 검토해 볼 필요가 있음을 의미한다. 다른 하나는 응답성향 편향이 국가 간에 유사한 수준으로 나타나는 것은 아니라는 점이다. 앞의 다수준분석결과는 응답자들이 신뢰에 대해 좀 더 강한 의견(그것이 부정적인 것이든, 긍정적인 것이든)을 드러내는 국가들에서 응답성향 편향이 더 크게 나타난다는 것을 보여 준다. 그러므로 이들 국가에 대해서는 응답성향 편향효과를 조절해줄 필요가 있을 것이다.

최근 응답성향을 더욱 정교하게 확인하고 응답성향에 따른 편향을 제거하는 방안들이 활발히 제시되고 있다.[7] 로스말렌과 그의 동료들(van Rosmalen, van Herk and Groenen, 2010)은 latent-class bilinear multinomial logit (LC-BML) 모델을 이용하여 다양한 종류의 응답성향을 구분해 내고 측정문항의 내용과 응답성향 간의 긴밀한 관계를 그래프를 통해 제시하였다. 모렌과 그의 동료들(Morren et al., 2012)은 잠재집단요인분석(latent class factor analysis)을 이용하여 ERS 편향을 구분해 내고 이를 통제하는 방안을 제안한 바 있다. 그러나 제시되고 있는 다양한 방안 중에서 어떤 방안을 사용하는 것이 응답성향 편향을 조정하는 데 효과적인가에 대해서는 아직까지 합의된 바가 없는 듯하다. 중요한 것은 응답성향으로 인한 편향을 조정할 때 응답성향 효과와 실질적인 응답을 분명하게 분리해 낼 수 있어야 한다는 것이다. 자칫 잘못하다가는 실질적 차이를 제거하거나 확대하는 결과를 초래할 수도 있기 때문이다.

해외에서 측정의 등가성 논의가 활발하게 이루어지고 있는 것과는 대조적으로 국내에서는 응답성향으로 인한 편향을 포함하여 측정의 등가성 문제에 대한 관심이 저조한 편이며, 연구도 거의 이루어지고 있지 않다. 최근 국제조사자료를 이용한 연구가 지속적으로 증가하고 있는 현실을 고려할

---

7. 측정의 등가성에 대한 현재까지의 연구 성과와 최근 연구동향에 대해서는 다비도프와 동료들(Davidov et al., 2014)을 참조할 것.

때 국내에서도 측정의 등가성 문제에 대한 본격적인 논의와 연구를 시작할 필요가 있다.

〈부록표 6-1〉 국가별 응답성향값과 기관신뢰문항 응답성향 간의 상관계수

| 국가명 | 일반 응답성향 | | 신뢰문항 응답성향 | | 신뢰문항 응답성향과의 상관관계 | |
|---|---|---|---|---|---|---|
| | 중간응답 | 극단응답 | 중간응답 | 극단응답 | 중간응답 성향 간 | 극단응답 성향 간 |
| 리투아니아* | .410 | .206 | .728 | .121 | .226 | .262 |
| 에스토니아* | .362 | .296 | .754 | .188 | .128 | .281 |
| 라트비아* | .361 | .286 | .679 | .245 | .270 | .359 |
| 싱가포르 | .357 | .279 | .790 | .210 | .119 | .261 |
| 체코* | .353 | .326 | .651 | .284 | .256 | .295 |
| 보스니아* | .350 | .355 | .668 | .308 | .198 | .207 |
| 벨라루스* | .349 | .332 | .697 | .187 | .252 | .432 |
| 폴란드* | .349 | .296 | .683 | .250 | .172 | .277 |
| 포르투갈 | .340 | .316 | .672 | .240 | .160 | .150 |
| 루마니아* | .336 | .412 | .624 | .329 | .273 | .315 |
| 슬로바키아* | .336 | .372 | .722 | .190 | .211 | .210 |
| 헝가리* | .334 | .367 | .709 | .273 | .196 | .310 |
| 크로아티아* | .332 | .330 | .696 | .267 | .116 | .189 |
| 러시아연방* | .329 | .345 | .625 | .279 | .221 | .343 |
| 한국 | .321 | .299 | .809 | .188 | .181 | .354 |
| 대만 | .317 | .313 | .777 | .145 | .279 | .371 |
| 독일 | .317 | .360 | .708 | .240 | .112 | .263 |
| 몰도바* | .316 | .394 | .701 | .221 | .222 | .398 |
| 페루 | .315 | .351 | .552 | .419 | .118 | .095 |
| 알바니아* | .313 | .372 | .651 | .272 | .187 | .256 |
| 세르비아 | .313 | .380 | .627 | .330 | .198 | .237 |
| 불가리아 | .312 | .376 | .542 | .357 | .186 | .224 |
| 벨기에 | .311 | .394 | .803 | .186 | .238 | .339 |
| 슬로베니아 | .308 | .335 | .847 | .105 | .149 | .351 |
| 네덜란드 | .307 | .288 | .831 | .133 | .161 | .282 |
| 영국 | .303 | .332 | .678 | .260 | .183 | .296 |
| 북아일랜드 | .300 | .326 | .680 | .215 | .113 | .114 |
| 오스트리아 | .300 | .384 | .728 | .223 | .216 | .390 |

| 국가명 | 일반 응답성향 | | 신뢰문항 응답성향 | | 신뢰문항 응답성향과의 상관관계 | |
|---|---|---|---|---|---|---|
| | 중간응답 | 극단응답 | 중간응답 | 극단응답 | 중간응답 성향 간 | 극단응답 성향 간 |
| 칠레 | .299 | .383 | .700 | .267 | .204 | .199 |
| 미국 | .295 | .344 | .757 | .221 | .209 | .295 |
| 아이슬란드 | .292 | .348 | .789 | .183 | .167 | .336 |
| 우크라이나 | .292 | .403 | .549 | .357 | .220 | .324 |
| 아제르바이젠 | .290 | .402 | .592 | .383 | .245 | .265 |
| 프랑스 | .289 | .458 | .771 | .216 | .232 | .368 |
| 이탈리아 | .287 | .351 | .696 | .253 | .257 | .343 |
| 몬테네그로 | .287 | .431 | .658 | .286 | .186 | .215 |
| 스페인 | .284 | .396 | .691 | .231 | .129 | .293 |
| 핀란드 | .284 | .361 | .736 | .212 | .236 | .363 |
| 말레이시아 | .284 | .405 | .756 | .243 | .073 | .177 |
| 북사이프러스 | .283 | .414 | .585 | .361 | .242 | .295 |
| 아일랜드 | .275 | .374 | .721 | .201 | .246 | .321 |
| 일본 | .275 | .308 | .699 | .146 | .237 | .222 |
| 스위스 | .272 | .356 | .770 | .157 | .194 | .410 |
| 필리핀 | .268 | .463 | .712 | .287 | .217 | .322 |
| 조지아 | .259 | .462 | .592 | .272 | .227 | .284 |
| 그리스 | .257 | .434 | .630 | .345 | .133 | .182 |
| 룩셈부르크 | .257 | .442 | .736 | .213 | .210 | .370 |
| 몰타 | .255 | .385 | .588 | .333 | .243 | .313 |
| 마케도니아 | .251 | .459 | .637 | .319 | .111 | .201 |
| 중국 | .251 | .313 | .567 | .220 | .274 | .295 |
| 스웨덴 | .246 | .397 | .754 | .139 | .175 | .318 |
| 호주 | .244 | .395 | .752 | .226 | .120 | .260 |
| 아르메니아 | .243 | .404 | .579 | .357 | .254 | .225 |
| 노르웨이 | .242 | .489 | .842 | .146 | .086 | .280 |
| 멕시코 | .239 | .460 | .575 | .418 | .122 | .200 |
| 사이프러스 | .232 | .490 | .653 | .275 | .197 | .271 |
| 코소보 | .231 | .489 | .605 | .362 | .270 | .266 |

| 국가명 | 일반 응답성향 | | 신뢰문항 응답성향 | | 신뢰문항 응답성향과의 상관관계 | |
|---|---|---|---|---|---|---|
| | 중간응답 | 극단응답 | 중간응답 | 극단응답 | 중간응답 성향 간 | 극단응답 성향 간 |
| 덴마크 | .227 | .439 | .831 | .132 | .132 | .248 |
| 터키 | .216 | .499 | .468 | .447 | .268 | .409 |
| 평균 | .296 | .376 | .688 | .252 | .194 | .284 |
| 표준편차 | .0408 | .0614 | .0841 | .0802 | .0545 | .0733 |
| 최대값 | .410 | .499 | .847 | .447 | .279 | .432 |
| 최소값 | .216 | .206 | .468 | .105 | .073 | .095 |

주) 상위 20개 국가 굵게 표시함. * 표시는 상위 20개 국가 중 사회주의를 경험한 국가를 의미함.

## 참고문헌

구혜란·김석호. 2011. “표집방법에 따른 자료의 질: 할당표집과 확률표집의 결과 비교.” 2011년 후기 사회학대회 발표문.

권태환. 2000. “회장취임강연논문: 내가 걸어 온 길, 우리가 걸어 갈 길.” 『한국사회학』 34(1): 1-9.

김규성. 2009. “인구주택총조사 대안 방법으로서의 순환총조사.” 『조사연구』 10(2): 97-114.

김기옥. 2006. “도시주부의 소비생활세계: 일상 소비생활 경험을 중심으로.” 『소비자학연구』 17(3): 21-41.

김기옥·김순옥·황성진·이수진·현은자·최인수·유현정. 2005. “ESM을 통해 본 대학생의 주관적 삶의 질-정서, 인지적 효율성, 만족도의 측면에서.” 『대한가정학회지』 43(2): 203-229.

김상욱·김석호·김소임·김종수·김지범. 2011. 『한국종합사회조사 2010』. 서울: 성균관대학교출판부.

김서영·권순필. 2009. “응답거부와 부재율이 무응답 오차에 미치는 영향: 경제활동인구조사를 중심으로.” 『응용통계연구』 22(3): 667-676.

김석호. 2011. “한국 사회조사 자료 생산의 문제점과 양질의 자료구축을 위한 모색.” 2011년 한국조사연구학회 추계 학술대회 발표문.

김석호·이민아·강정한. 2010. “전국다문화가족 실태조사 수시품질진단 연구용역 최종보고서.” 대전: 통계청.

김성연·김준석·길정아. 2013. “한국 유권자들은 정책에 따라 투표하는가?” 『한국정치학회보』 47(1): 167-183.

김지범·정재기. 2003. “노인들의 하루.” 김응렬 [편]. 『한국의 노인복지』. 서울: 고려대학교 한국학연구소.

김지범·오미혜·강정한. 2010. “사회조사 응답률에 영향을 미치는 지역의 사회, 경제적 요인: 2000년 미국 센서스와 2002년 미국 종합사회조사 비교.” 『조사연구』 11(3): 1-18.

박무익. 2000. “우리나라 조사산업의 현황과 전망.” 『조사연구』 1(2): 161-177.

박영실·박현정·윤연옥. 2013. “조사표 평가 방법에 관한 최근 동향.” 『조사연구』 14(2): 201-227.

송헌재. 2012. “재정패널 2차년도 이탈가구와 대체가구의 특성 분석.” 『재정학연구』 5(1): 97-133.

신선옥. 2008. “한국노동패널조사의 응답자 태도에 면접원이 미치는 효과.” 『노동리뷰』 37: 74-82.

신형구 · 이혜정. 2006. “컴퓨터를 이용한 대인면접이 조사자료의 질 개선에 미치는 영향: 고령화연구패널조사의 Blaise 활용사례를 중심으로.” 『조사연구』 7(2): 71-95.

안정옥. 2006. “시간준거, 문화생태와 가족체제: 삶의 양식, 제도형태와 주체화의 관계에 대한 합의.” 『한국사회학』 40(6): 56-92.

오만석 · 은기수 · 김정석 · 김복수 · 이윤석. 2005. 『한국인의 생활시간과 일상생활』. 서울: 한국학 중앙연구원.

오인환. 1992. 『사회조사방법론: 오차요인 집중연구』. 서울: 나남.

윤세환. 2012. “2012 리서치업계 주요이슈와 전망.” 『광고계동향』 255: 16-37.

이계오. 2000. “통계조사의 현황과 전망.” 『조사연구』 1(1): 1-20.

이계오 · 장덕현. 2009 “인터넷 선거조사에서 성향가중모형 적용사례.” 『조사연구』 10(3): 21-36.

이내성. 2008. “인구총조사에 주민등록 행정자료 활용을 위한 자료매칭연구.” 『조사연구』 9(2): 119-149.

이만갑. 1960. 『韓國 農村의 社會構造: 京畿道 六個村落의 社會學的 硏究』. 서울: 韓國硏究圖書館.

______. 1979. “鍾路 忠武路 店鋪實態調査.” 『한국사회학연구』 3: 1-10.

______. 2007. “사회학과 더불어 60년 세월.” 한국사회학회 [편]. 『한국사회학회 50년사: 1957-2007』. 서울: 한학문화.

이성용. 2003. 『여론 조사에서 사회 조사로』. 서울: 책세상.

이승훈. 2007. “녹시율의 정서증진효과에 대한 모델 비교.” 『한국심리학회지: 건강』 12(1): 189-217.

이승훈 · 현명호. 2004. “회복환경의 스트레스 완화효과 비교.” 『한국심리학회지: 건강』 9(3): 600-632.

이윤석. 2012. “1인가구의 추세와 특색.” 통계개발원 [편]. 『한국의 사회동향 2012』. 대전: 통계청.

이윤석 · 이지영 · 이경택. 2008. “온라인조사의 응답오차에 대한 연구: 설문 응답 시간과 응답 성실성의 관계.” 『조사연구』 9(2): 51-83.

이홍철. 2002. “한국 조사업계의 발달사.” 『조사연구』 3(2): 123-153.

이희길. 2009. “국내 패널조사의 현황분석, 2009.” 통계개발원 연구보고서.

임경은. 2009. “인터넷조사와 가구방문조사 간 데이터 품질비교: 사회조사를 대상으로.” 통계개발원 연구보고서.

정재기. 2007. “부모의 사회경제적 지위와 청소년의 컴퓨터 이용실태: 생활시간자료를 바탕으로.” 『사이버커뮤니케이션학보』 24: 51-78.

______. 2008. “생활시간 연구를 위한 측정도구의 비교: 경험표집법과 시간일지.” 『조사연구』 9(1): 43-68.

조동기. 2000. “사이버공간과 사회조사: 온라인 사회조사의 쟁점과 과제.” 『조사연구』 1(1): 73-108.

조성겸. 1997. “대통령선거 여론조사와 할당표집방법의 문제점.” 『언론과 사회』 18: 29-53.

조성겸 · 강남준. 2003. “대안적 사회여론조사 방법: 모바일 조사방법의 가능성 검토.” 『조사연구』 4(1): 1-29.

조성겸 · 박아현 · 허명회. 2011. “생활시간조사를 이용한 가중치 부여방법: 인터넷조사에 대한 적용 가능성 검토 조사연구.” 『조사연구』 12(2): 145-157.

조성겸 · 주영수 · 조은희. 2005. “인터넷 여론조사의 정확도 관련요인.” 『조사연구』 6(2): 51-74.

조성겸 · 김지연 · 나윤정 · 이명진. 2007. “선거여론조사의 문제점과 개선 방향: 2006년 지방선거 전화조사를 중심으로.” 『조사연구』 8(1): 31-54.

차종천. 2005. 『사회조사의 업그레이드: 한국종합사회조사(KGSS) 출발』. 서울: 성균관대학교출판부.

최순. 2006. “한국의 출산력 표본조사.” 한국인구학회 [편]. 『인구대사전』. 대전: 통계청.

최인수 · 김선옥 · 황수진 · 이선진. 2003. “경험표집법을 이용한 고등학생들의 생활경험에 관한 연구: 주된 활동과 활동 공간 및 플로우를 중심으로.” 『대한가정학회지』 41(8): 213-227.

통계청. 2000. 『1999 생활시간조사보고서』. 대전: 통계청.

______. 2005. 『2004 생활시간조사보고서』. 대전: 통계청

______. 2011. “인구주택총조사 전수집계 결과: 가구 · 주택 부문.” 통계청 보도자료.

______. 2012a. 『사회조사보고서』. 대전: 통계청.

______. 2012b. “장래가구추계: 2010년~2035년.” 대전: 통계청.

한신갑. 2012. "혼합식 조사와 웹패널의 (엷은) 빛과 (짙은) 그늘."『조사연구』 13(3): 1-31.

허명회 · 조성겸. 2010. "자원자 패널에 의한 인터넷 조사의 성향조정 가중화."『조사연구』 11(2): 1-28.

허명회 · 윤영아 · 이용구. 2004. "사회조사에서 표본의 왜곡과 가중치 보정의 결과: 18개 사례연구."『조사연구』 5(2): 31-47.

홍두승 · 설동훈. 2012.『사회조사분석』. 서울: 다산출판사.

AAPOR. 2011. "Standard Definitions: Final Dispositions of Case Codes and Outcome Rates for Surveys (4th edition)." The American Association for Public Opinion Research, Lenexa, Kansas.

Allison, P. D. 2002. *Missing Data*. Sage University Paper Series on Quantitative Applications in the Social Science (pp.7-136). Thousand Oaks, CA: Sage.

Almond G. A and S. Verba. 1963. *The Civic Culture: Political Attitudes and Democracy in Five Nations*. Princeton, NJ: Princeton University Press.

Anderson, M. and S. E. Fienberg. 1999. "To Sample or Not to Sample?: The 2000 Census Controversy." *Journal of Interdisciplinary History* 30(1): 1-36.

Andorka, R. 1987. "Time Budgets and Their Uses." *Annual Review of Sociology* 13: 149-164.

Assael, H. and J. Keon. 1982. "Nonsampling vs. Sampling Errors in Survey Research." *Journal of Marketing* 46: 114-123.

Ayres, I. and J. Braithwaite. 1992. *Responsive Regulation*. Oxford, UK: Oxford University Press

Babbie, E. R. 1982. *Social Research for Consumers*. Belmont, CA: Wadsworth.

__________. 2012. *The Basics of Social Research*. Cengage Learning.

Baker, R., S. J. Blumberg, J. M. Brick, M. P. Couper, M. Courtright, J. M. Dennis, D. Dillman, M. R. Frankel, P. Garland, R. M. Groves, C. Kennedy, J. Krosnick, P. J. Lavrakas, S. H. Lee, M. Link, L. Piekarski, K. Rao, R. K. Thomas, and D. Zahs. 2010. "Research Synthesis: AAPOR Report on Online Panels." *Public Opinion Quarterly* 74(4): 711-781.

Bartram, D. 2013. "Scalar Equivalence of OPQ32: Big Five Profiles of 31

Countries." *Journal of Cross-Cultural Psychology* 44(1): 61-83.

Baumgartner, H. and Jan-Benedict E. M. Steenkamp. 2001. "Response Styles in Marketing Research: A Cross-national Investigation." *Journal of Marketing Research* 38: 143-56.

Bernard, R., P. Kilworth, D. Kreonenfeld, and L. Sailer. 1984. "On the Validity of Retrospective Data: The Problem of Informant Accuracy." *Annual Review of Anthropology* 13: 495-517.

Berry, J. W., Y. H. Poortinga, S. M. Breugelmans, A. Chasiotis and D. L. Sam. 2011. *Cross-Cultural Psychology: Research and Applications.* Cambridge, UK: Cambridge University Press.

Bethlehem, J., F. Cobben and B. Schouten. 2011. *Handbook of Nonresponse in Household Surveys* (Vol. 568). New York: John Wiley and Sons.

Bianchi, S., M. Milkie, L. Sayer and J. Robinson. 2000. "Is Anyone Doing the Housework?: Trends in the Gender Division of Household Labor." *Social Forces* 79: 191-228.

Biemer, P., D. W. Chapman and C. Alexander. 1985. "Some Research Issues in Random-digit-dialing Sampling and Estimation." In Proceedings of the US Bureau of the Census Annual Research Conference: 71-86.

Billiet, J. 2013. "Quantitative Methods with Survey Data in Comparative Research." Pp. 264-300 in *A Handbook of Comparative Social Policy* (2nd edition), edited by P. Kennett. Cheltenham, UK: Edward Elgar.

Blom, A., E. D. de Leeuw and J. J. Hox. 2011. "Interviewer Effects on Nonresponse in the European Social Survey." *Journal of Official Statistics* 27(2): 359-377.

Boeve-de Pauw, J., K. Jacobs, and P. Van Petegem. 2012. "Gender Differences in Environmental Values: An Issue of Measurement?" *Environment and Behavior* 46(3): 373-397.

Bowler, S. and J. A. Karp. 2004. "Politicians, Scandals, and Trust in Government." *Political Behavior* 26(3): 271-287.

Braithwaite, V. A. and M. Levi. 1998. *Trust and Governance.* New York: Russell Sage Foundation.

Braun, M., J. Scott. 1998. "Multidimensional Scaling and Equivalence: Is Having a Job the Same as Working?" Pp. 129-144 in *Cross-Cultural Survey Equivalence. ZUMA-Nachrichten Speizal* No.3, edited by J. A. Harkness. Mannheim: Zentrum für Umfragen, Methoden und Analysen.

Brehm, J. 1993. *The Phantom Respondents: Opinion Surveys and Political Representation*. Ann Arbor: University of Michigan Press.

Callens, M. and C. Croux. 2003. *Performance of Likelihood-Based Estimation Methods for Multilevel Binary Regression Models*. Leuven.

Cao, L., Y-L. Lai and R. Zhao. 2012. "Shades of Blue: Confidence in the Police in the World." *Journal of Criminal Justice* 40: 40-49

Chanley, V. A., T. J. Rudolph, and W. M. Rahn. 2000. "The Origins and Consequences of Public Trust in Government: A Time Series Analysis." *Public Opinion Quarterly* 64(3): 239-256.

Chapman, D. W. 1983. "The Impact of Substitution on Survey Estimates." Pp. 45-61 in *Incomplete Data in Sample Survey* (Volume 2), edited by G. M. William, I. Olkin and D. B. Rubin. New York: Academic Press.

______________. 2003. "To Substitute or Not to Substitute: That is the Question." *The Survey Statistician* 48: 32-34.

Chapman, D. and A. Roman. 1985. "An Investigation of Substitution for an RDD Survey." In Proceedings of the Section on Survey Research Methods of the American Statistical Association: 269-274.

Chen, F. F. 2008. "What happens if We Compare Chopsticks with Forks?: The Impact of Making Inappropriate Comparisons in Cross-cultural Research." *Journal of Personality and Social Psychology* 95(5): 1005-1018.

Chen, C., Lee, S. Y., and H. W. Stevenson. 1995. "Response Style and Cross-Cultural Comparisons of Rating Scales among East Asian and North American Students." *Psychological Science* 6(3): 170-175.

Couper, M. 2000. "Web Survey: A Review of Issues and Approaches." *Public Opinion Quarterly* 64(4): 464-494.

Couper, M. P. and E. D. de Leeuw. 2002. "Nonresponse in Cross-Cultural and Cross-National Surveys," Pp. 157-178 in *Cross-Cultural Survey Methods*, edited by J. A. Harkness, F. J. R. van de Vijver and P. Ph. Mohler. New

York: John Wiley and Sons.

Csikszentmihalyi, M. and I. S. Csikszentmihalyi. 1988. *Optimal Experience: Studies of Flow in Consciousness*. New York: Cambridge University Press.

Csikszentmihalyi, M. and R. Larson. 1984. *Being Adolescent: Conflict and Growth in the Teenage Years*. New York: Basic Books.

______________________________. 1987. "Validity and Reliability of the Experience Sampling Method." *Journal of Nervous and Mental Disease* 175: 526-536.

Csikszentmihalyi, M., K. Rathunde, and S. Whalen. 1993. *Talented Teenagers: The Roots of Success and Failure*. New York: Cambridge University Press.

Csikszentmihalyi, M. and B. Schneider. 2000. *Becoming Adult: How Teenagers Prepare for the World of Work*. New York: Basic Books.

Cumming, R. G. 1990. "Is Probability Sampling Always Better?: A Comparison of Results from a Quota and a Probability Sample Survey." *Community Health Studies* 14(2): 132-137.

D'Agostino, R. B. Jr. and D. B. Rubin. 2000. "Estimating and Using Propensity Scores with Partially Missing Data." *Journal of the American Statistical Association* 95(451): 749-759.

Damico, A. J., M. M. Conway, and S. D. Bowman. 2000. "Patterns of Political Trust and Mistrust: Three Moments in the Lives of Democratic Citizens." *Polity* 32(3): 377-400.

D'Andrade, R. G. 1984. "Cultural Meaning Systems." Pp. 88-122 in *Culture Theory: Essays on Mind, Self and Emotion,* edited by R. A. Shweder and R. A. LeVine. Cambridge: Cambridge University Press.

Davidov, E., B. Meuleman, J. Cieciuch, P. Schmidt, and J. Billiet. 2014. "Measurement Equivalence in Cross-National Research." *Annual Review of Sociology* 40: 55-75.

Davis, D. W. 1997. "The Direction of Race of Interviewer Effects among African-American: Donning the Black Mask." *American Journal of Political Science* 41: 309-322.

de Leeuw, E. D. 2005. "To Mix or Not to Mix Data Collection Modes in Surveys." *Journal of Official Statistics* 21(2): 233-255.

de Leeuw, Edith D. and W. de Heer. 2002. "Trends in Household Survey Nonresponse: A Longitudinal and International Comparison." Pp. 41-54 in *Survey Nonresponse*, edited by R. M. Grouves, D. Dillman, J. L. Eltinge, and R. J. A. Little. New York: John Wiley and Sons.

de Leeuw, E. D. and J. J. Hox. 2011. "Internet Surveys as Part of a Mixed-Mode Design." Pp. 45-76 in *Social and Behavioral Research and the Internet*, edited by M. Das, P. Ester and L. Kaczmirek. New York: Routledge.

Delhey, J., K. Newton, and C. Welzel. 2011. "How General Is Trust in Most People?: Solving the Radius of Trust Problem." *American Sociological Review* 76: 786-807.

Deming, W. E. 1960. *Sample Design in Business Research*. New York: John Wiley and Sons.

Deville, J. 1991. "A Theory of Quota Survey." *Survey Methodology* 17: 163-181.

Dillman, D. A., J. D. Smyth, and L. M. Christian. 2009. *Internet, Mail, and Mixed-Mode Surveys: The Tailored Design Method* (3rd edition). New York: John Wiley and Sons.

DiMaggio P., E. Hargittai, W. Neuman, and J. Robinson. 2001. "Social Implications of the Internet." *Annual Review of Sociology* 27: 307-336.

Doherty, M., 1994. "Probability versus Non-Probability Sampling in Sample Surveys." *The New Zealand Statistics Review* 1994 issue: 21-28.

Durkheim, E. 1982[1895]. *The Rules of the Sociological Method.* New York: Free Press.

Durrant, G. B., R. Groves, L. Staetsky, and F. Steele. 2010. "Effects of Interviewer Attitudes and Behaviours on Refusal in Household Surveys." *Public Opinion Quarterly* 74(1): 1-36.

Elliot, D. 1993. "The Use of Substitution in Sampling." *Survey Methodology Bulletin* 33: 8-11.

Feild, L., R. A. Pruchno, J. Bewley, E. P. Lemay Jr., and N. G. Levinsky. 2006. "Using Probability vs. Nonprobability Sampling to identify Hard-to-Access Participants for Health-Related Research: Costs and

Contrasts." *Journal of Aging and Health* 18(4): 565-583.

Feskens, R. C. W., J. J. G. Schmeets, and J. J. Hox. 2012. "Looking for Homogeneous Groups of Respondents and Nonrespondents Using Latent Class Analysis." *Social Science Research* 41: 671-680.

Flores-Macias, F. and C. Lawson. 2008. "Effects of Interviewer Gender on Survey Responses: Findings from a Household Survey in Mexico." *International Journal of Public Opinion Research* 20(1): 100-110.

Freitag, M. and M. Buhlmann. 2009. "Crafting Trust: The Role of Political Institutions in Comparative Perspective." *Comparative Political Studies* 42: 1537-1566.

Fukuyama, F. 1995. *Trust*. New York: Basic Books.

Gao, G., K. Kao, and S. Ting-Toomey. 1998. *Communicating effectively with the Chinese*. Sage Publication, Inc.

Geertz, C. 1973. *The Interpretation of Cultures*. New York: Basic Books.

Gelman, A. 2007a. "Struggles with Survey Weighting and Regression Modeling." *Statistical Science* 22(2): 153-164.

__________. 2007b. "Rejoinder: Struggles with Survey Weighting and Regression Modeling." *Statistical Science* 22(2): 184-188.

Glanville, J. L. and P. Paxton. 2007. "How Do We Learn to Trust?: A Confirmatory Tetrad Analysis of the Sources of Generalized Trust." *Social Psychology Quarterly* 70: 230-242.

Greenleaf, E. A. 1992. "Measuring Extreme Response Style." *Public Opinion Quarterly* 56(3): 328-351.

Grief, A. 1994. "On the Political Foundations of the Late Medieval Commercial Revolution: Genoa during the Twelfth and Thirteenth Centuries." *Journal of Economic History* 54(4): 271-287.

Griffin, D. H., and S. M. Obenski. 2002. "Meeting 21st Century Demographic Needs — Implementing the American Community Survey: Report 2. Demonstrating Survey Quality." Washington, DC: U.S. Bureau of the Census, Economics and Statistics Administration.

Goyder, J. 1987. *The Silent Minority*. Boulder, CO: Westview Press.

Groves, R. M. 2006. "Nonresponse Rates and Nonresponse Bias in Household

Surveys." *Public Opinion Quarterly* 70(5): 646-675.

Groves, R. M., D. A. Dillman, J. L. Eltinge, and R. J. A. Little (eds). 2002. *Survey Nonresponse*. New York: John Wiley and Sons.

Groves, R. M. and E. Peytcheva. 2008. "The Impact of Nonresponse Rates on Nonresponse Bias." *Public Opinion Quarterly* 72(2): 167-189.

Groves, R. M., E. Singer, and A. Corning. 2000. "Leverage-Saliency Theory of Survey Participation: Description and an Illustration." *Public Opinion Quarterly* 64: 299-308.

Groves, R. M. and M. P. Couper. 1998. *Nonresponse in Household Interview Surveys*. New York: John Wiley and Sons.

Groves, R. M., F. J. Fowler, Jr., M. P. Couper, J. M. Lepkowski, E. Singer, and R. Tourangeau. 2009. *Survey Methodology* (2nd edition). New York: John Wiley and Sons.

Groves, R. M. and L. Lyberg. 2010. "Total Survey Error: Past, Present and Future." *Public Opinion Quarterly* 74(5): 849-879.

Groves, R. M. and F. Vitrano. 2011. "The Decennial Census and the ACS: Looking Back and Looking Ahead." Presentation to Population Reference Bureau, U.S. Census Bureau.

Guignard, R., J. Wilquin, J. Richard, and F. Beck. 2013. "Tobacco Smoking Surveillance: Is Quota Sampling an Efficient Tool for Monitoring National Trends? A Comparison with a Random Cross-Sectional Survey." *PLoS ONE* 8(10): e78372.

Hansen, K. M. 2006. "The Effects of Incentives, Interview Length, and Interviewer Characteristics on Response Rates in a CATI-Study." *International Journal of Public Opinion Research* 19(1): 112-121.

Hardin, R. 1993. "The Street Level Epistemology of Trust." *Politics and Society* 21(4): 505-529.

Harvey, A. S. 1999. "Guidelines for Time Use Data Collection and Analysis." Pp. 19-46 in *Time Use Research in the Social Science*, edited by W. E. Pentland, A. S. Harvey, M. P. Lawton and M. A. McColl. New York: Kluwer Academic/Plenum Publishers.

Harzing, A. W. K. 2006. "Response styles in cross-national survey research: A 26 country study." *International Journal of Cross Cultural Management* 6(2): 243-266.

Haunberger, S. 2010. "The Effects of Interviewer, Respondent and Area Characteristics on Cooperation in Panel Surveys: A Multilevel Approach." *Quality and Quantity* 44(5): 957-969.

Heeringa S. G. and C. O'Muircheartaigh. 2010. "Sampling designs for cross-cultural and cross-national survey programs." Pp. 251-268 in *Survey Methods in Multinational, Multiregional, and Multicultural Contexts*, edited by J. A. Harkness, M. Braun, B. Edwards, T. P. Johnson, L. Lyberg, P. Ph. Mohler, B. Pennell, and T. W. Smith. New York: John Wiley and Sons.

Hetherington, M. J. 1998. "The Political Relevance of Political Trust." *American Political Science Review* 92: 791-808.

________________. 1999. "The Effect of Political Trust on the Presidential Vote, 1968-96." *American Political Science Review* 93: 311-326.

Hilbe, J. 2007. *Negative Binomial Regression*. Cambridge, UK: Cambridge University Press.

Hill, M. S. 1985. "Patterns of Time Use." Pp. 133-176 in *Time, Goods, and Well-Being*, edited by T. Juster and F. P. Stafford. Ann Arbor, MI: The University of Michigan Survey Research Center, Institute for Social Research.

Hoffmeyer-Zlotnik, J. 2003. "New Sampling Designs and the Quality of Data." *Developments in Applied Statistics* 19: 205-217.

Hong, Doo-Seung. 2013. "Survey Research in South Korea: Past and Present." 2013 Asian Network for Public Opinion Research Conference, Keynote Speech. (unpublished)

Hoogstra, L. 2005. "The Design of the 500 Family Study." Pp. 23-38 in *Being Together, Working Apart: Dual-Career Families and the Work-Life Balance*, edited by B. Schneider and L. J. Waite. Cambridge: Cambridge University Press.

Hormuth, S. E. 1986. "The Sampling of Experiences in Situ." *Journal of Personality* 54: 262-293.

Hull, T. H. 2005. "The Asian Demographic Crisis: Matters of Data." *Asian Population Studies* 1(3): 257-259.

Inglehart, R. 1997. *Modernization and Postmodernization: Cultural, Economic, and Political Change in 43 Societies*. Princeton, NJ: Princeton University Press.

Jang, H., H. J. Joo, and S. J. Zhao. 2010. "Determinants of Public Confidence in the Police: An International Perspective." *Journal of Criminal Justice* 38: 57-68.

Jay, G. M., J. Liang, X. Liu and H. Sugisawa. 1993. "Patterns of Nonresponse in a National Survey of Elderly Japanese." *Journals of Gerontology* 48(3): 143-152.

Jeong, J. G. 2005. "Obtaining Accurate Measures of Time Use from the ESM." Pp. 461-482 in *Being Together, Working Apart: Dual-Career Families and the Work-Life Balance*, edited by B. Schneider and L. J. Waite. Cambridge: Cambridge University Press.

Johnson, T. P. 1998. "Approaches to Equivalence." Pp. 1-40 in *Cross-Cultural Survey Equivalence. ZUMA-Nachrichten Speizal* No.3, edited by J. A. Harkness. Mannheim: Zentrum für Umfragen, Methoden und Analysen.

Johnson T. P. and F. J. R. Van de Vijver. 2002. "Social Desirability in Cross-Cultural Research." Pp. 195-206 in *Cross-Cultural Survey Methods*, edited by Janet A. Harkness, Fons J. R. van de Vijver, and Peter Ph. Mohler. New York: John Wiley and Sons.

Jowell, R. 1998. "How Comparative is Comparative Research?" *American Behavioral Scientist* 42(2): 168-177.

Juster, T. and F. P. Stafford (Eds.). 1985. *Time, Goods, and Well-Being*. Ann Arbor, MI: The University of Michigan Survey Research Center, Institute for Social Research.

Kalton, G. 1983. "Models in the Practice of Survey Sampling." *International Statistical Review* 51: 175-188.

________. 1985. "Sample Design Issues in Time Use Studies." Pp. 93-112 in *Time, Goods, and Well-Being*, edited by T. Juster and F. P. Stafford. Ann Arbor, MI: The University of Michigan Survey Research Center, Institute for Social Research.

Kane, E. W. and L. J. Macaulay. 1993. "Interviewer Gender and Gender Attitudes." *Public Opinion Quarterly* 52: 1117-1122.

Kankaras, M. and G. Moors. 2009. "Measurement Equivalence in Solidarity Attitudes in Europe: Insights from a Multiple-Group Latent-Class Factor Approach." *International Sociology* 24(4): 557-579.

Kim, J., C. Gershenson, P. Glaser and T. W. Smith. 2011. "The Polls-Trends: Trends in Surveys on Surveys." *Public Opinion Quarterly* 75: 165-191.

Kish, L. 1965. *Survey Sampling*. New York: John Wiley and Sons.

Krug, S. 2005. *Don't Make Me Think: A Common Sense Approach to Web Usability* (2nd edition). New York: New Riders Press.

Kubey, R. and M. Csikszentmihalyi. 1990. *Television and the Quality of Life: How Viewing Shapes Everyday Experience*. Hillsdale, NJ: Erlbaum.

Kumlin, S. and B. Rothstein. 2005. "Making and Breaking Social Capital." *Comparative Political Studies* 38(4): 339-365.

Lee, Sunghee. 2006. "Propensity Score Adjustment as a Weighting Scheme for Volunteer Panel Web Surveys." *Journal of Official Statistics* 22(2): 329-349.

Lee, Y. S. and L. Waite. 2005. "Husbands' and Wives' Time Spent on Housework: A Comparison of Measures." *Journal of Marriage and Family* 67(3): 328-336.

Lessler, J. T., W. D. Kalsbeek. 1992. *Nonsampling Error in Surveys*. New York: John Wiley and Sons.

Levi, M. and L. Stoker. 2000. "Political Trust and Trustworthiness." *Annual Review of Political Science* 3: 475-507.

Link, M. W., M. P. Battaglia, M. R. Frankel, L. Osborn, and A. H. Mokdad. 2007. "Reaching the U.S. Cell Phone Generation: Comparison of Cell Phone Survey Results with an Ongoing Landline Telephone Survey." *Public Opinion Quarterly* 71(5): 814-839.

Listhaug, O. and M. Wiberg. 1995. "Confidence in Political and Private Institutions." Pp. 298-322 in *Citizens and the State*, edited by H-D. Klingemann and D. Fuchs. Oxford, UK: Oxford University Press.

Little, R. J. and D. B. Rubin. 2002. *Statistical Analysis with Missing Data* (Wiley Series in Probability and Statistics). New York: John Wiley and Sons.

Liu, C, I. Borg, P. E. Spector. 2004. "Measurement Equivalence of the German Job Satisfaction Survey Used in a Multinational Organization: Implications of Schwartz's Culture Model." *Journal of Applied Psychology* 89(6): 1070-1082.

Lohr, S. L. 1999. *Sampling: Design and Analysis*. Cengage Learning.

Lynn, P. 2003. "PEDAKSI: Methodology for Collecting Data about Survey Non-Respondents." *Quality and Quantity* 37(3): 239-261.

Lynn, P. and R. Jowell. 1996. "How Might Opinion Polls Be Improved?: The Case for Probability Sampling." *Journal of the Royal Statistical Society. Series A* 159(1): 21-28.

Ma, Deyong and F. Yang. 2014. "Authoritarian Orientations and Political Trust in East Asian Societies." *East Asia* 31(4): 323-341.

Marin, G., R. J. Gamba, and B. V. Marin. 1992. "Extreme Response Style and Acquiescence among Hispanics: The Role of Acculturation and Education." *Journal of Cross-Cultural Psychology* 23(4): 498-509.

Marliani, G. and S. Pacei. 1993. "Effects of Household Substitution in the Italian Consumer Expenditure Survey." Bulletin of the International Statistical Institute. Firenze: ISI.

Martin, E., J. H. Childs, T. DeMaio, J. Hill, C. Reiser, E. Gerber, K. Styles, and D. Dillman. 2007. "Guidelines for Designing Questionnaires for Administration in Different Modes." Washington, DC: U.S. Census Bureau (http://www.census.gov/srd/mode-guidelines.pdf).

Martin, P. 2011. "What Makes a Good Mix? Chances and Challenges of Mixed Mode Data Collection in the ESS." Centre for Comparative Social Surveys Working Paper Series (No. 2). City University London, UK.

Martin, P., and P. Lynn. 2011. "The Effects of Mixed Mode Survey Designs on Simple and Complex Analyses." Centre for Comparative Social Surveys. Working Paper Series (No. 2011-28). City University London, UK.

Maynard, D. W., J. Freese, and N. C. Schaeffer. 2010. "Calling for Participation: Requests, Blocking Moves, and Rational (Inter)action in Survey

Introductions." *American Sociological Review* 75(5): 791-814.

Mederer, H. J. 1993. "Division of Labor in Two-Earner Homes: Task Accomplishments Versus Household Management as Critical Variables in Perceptions about Family Work." *Journal of Marriage and Family* 55(1): 135-145.

Melnick, E. L., R. Colombo, R. Tashjian, and K. R. Melnick. 1990. "Sampled Survey Data: Quota Samples Versus Probability Samples." Pp. 576-582 in *Advances in Consumer Research* Volume 18, edited by R. H. Holman and M. R. Solomon. Provo, UT: Association for Consumer Research.

Meredith, W. 1993. "Measurement Invariance, Factor Analysis and Factorial Invariance. *Psychometrika* 58: 525-543.

Miller, A. H. and O. Listhaug. 1990. "Political Parties and Confidence in Government: a Comparison of Norway, Sweden and the United States." *British Journal of Political Science* 20: 357-386.

Millsap, R. E. 2011. *Statistical Approaches to Measurement Invariance.* New York: Routledge.

Mishler, W., R. Rose. 1997. "Trust, Distrust, and Skepticism: Popular Evaluations of Civil and Political Institutions in Post-Communist Societies." *Journal of Politics* 59: 419-451.

__________________. 2001. "What are the Origins of Political Trust?: Testing Institutional and Cultural Theories in Post-Communist Societies." *Comparative Political Studies* 34(1): 30-62.

Morren, M., J. Gelissen, and J. Vermunt. 2012. "The impact of Controlling for Extreme Responding on Measurement Equivalence in Cross-Cultural Research." *European Journal of Research Methods for the Behavioral and Social Sciences* 8(4): 159-170.

Moser, C. A. and G. Kalton. 1972. *Survey Methods in Social Investigation.* London: Heinemann Educational Books.

Nathan, G. 1980. "Substitution for Non-response as a Means to Control Sample Size." *Sankhya* 42: 50-55.

National Research Council. 2007. "Using the American Community Survey: Benefits and Challenges." Panel on the Functionality and Usability of

Data from the American Community Survey, Constance F. Citro, and Graham Kalton, Editors. Committee on National Statistics, Division of Behavioral and Social Sciences and Education. Washington, DC: The National Academies Press.

Newton, K. 2001. "Trust, Social Capital, Civil Society, and Democracy." *International Political Science Review* 22(2): 201-214.

Newton, K. and S. Zmerli. 2011. "Three Forms of Trust and Their Association." *European Political Science Review* 3:169-200.

Oskarsson, S. 2010. "Generalized Trust and Political Support: A Cross-National Investigation." *Acta Politica* 45(4): 423-443.

Oskarsson, S., T. Svensson and P. Öberg. 2009. "Power, Trust, and Institutional Constraints: Individual-Level Evidence." *Rationality and Society* 21: 171-195.

Owen, L., A. McNeill, and C. Callum. 1998. "Trends in Smoking during Pregnancy in England, 1992-97: Quota Sampling Surveys." *British Medical Journal* 317: 728-730.

Pickery, J. and G. Loosveldt. 2002. "A Multilevel Multinomial Analysis of Interviewer Effects on Various Components of Unit Nonresponse." *Quality and Quantity* 36(4): 427-437.

Pickery, J., G. Loosveldt, and A. Carton. 2001. "The Effects of Interviewer and Respondent Characteristics on Response Behavior in Panel Surveys: A Multilevel Approach." *Sociological Methods and Research* 29(4): 509-523.

Piurko, Y., S. H. Schwartz, and E. Davidov. 2011. "Basic Personal Values and the Meaning of Left-Right Political Orientations in 20 Countries." *Political Psychology* 32(4): 537-561.

Pol, L. G. 1992. "A Method to Increase Response When External Interference and Time Constraints Reduce Interview Quality." *Public Opinion Quarterly* 56(3): 356-359.

Putnam, R. D. 1993. *Making Democracy Work: Civic Traditions in Modern Italy*. Princeton, NJ: Princeton Univ. Press.

___________. 1995. "Bowling alone, revisited." *Responsive Community* 5(2):

18-33.

___________. 2001. *Bowling alone: The Collapse and Revival of American community*. Simon & Schuster.

Rammstedt, B., L. R. Goldberg, and I. Borg. 2010. "The Measurement Equivalence of Big-Five Factor Markers for Persons with Different Levels of Education." *Journal of Research in Personality* 44(1): 53-61.

Revilla, M. 2010. "Quality in Unimode and Mixed-Mode Designs: A Multitrait-Multimethod Approach." *Survey Research Methods* 4(3): 151-164.

Roberts, Caroline. 2007. "Mixing Modes of Data Collection in Surveys: A Methodological Review." ESRC National Centre for Research Methods Briefing Paper NCRM/008. ESRC National Centre for Research Methods.

Robinson, J. 1985. "The Validity and Reliability of Diaries Versus Alternative Time Use Measures." Pp. 133-176 in *Time, Goods, and Well-Being*, edited by T. Juster and F. P. Stafford. Ann Arbor, MI: The University of Michigan Survey Research Center, Institute for Social Research.

Robinson, J. and G. Godbey. 1997. *Time for Life: The Surprising Ways Americans Use Their Time*. University Park, PA: Pennsylvania State University Press.

Robinson, J., A. Chenu, and A. S. Alvarez. 2002. "Measuring the Complexity of Hours at Work: the Weekly Work Grid." *Monthly Labor Review* 125(4): 44-54.

Rosen, J., J. Murphy, A. Peytchev, S. Riley, and M. Lindblad. 2011. "The Effects of Differential Interviewer Incentives on a Field Data Collection Effort." *Field Methods* 23(1): 24-36.

Rosenbaum, P. R. and D. B. Rubin. 1983. "The Central Role of the Propensity Score in Observational Studies for Causal Effects." *Biometrika* 70(1): 41-55.

Roster, C. A., R. D. Rogers, G. Albaum, and D. Klein. 2004. "A Comparison of Response Characteristics from Web and Telephone Surveys." *International Journal of Market Research* 46(3): 359-373.

Rothstein, B. 2009. "Creating Political Legitimacy: Electoral Democracy versus

Quality of Government." *American Behavioral Scientist* 53(3): 311-330.

Rothstein, B. and D. Stolle. 2008. The State and Social Capital: An Institutional Theory of Generalized Trust." *Comparative Politics* 40(4): 441-467.

Rubin, D. B. 1997. "Estimating Causal Effects from Large Data Sets Using Propensity Scores." *Annals of Internal Medicine* 127(8): 757-763.

Rubin, D. B. and E. Zanutto. 2002. "Using Matched Substitutes to Adjust for Non Ignorable Non Response through Multiple Imputations." Pp. 389-402 in *Survey Nonresponse*, edited by R. M. Groves, D. A. Dillman, J. L. Eltinge and R. J. A. Little. New York: John Wiley and Sons.

Rudolph, B. A. and A. G. Greenberg. 1994. *Surveying of Public Opinion: The Changing Shape of an Industry*. National Opinion Research Center, University of Chicago, Chicago, IL, February.

Saris, W. E. 1998. "The Effects of Measurement Error in Cross Cultural Research." Pp. 67-84 in *Cross-Cultural Survey Equivalence. ZUMA-Nachrichten Speizal* No.3, edited by J. A. Harkness. Mannheim: Zentrum für Umfragen, Methoden und Analysen.

Sarndal, C. E., B. Swensson and J. Wretman, 1992. *Model Assisted Survey Sampling*. New York: Springer-Verlag.

Sexton, H. R. 2005. "Spending Time at Work and at Home: What Workers Do, How They Feel about It, and How These Emotions Affect Family Life." Pp. 49-71 in *Being Together, Working Apart: Dual-Career Families and the Work-Life Balance*, edited by B. Schneider and L. J. Waite. Cambridge: Cambridge University Press.

Sigelman, L., C. K. Sigelman, and B. J. Walkosz. 1992. "The Public and the Paradox of Leadership: An Experimental Analysis." *American Journal of Political Science* 36: 366-385.

Singleton, R. and B. Straits. 2005. *Approaches to Social Research*. New York: Oxford University Press.

Sirken, M. G. 1975. "Network Surveys." Pp. 332-342 in Proceedings of the 40th Section, Bulletin of the International Statistical Institute.

Smith, P. 2008. "Is Random Probability Sampling Really Much Better Than Quota Sampling?" http://surveyresearch.weebly.com/uploads/2/9/9/8/

2998485/is_random_probability_sampling_really_much_better_than_quota_sampling.doc.

Smith, T. F. 1983. "On the Validity of Inferences from Non-random Samples." *Journal of the Royal Statistical Society* 146: 394-403.

Smith, T. W. 1983. "The Hidden 25 Percent: An Analysis of the 1980 General Social Survey." *Public Opinion Quarterly* 47: 386-404.

___________. 2006. "Notes on the Use of Substitution in Surveys." Working Paper.

___________. 2007. "Notes on the Use of Substitution in Surveys." Working Paper.

___________. 2010. "The Globalization of Survey Research." Pp. 477-484 in *Survey Methods in Multinational, Multiregional, and Multicultural Contexts*, edited by J. A. Harkness, M. Braun, B. Edwards, T. P. Johnson, L. Lyberg, P. Ph. Mohler, B. Pennell, and T. W. Smith. New York: John Wiley and Sons, Inc.

Smith, T. W. and Kim, J. 2013. "An Assessment of the Multi-level Integrated Database Approach." *The ANNALS of the American Academy of Political and Social Science* 645: 185-222.

Smith, V. 1997. "New Forms of Work Organization." *Annual Review of Sociology* 23: 315-339.

Sparrow, N. and J. Curtice. 1997. "How Accurate Are Traditional Quota Opinion Polls." *International Journal of Market Research* 39(3): 433-448.

______________________. 2004. "Measuring the Attitudes of the General Public via Internet Polls: An Evaluation." *International Journal of Market Research* 46(1): 23-44.

Stegmueller, D. 2011. "Apples and Oranges? The Problem of Equivalence in Comparative Research." *Political Analysis* 19(4): 471-487.

Stokes, D. E. 1962. "Popular Evaluations of Government: An Empirical Assessment." Pp. 61-72 in *Ethics and Bigness: Scientific, Academic, Religious, Political, and Military*, edited by H. Cleveland and H. D. Lasswell. New York: Harper.

Stoop, I., J. Billiet, A. Koch, and R. Fitzgerald. 2010. *Improving Survey Response:*

*Lessons Learned from the European Social Survey*. New York: John Wiley and Sons.

Sudman, S. and N. Bradburn. 1973. "Effects of Time and Memory Factors on Response in Surveys." *Journal of American Statistical Association* 68: 805-815.

Taylor, H. 2000. "Does Internet Research Work? Comparing Electronic Survey Results with Telephone Survey." *International Journal of Market Research* 42(1): 51-63.

Treiman, D. J., Y. Lu and Y. Qi. 2012. "New Approaches to Demographic Data Collection." *Chinese Sociological Review* 44(3): 56-92.

Tyler, T. R. 1990. *Why People Obey The Law*. New Haven, CT: Yale University Press.

Uslaner, E. 2002. *Moral Foundations of Trust*. New York: Cambridge University Press.

Valliant, R. and J. A. Dever. 2011. "Estimating Propensity Adjustments for Volunteer Web Surveys." *Sociological Methods and Research* 40(1): 105-137.

Vandenberg, R. J. 2002. "Toward a Further Understanding of and Improvement in Measurement Invariance Methods and Procedures." *Organizational Research Methods* 5(2):139-158.

Van de Vijver, F. J. R. 1998. "Towards a Theory of Bias and Equivalence." Pp. 41-65 in *Cross-Cultural Survey Equivalence. ZUMA-Nachrichten Speizal* No.3, edited by J. A. Harkness. Mannheim: Zentrum für Umfragen, Methoden und Analysen.

Vannieuwenhuyze, J., G. Loosveldt, and G. Molenberghs. 2010. "A Method for Evaluating Mode Effects in Mixed-Mode Surveys." *Public Opinion Quarterly* 74(5): 1027-1045.

van Rosmalen, J., H. van Herk, and Patrick J. F. Groenen. 2010. "Identifying Response Styles: A Latent-Class Bilinear Multinomial Logit Model." *Journal of Marketing Research* 47(1): 157-172.

Vehovar, V. 1993. "Field Substitution in Sample Surveys: The Case of the Slovenian Labour Force Survey." Bulletin of the International Statistical

Institute. Firenze: ISI.

__________. 1999. "Field Substitution and Unit Nonresponse." *Journal of Official Statistics* 15: 335-350.

__________. 2003. "Filed Substitutions Redefined." *The Survey Statistician* 48: 35-37.

Wang, Z. X. 2005. Before the Emergence of Critical Citizens: Economic Development and Political Trust in China." *International Review of Sociology* 15(1): 155-171.

Warner, U., J. H. P. Hoffmeyer-Zlotnik. 2005. "Discussion of the Income Measure in the European Social Survey: A Proposal of Revised Survey Questions about the "total net household income." Pp. 53-66 in *Methodological Aspects in Cross National Research ZUMA-Nachrichten Spezial* No. 11, edited by J. H. P. Hoffmeyer-Zlotnik and J. A. Harkness. Mannheim: Zentrum für Umfragen, Methoden und Analysen.

Weisberg, H. F. 2005. *The Total Survey Error Approach*. Chicago: University of Chicago Press.

Whiting, S. 1998. "The Mobilization of Private Investment as a Problem of Trust in Local Governance Structures." Pp. 167-193 in *Trust and Governance*, edited by V. Braithwaite and M. Levi. New York: Russell Sage Foundation.

Williams, R. L. 2000. "A Note on Robust Variance Estimation for Cluster-correlated Data. *Biometrics* 56: 645-646.

Yamada, S. and N. E. Synodinos. 1994. "Public Opinion Surveys in Japan." *International Journal of Public Opinion Research* 6(2): 118-138.

Yeager, D. S., J. A. Krosnick, L. Chang, H. S. Javitz, M. S. Levendusky, A. Simpser and R. Wang. 2011. "Comparing the Accuracy of RDD Telephone Surveys and Internet Surveys Conducted with Probability and Non-Probability Samples." *Public Opinion Quarterly* 75(4): 709-747.

# 찾아보기

ㄹ



ㅁ



ㅂ

ㅈ



ㅊ

Abstract

# Quality of Data in Social Surveys

Edited by Shin-Kap Han

Of shared concern for the chapters in this volume is the expanding gap between the quantity and quality of survey data in Korea. No doubt that the rapid growth in the former is a positive development in many ways. Underlying that growth has been trust in the quality of data, that it is accurate and representative. The role expected and taken for granted of the social surveys is based on that trust. The trends in recent years, however, make us think twice about the basic assumption. By revisiting the issues of data quality, we would like to reclaim and reconfirm that trust.

Starting with the discussion of ecology of social survey and data quality, we consider what is necessary to improve survey data quality. The focus is on sample representativeness and response accuracy. With the existing survey data, we examine major sources of survey errors that affect these two and suggest ways of minimizing them. Instead of looking for technical fixes, we emphasize the fundamental question of data quality. Part I consists of chapters mainly concerned with the issue of representativeness. Differences between non-probability sampling (quota sampling) data and probability sampling data are examined in chapter 1. Assessing how well each of two data corresponds with the population, the authors find that there exist substantial differences in the results as well. Chapter 2 compares repeated survey data of both quota sampling and probability sampling. It looks at differences between the two sets of data and also within each set of data over time. In chapter 3, nonresponse behavior in the KGSS is analyzed, where it is found that nonresponse behavior and difficulty of interview completion are affected by environmental and individual characteristics. Chapter 4 examines characteristics and limitations of mixed-mode survey and (volunteer) web panels, both of which are introduced of late as alternative ways to cope with the changing survey environment. The fundamental question of whether, or how well, they represent the population is addressed. With a simulation result showing that the biases are produced when these requirements are not met, the author urges us to go back to the basics. In Part II, the primary focus is on measurement errors. Chapter 5 compares two instruments for time use study: the time diary method and the Experience Sampling Method (ESM). The analysis shows that the time diaries produce less biased time use estimates, and the ESM provides a more detailed description of everyday life. The problem of measurement compatibility or equivalence in the cross-national surveys (e.g., EVS and WVS) is dealt with in chapter 6. With their focus on different response styles, the authors identify traits of response style among countries and verify a systematic bias that differences in response style may bring about in interpreting varying levels of political trust.

The results reported here are locally specific and practically useful, yet their implications, we hope, should be globally applicable and theoretically general.

## 필자 약력

### 강정한(Jeong-Han Kang)

연세대학교 사회과학대학 사회학과 부교수. 주요 연구 분야는 수리사회학, 소셜미디어, 사회조사방법론, 경제조직 등이다. 최근 주요 저서 및 논문으로 『카카오톡은 어떻게 공동체가 되었는가』(2015, 조연정 공저), "How Do Cultural Classes Emerge from Assimilation and Distinction?: An Extension of the Cucker-Smale Flocking Model"(2014, 하승열 · 강경근 · 정은희 공저) 등이 있다.

### 구혜란(Hearan Koo)

서울대학교 사회발전연구소 연구교수. 주요 연구 분야는 사회조사 방법, 사회지표 개발, 국제비교연구 등이다. 최근 주요 논문으로 "공공성은 위험을 낮추는가?: OECD 국가를 중심으로"(2015), "지역사회의 질 수준과 격차"(2013) 등이 있다.

### 김석호(Seokho Kim)

서울대학교 사회과학대학 사회학과 부교수. 주요 연구 분야는 정치사회학, 시민사회, 이주와 사회통합, 서베이조사방법론 등이다. 최근 주요 저서 및 논문으로 『Can Tocqueville Karaoke?』(2014, 공저), "지식공간이론을 활용한 사회적거리감 척도의 한국사회적용가능성 연구"(2013), "Voluntary Associations, Social Inequality, and Participatory Democracy in the United State and Korea"(2011) 등이 있다.

### 김지범(Jibum Kim)

성균관대학교 사회과학대학 사회학과 부교수이며 서베이리써치센터 소장. 주요 연구 분야는 조사방법론, 노년사회학, 종교사회학이다. 최근 주요 논문으로 "Religious Affiliation, Religious Service Attendance, and Mortality"(2014), "Surname sampling: Reevaluating Kim Sampling in Korea and in the United States"(2014), "The Polls — Trends: Trends in Surveys on Surveys"(2011), "Confidence in Religious Leaders in Korea"(2010), "Volunteering by Older People in Korea"(2007) 등이 있다.

이윤석(Yun-Suk Lee)

서울시립대학교 도시과학대학 도시사회학과 교수. 주요 연구 분야는 가족사회학(부부관계, 부모와 자녀와의 관계, 성인기로의 전이), 조사방법론, 다문화가족 등이다. 최근 주요 논문으로 "비혼 1인가구의 사회적 관계"(2014, 이진숙 공저), "Housework and Subjective Well-Being for Adolescents in Middle-Class Dual-Earner Families"(2013), "혼인상태에 따른 중년남녀의 건강행위와 건강상태"(2012) 등이 있다.

정재기(Jaeki Jeong)

숭실대학교 사회과학대학 정보사회학과 교수. 주요 연구 분야는 정보사회학(사회적 집단의 인터넷 사용 방식, 인터넷 접근의 사회적 합의 등), 조사방법론(측정 방법, 측정 방식의 비교), 사회통합 등이다. 주요 논문으로 "성, 사회경제적 지위와 인터넷 이용"(2011), "인터넷, 교육열망, 가족의 사회경제적 지위"(2011), "응답자의 성격특성과 응답스타일"(2011, 김석호·신인철 공저) 등이 있다.

최문희(Moon-Hee Choi)

한국사회과학자료원 전임연구원. 주요 연구분야는 의료사회학, 전문직연구, 젠더연구이다. 최근 주요 논문으로 "기술과 정치 사이에서 엔지니어의 사회적 역할과 책임성의 변화: 경부고속도로, 당산철교, 4대강 사업의 비교"(2014, 한경희 공저), "의료요구의 분화와 합리적 의료이용: 과다의료이용자를 통해 살펴본 의료요구와 의료이용"(2014, 유명순 외 공저)이 있다.

한수진(Soo-Jin Han)

성균관대학교 일반대학원 사회학과 석사졸업. 주요 관심 분야는 정치사회학이다.

한신갑(Shin-Kap Han)

서울대학교 사회과학대학 사회학과 교수. 주요 연구 분야는 사회조직(사회연결망/네트워크분석, 조직과 제도, 경제사회학, 사회계층의 구조와 과정), 경력과 생애사, 문화소비/소비문화, 사회사/역사사회학, 방법론(텍스트, 시간/공간) 등이다. 최근 주요 저서 및 논문으로 『막힌 길 돌아서 가기: 남북관계의 네트워크 분석』(2013), "빅데이터와 사회과학하기"(2015), "나이테 다시 그리기: 사회적 역할 구분에 따른 연령구분의 재설정"(2014, 김이선 공저), "The Other Ride of Paul Revere: The Brokerage Role in the Making of the American Revolution"(2009) 등이 있다.

## 서울대학교 사회발전연구총서

**한국인의 생명표**
권태환 · 김태헌

**도시빈민의 삶과 공간**
조은 · 조옥라

**원자력과 지역이해**
김경동 · 홍두승

**집합주거와 사회환경**
홍두승 · 이동원 편

**한국농민의 불안과 희망**
김일철 · 김태헌 · 김흥주

**1980년대 한국의 민주화이행과정**
윤상철

**한국인의 삶과 질**
임현진 · 이세용 · 장경섭

**지구시대 세계의 변화와 한국의 발전**
임현진

**지역사회와 인간생활**
김일철

**외국인노동자와 한국사회**
설동훈

**한국의 사회구조와 지역사회**
김일철 편

**월남민의 생활 경험과 정체성**
김귀옥

**한국의 직업구조**
홍두승 외

**노동력의 국제이동**
설동훈

**지식정보사회의 이론과 실제(증보판)**
서이종

**한국의 사회이동**
장상수

**신사회운동의 사회학**
권태환 · 임현진 · 송호근 공편

**아시아 · 태평양지역의 환경문제, 환경운동 및 환경정책**
양종회 · 임현진 · 정수복 · 박길성 · 구도완 · 홍성태

**한국사회의 위험과 안전**
임현진 외

**한국사회의 연결망 연구**
송호근 · 김우식 · 이재열 편저

**사회과학의 고급계량분석**
이재열 외

**21세기 통일한국을 향한 모색**
임현진 · 정영철

**중국 조선족사회의 변화**
권태환 편

**중도파의 민족주의 운동과 분단국가**
윤민재

**한국사회의 변동과 연결망**
송호근 · 김우식 · 이재열 편저

**네트워크 사회의 구조와 쟁점**
이재열 · 안정옥 · 송호근 편저

**한국사회의 트렌드를 읽는다**
정진성 · 이재열 · 박경숙 · 정재기
남은영 · 장진호

**위험사회 · 위험정치**
정진성 · 박경숙 · 이재열 · 장덕진
장상철 · 고형면 · 장진호 · 이원재 · 안정옥

**사회의 질 동향 2009**
정진성 · 박경숙 · 이재열 · 장덕진
장상철 · 고형면 · 장진호 · 이원재 · 안정옥